TABLETTES D'UN CHAMPE...

TOUT CHEMIN
CONDUIT
A ROME

Par VICTOR FIÉVET,

Précédé d'une Introduction par M. A. de Marlenne, et d'un Épilogue par un ami inconnu.

ÉPERNAY,
Vᵉ FIÉVET-WARIN, place du Marché-au-Blé.

1853

TABLETTES D'UN CHAMPENOIS.

ÉPERNAY, IMP. DE V. FIEVET.

TABLETTES D'UN CHAMPENOIS

TOUT CHEMIN
CONDUIT

PAR

VICTOR FIÉVET,

Précédé d'une Introduction par M. A. de Marlonne, et d'un Épilogue par un ami inconnu.

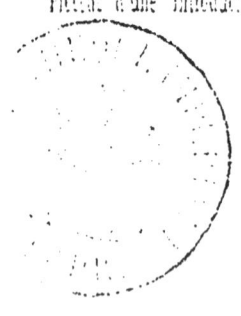

ÉPERNAY

VEUVE FIÉVET, LIBRAIRE, PLACE DU MARCHÉ-AU-BLÉ.

1853.

INTRODUCTION.

C'est un plaisir très-vif que l'occupation du voyage ! Un plaisir délicat, élevé, propre à l'homme de goût et d'éducation, qui dénote dans celui qui sait en jouir la richesse de l'âme et le développement des connaissances.

Le sot ne voit pas de différence d'un lieu à un autre. Il trouve partout des édifices, des champs, des eaux, des arbres, des montagnes ou des vallons. Il ne saisit ni les nuances des races, ni les dissemblances des individus. Il se fatigue et se hâte. Il n'observe aucun accident curieux, ne recueille aucun fait, n'apprend à connaître mieux ainsi ni les hommes ni les choses, ne s'instruit pas, ne s'améliore pas. Il n'amasse aucuns renseignements, ne tire aucun profit de ce qu'il regarde, n'extrait aucune philosophie de ses aventures, aucune leçon de ses frottements successifs.

L'autre écoute et remarque ; il induit et déduit. Il se souvient et distingue ce qui échappe au grand nombre. Il collectionne ses impressions, classe ses souvenirs, pour les retrouver au moment opportun. Il verra ce que le passant ordinaire touche sans l'apprécier; il saisira d'un coup-d'œil un groupe de faits, un ensemble de caractère, un rapport de génération ou d'analogie, dont l'habitant de pays ou le commis en vins n'aura pas soupçonné le premier fil. Il aura une illumination soudaine, une perception instinctive. Il devinera par l'âme, par l'élan, par une voix intérieure, où est le beau, le curieux, l'inconnu ou l'infréquenté. Il posera tout d'abord le doigt sur ce qu'il faut explorer, sur ce qu'on ne peut négliger, ce que le Guide-Manuel recommande instamment de visiter, et vers lequel lui marche seul et sans avis, comme un homme qui est son meilleur Guide et son propre Manuel. Aussi ses jouissances seront grandes; elles seront doubles; il admirera les merveilleux points de vue trouvés par sa sagacité; il s'abymera dans l'extase des sublimes cathédrales; il analysera les élégantes églises, les châteaux guerriers, les vieux manoirs, les ruines des tourelles; il s'amusera d'une aventure, d'un trait de mœurs, d'un détail local et piquant. Plus tard il sera heureux de se rappeler tous ces faits, de les reconstruire dans son cerveau, de les raconter, d'un accent vif et convaincu, d'une parole qui peint, représente les choses mêmes et transporte à l'auditeur une partie du plaisir du narrateur; il saura discourir sur ce qu'il a vu sans fatigue de l'oreille, sans tension de l'esprit, sans pédanterie, sans effort, sans démonstration mathématique; il dira sans répéter, insistera sans rabâcher; la sincérité de ses récits ne sera point gâtée par le ridicule de son individualité; enfin, se montrant dans le tableau, sans l'envahir de sa personne, il esquissera des scènes réelles et crayonnera la vérité, comme d'autres la burinent ou la coulent en bronze. Les délices d'une âme d'élite deviendront le patrimoine public.

L'homme vulgaire se déplace ; l'homme d'esprit voyage.

Les récits qui suivent, et pour lesquels l'amitié a demandé à notre plume ces lignes d'introduction, révèlent un certain esprit dont la gaîté et le naturel font tous les frais. L'animation des épisodes s'y mêle à la fantaisie de l'imagination ; la réalité des descriptions autorise la bonhomie des souvenirs. L'amour du pays, le soin des détails locaux parfument pour ainsi dire cette narration toute naïve. On y savoure le goût du terroir ; c'est plus que de la verve champenoise, c'est de l'esprit sparnacien. Le vin mousseux pétille et saute en plus d'une de ces pages.

Ce livre d'ailleurs, touchant témoignage de reconnaissance de l'auteur envers un ancien patron, offert par M. Victor Fiévet à M. Senart-Colombier, simplement conçu, modestement écrit, sans prétention de haute littérature, s'il n'atteste pas l'homme du métier, démontre à tous l'honnête homme, le franc compagnon, l'excellent cœur. L'écrivain y donne loyalement ce qu'il sait et ce qu'il a vu. Son crayon n'arrange pas des descriptions pillées, des enthousiasmes imaginaires, des beautés de convention. D'autres diront mieux peut-être. Il dit vrai et juste. C'est son mérite à lui. C'est par là que ce volume se recommande à tous, s'il s'adresse en première ligne : A nos chers et bien aimés Champenois.

ALFRED DE MARTONNE.

A M. Senart-Colombier, à Reims.

Votre confiance en moi, Monsieur, a été grande, je dois dire immense. En 1837, vous m'avez confié les intérêts de votre estimable maison dans des régions qu'un voyageur inexpérimenté, mais consciencieux, explore toujours avec crainte, avec hésitation, avec incertitude, et où le zèle et le travail seuls peuvent découvrir le succès. Hercule a posé ses deux dernières colonnes à Gadès, aux extrémités de la vieille Ibérie ; moi, j'ai posé les fondations de votre grand commerce dans ces mêmes contrées lointaines, mais aussi avec la différence que le premier avait pour lui *Herculis columnæ*, et moi simplement les échantillons des produits de votre bonne ville de Reims. L'un sera immortel dans l'histoire du paganisme, et l'autre n'a été et ne veut être toujours que votre très-humble et très-obéissant serviteur.

Victor FIÉVET.

A mon ami E. Desrosiers, à Bordeaux.

A toi aussi, vieil et bon ami, les lignes qui suivent.

C'est l'itinéraire que nous avons souvent parcouru ensemble, toujours contents, toujours joyeux. Oreste et Pylade n'étaient pas, j'en suis sûr, liés d'une amitié plus étroite et plus réelle. Les dix années et les cent cinquante lieues qui nous séparent, n'ont point encore rompu les anneaux de cette chaîne rivée par l'affection, et malgré la distance, nos pensées mutuelles ont plus d'une fois été amenées les unes vers les autres, comme le disait le poète antique, par les nuages qui vont du sud au septentrion. C'est donc un nuage rose de notre ancien passé que j'envoie vers toi, puisse-t-il te rappeler avec bonheur notre jeunesse voyageuse et tous nos gais souvenirs!

Victor FIÉVET.

A MES AMIS.

La rapide esquisse que nous allons crayonner, pour l'offrir aux lecteurs — si toutefois il y a encore des lecteurs en 1852 ! — n'est point un travail de haute et profonde littérature. Quoique tous chemins conduisent à Rome, vieil adage que démontrera notre léger croquis, nous nous souvenons de l'antique proverbe latin : *non licet omnibus adire Corinthum !* et avec une modestie antédiluvienne, nous avons le courage de récuser le titre d'homme de lettres.

Ceci, nous l'avons dit, est tout bonnement une esquisse, un croquis. Dans une heure de loisir, entre deux cigarres, nous avons colligé quelques souvenirs, rassemblé quelques notes, joyeuses bouffées qui s'échappaient de notre mémoire, en même temps que la fumée du Havane ou du Régalia, s'envolait en spirales de nos lèvres. C'est pourquoi, abandonné, puis repris pour être délaissé de nouveau, le voyage que nous publions ne faisait pas de longues étapes, lorsque les évènements de Février 1848 vinrent lui imposer, avec brusquerie, une halte forcée. Perdues depuis ce grave incident politique, retrouvées ensuite, ces notes retombèrent sous nos yeux, et, prenant notre courage à deux mains, nous fîmes un suprême effort pour les donner telles quelles à nos amis, à la condition expresse…… qu'ils n'en diront point trop de mal.

LETTRE PREMIÈRE.

En guise de préface. — Châteaux en Espagne.

> « Vous le savez, mon ami, ce ne sont pas les évènements que je cherche en voyage, ce sont les idées et les sensations ; et pour cela la nouveauté des objets suffit. — D'ailleurs je me contente de peu. »
> V. Hugo.   (*Le Rhin*).

Mars 1817.

Je ne veux point, mon cher Emile, te donner les lignes que voici pour des souvenirs de voyage. Non. C'est tout bonnement quelques mots, quelques pensées à bâtons rompus ; c'est tout simplement de ces notes, de ces idées que nous prenions au hasard, que nous discutions ensemble, il y a de cela bientôt dix ans, alors que nous parcourions le midi de la France.

Nos excursions étaient intéressées.

Chef d'une maison importante à Bordeaux, tu courais après la fortune qui, en honnête fille, était assez bonne pour ralentir sa marche et se laisser devancer, grâce à ton extrême activité et surtout à ton expérience dans les affaires. Aussi, la maison *Desrosiers, Chavaroche et Cie*, était-elle citée dans la capitale de la Guienne pour une maison recommandable à plus d'un titre. Quant à moi, qui fus si souvent ton compagnon, je travaillais ardemment à établir les fondations d'une clientèle neuve, au profit d'une maison déjà colossale de Reims (1), qui me témoignait une confiance illimitée, en me jetant dans une diligence, en compagnie d'échantillons de mérinos et de flanelle de santé, en me disant : Marche ! marche !

Je marchais encore, comme Ahasverus, alors qu'une de ces sympathies, rivée sur l'enclume d'une bonne et franche amitié, nous inspira l'idée d'un voyage commercial dans la patrie de Charles-Quint. Nous partîmes gais, pleins d'espoir, et presque insouciants comme le soldat qui marche au combat et qui est sûr de vaincre. Sous ce rapport, si nos rêves étaient dorés, le réveil laissait quelque fois à désirer. Il est vrai que nous étions un peu exigeants, et qu'en outre cette exigeance n'était pas tout-à-fait blâmable. Le soldat n'est-il pas âpre de victoires ? Et le voyageur de commerce est-il répréhensible d'aimer beaucoup à noircir, à maculer les blanches pages de son carnet ?

Nous commençâmes à livrer bataille dans cette belle province du Guipuscoa, cette verdoyante, cette plantureuse contrée de l'Espagne où les femmes sont si sveltes, et où le regard brille si vif, si ardent, si passionné sous des paupières veloutées ; le Guipuscoa, martyrisé par la guerre civile dont il fut si longtemps le foyer incandescent, sans doute parce que ses mœurs, ses habitudes étaient le plus en harmonie avec les mœurs et les habitudes de la France.

Je veux te rappeler, brave ami, notre séjour à Saint-Sébastien, cette ville modèle qu'envieraient nos plus belles

(1) La maison Senart-Colombier et Cie, dont le chef principal peut, à juste titre, être qualifié du glorieux nom de : *Napoléon des affaires*.

villes de France, pour la régularité de sa construction, pour ses rues pavées en mosaïque, pour son ciel sans nuages. Je veux te rappeler Saint-Sébastien, qui ressemble à un immense palais. Je veux te rappeler aussi notre excursion tout artistique vers le petit port de mer le *Passage*, dans les eaux duquel la frégate l'*Hermione*, vieille antiquité navale, se balançait mollement en présence d'une frégate anglaise, bien riche et bien coquette. Ces deux navires, tu te le rappelles, s'observaient comme deux chats qui convoitent la même proie. Pauvre Espagne! tu paraissais bien alors la proie en question. Nous nous fîmes conduire à bord de ces deux royaumes, et comme moi tu as remarqué combien le désir du combat se faisait sentir sur le pont de l'*Hermione*. Ah! c'est qu'à cette époque l'entente cordiale n'avait point rivé ses anneaux d'union, et malgré l'infériorité du *terrain*, nos compatriotes étaient désireux de venger les souvenirs des pontons et la défaite pourtant si glorieuse de Trafalgar. Nous sommes rentrés de ce petit voyage que nous fîmes tantôt à cheval, tantôt à pied, tantôt en canot, à Saint-Sébastien, en côtoyant les falaises du golfe de Gascogne; là, tu me fis remarquer, avec un empressement digne d'un peintre, et le coucher du soleil qui dorait l'immensité, et les brisants contre lesquels luttaient les vagues furieuses de l'Océan. Côte à côte, nous aspirions cette brume salée; enfin, exténués d'une fatigue salutaire, nous rentrâmes à Saint-Sébastien, chez Laffont, notre hôte, pour satisfaire un appétit que cette promenade avait rendu presque féroce.

Combien de fois, depuis cette époque, ne nous sommes-nous pas entretenus de tous ces souvenirs, souvenirs doux à la pensée, car nous vivions l'un en l'autre. Nos succès en affaires commerciales étaient presqu'égaux, nos joies, les mêmes, et notre bonheur toujours partagé. Foin de vous, Castor et Pollux ! comparés à nous, vous n'êtes plus que de la petite bière !...

Te rappelles-tu, vieil ami, nos observations presque philosophiques, lesquelles cependant se terminaient toujours par quelques lazzis, à l'endroit de ces vilaines choses où la dévastation jouait le principal rôle ? Combien de fois ne nous sommes-nous pas abandonnés à de philosophiques méditations en présence de deux faits qui contrastaient comme le noir avec le blanc, le jour avec la nuit. En effet, dans cette riche contrée où la destruction, résultat de la guerre, luttait en quelque sorte avec une végétation si vivace, si luxuriante, si indifférente aux querelles des hommes, il y avait matière à des pensées bien tristes, bien amères. Là, c'était une métairie ruinée, dont les murailles, crénelées par le canon, servaient tantôt de retranchements, toujours de meurtrières. Ici, une modeste croix indiquait que sous son socle reposaient des cadavres, malheureuses victimes innocentes des turpitudes humaines. Cependant le terrain qui environnait la citadelle improvisée et démantelée, verdoyait sans le secours de la charrue. Il faut convenir, pour être juste, que plus d'un corps humain avait servi d'engrais.

Le désir de te parler bien vîte de l'Espagne, mon cher Emile, m'avait conduit tout d'abord à Saint-Sébastien, et cependant, après avoir traversé la Bidassoa, nous avons visité tour-à-tour Irun, Hernani. Irun, qui fut pris et repris trois ou quatre fois, aujourd'hui par les Carlistes, le lendemain par les Christinos. Chaque croisée des maisons de cette malheureuse cité avait joué le rôle de fortification, et les balles dessinaient encore sur les murailles les œuvres dévastatrices des capricieuses escopettes espagnoles.

C'est dans la posada d'Irun, où, cher compagnon, tu compris sérieusement, et pour la première fois le grand, l'immense désagrément d'ignorer le langage du pays que l'on parcourt; mais c'était encore là le côté comique, je dirai presque agréable de notre position ; et, en vérité, tu me faisais un plaisir que j'acheterais aujourd'hui une année de ma vie, en te voyant jouer et du geste et de la langue pour demander la chose du monde la plus simple, la plus naturelle à la *senora della posada*. Dieu me pardonne ! mais je crois que tu te fâchas de ce qu'une femme espagnole pouvait ne pas connaître notre beau langage de France, comme si tu n'étais pas plus répréhensible, toi, de parcourir un pays dont tu ne savais pas le dialecte. Nous sommes ainsi faits, nous autres Français, nous blâmons chez nos voisins une ignorance que nous possédons nous-mêmes au premier chef à leur égard. S'il est un peuple au monde qui s'inquiète le moins des langues étrangères, c'est bien certes le peuple français; mais il n'y fait pas attention, et l'on dirait même plus, c'est qu'il semble tellement convaincu de la précellence de son idiôme, qu'il s'indigne qu'il puisse y en avoir d'autres dans l'Univers. Comme les vieux Romains de la république, il appelle barbare tout ce qui ne sait pas parler français, et il met un véritable et parfois puéril orgueil à ne point vouloir apprendre la langue en usage sur ses frontières. En politique, il agit de même, et quiconque ne professe pas ses opinions, reçoit aussitôt une épithète dont la crudité n'est pas toujours voilée par une périphrase : autrefois les Italiens nommaient ce défaut : *furia francese*, quoique modifié, il existe toujours, et si jamais nous avions le malheur de perdre notre nationalité, on nous reconnaîtrait bien vite à ce caractère distinctif. Est-ce un bien, est-ce un mal? Nos philosophes devraient bien vider ce procès qui traîne en langueur depuis que la Gaule est devenue France. Mais.... nous voyageons et nous ne discutons pas.

A Hernani, nous devions éprouver un de ces souvenirs qui restent toujours gravés dans la mémoire; aussi, tu te rappelles ce cadavre exposé en chapelle ardente avant l'inhumation. Comme sa face était livide, et comme ses yeux ternes nous serraient le cœur! C'était un vieillard déposé dans une petite chapelle ouverte à tous les vents; quelques cierges, à la cire jaune comme le teint livide du trépassé, brûlaient rangés autour de son corps inanimé. Une grille défendait l'approche de l'enceinte à quelques enfants qui, indifférents des choses de ce bas-monde, n'avaient d'idées que pour le jeu de billes qui les occupait. Comme ce spectacle de la mort, à côté de cet autre spectacle de la vie, donnait cours à des pensées peu optimistes!....

D'Hernani à Tolosa, la distance fut bientôt franchie, grâce aux trois mules attelées à notre carrosse, monument qui devait dater du XVe siècle.

Notre entrée dans Tolosa fit sensation; nous étions accompagnés d'*escopeteros*, les bons gendarmes de l'endroit, et la foule s'empressait à l'entour du susdit carrosse, car l'on pensait en voir descendre ou Espartero, sinon don Carlos.

Dans ce moment où cette contrée de l'Espagne était déchirée par la guerre civile, on s'attendait à chaque instant à des évènements si extraordinaires, qu'on pouvait bien nous supposer des personnages considérables.

Nous eûmes pour un instant la velléité de visiter Bergara. Tolosa et Bergara, deux villes qui ont occupé dans l'histoire, mais à des époques différentes, des phases bien opposées. La première de ces villes avait, sous les guerres de l'Empire, servi de sépulcre à des milliers de Français, et les fiers indigènes nous montraient encore un trou béant, triste et navrant tombeau, où nos compatriotes, malheureuses victimes de la trahison, reposaient entassés les uns sur les autres : quelques tonnes de chaux recouvraient ce charnier.

Bergara, trente-deux ans après, devenait mémorable par la capitulation signée entre don Carlos et Espartero. Dix ans plus tard, la destinée de ces deux hommes était bien changée !

Faut-il, mon brave ami, te ramener à Istiragara, où nous avons assisté à une course de taureaux ? spectacle admirable parce qu'il est horrible, et auquel il m'a été impossible d'assister, pendant une demi-heure, en témoin sérieux.

L'Espagne et le désir de converser longtemps avec toi, mon cher Emile, me fait oublier les bords de la Marne. Je m'empresse donc de repasser la Bidassoa, de jeter un dernier regard sur l'île des Faisans, de saluer Fontarabie, Béhobie, St-Jean-de-Luz et Bayonne, pour traverser une dernière fois l'Adour, et rentrer à fond de train à Epernay. M'y voici donc jusques en l'an de grâce 1847, le 15 mars, où j'ai repris ma course pour des régions plus éloignées.

Une lettre écrite à plus de 200 lieues de distance, est une esquisse, un mémento où toutes les pensées sont jetées pêle-mêle. On s'occupe, peu ou pas, de lier ces pensées entr'elles. C'est pourquoi je viens te prier de me pardonner ces soubresauts qui bondissent comme des chèvres catalanes, en passant des choses les plus sérieuses aux choses les plus frivoles, et cela sans transition aucune.

LETTRE DEUXIÈME.

Le départ. — La famine. — A propos de civilisation. Sir Wavassor. — Lyon.

> Je sens pâlir mon front, et ma voix presqu'éteinte,
> Salue, en expirant, l'approche du trépas.
> MADAME TASTU.

Marseille, le 22 mars 1847.

Comme je te l'ai dit, très-cher, je quittai Epernay, le 15 mars; je suivis les bords de la Marne jusques à Chouilly, où la capricieuse rivière nous quitta pour aller brusquement serpenter dans les plaines d'Ay et de Mareuil. Mais comme tout chemin conduit à Rome, je retrouvai la Marne à Châlons. Je lui dis au revoir, car je la quittai le 16 pour m'enfoncer dans les plaines peu fertiles d'Arcis-sur-Aube, et me perdre dans les steppes de cette partie de la Champagne, qu'on est convenu d'appeler la *Champagne pouilleuse*.

Tout le monde connaît Arcis-sur-Aube, aussi me garderai-je de t'en parler, à moins cependant que je t'apprenne que cette petite ville est la patrie-née des bonnetiers, et que sainte Geneviève fit descendre d'Arcis à Paris, onze bateaux chargés de grains qu'elle était allé chercher en Champagne, pour remédier à la famine que le passage d'Attila avait causé aux environs de la capitale. En 1847, nous autres Champenois, nous aurions eu besoin de trouver une sainte de n'importe quel nom, pour charger sur n'importe quelle rivière, onze ou douze bateaux de grains. La récolte des blés avait été insuffisante; les pucerons ou les champignons qui empoisonnent nos pommes de terre, nous avaient privés de ce précieux tubercule, et si l'on ne prononçait pas tout haut le mot sinistre de famine, on ne parlait que de la disette prochaine. La disette en France, nous ne l'avions pas connue depuis les désastres de 1814 et de 1815, depuis les invasions de ces nouveaux Attila, que la trahison et la lassitude avaient amenés sur notre territoire; aussi, l'effroi régnait-il dans toutes nos contrées, et au milieu de cet effroi on entendait souvent le mot : Agioteur! mot terrible, mot populaire qui est constamment la cause première des révolutions. Comme l'Irlandais, comme l'Allemand, nous sommes incapables de supporter la faim, nous ne savons pas nous résigner à la misère, et dès que ces deux épidémies viennent à se répandre dans les masses, on peut assurer que l'orage politique est prochain; nous répondons à la famine par une révolution, croyant nous venger des agioteurs et des spéculateurs qui trouvent toujours une issue, et nous vengeant en définitive sur nous-mêmes. Mais il est facile de commenter l'histoire après coup; en 1847, il n'y avait pas un seul Nostradamus capable de prédire 1848; on ne se doutait pas de l'éruption du volcan, on ne s'inquiétait que des agioteurs, et si tout allait mal, c'était sur eux que devait incomber la faute; comme sous la Restauration, la faute en était à Voltaire et à Rousseau. Certes, il y avait des spéculateurs qui s'inquiétaient peu si leurs combinaisons financières devaient faire périr quelques milliers d'individus, mais le nombre en était restreint, et la loi savait les surveiller. Reste à savoir si la loi avait contre eux assez de puissance. Alors nous ne le pensions pas — aujourd'hui nous doutons — demain, peut-être, serions nous convaincus qu'elle était suffisante.

Bon ! je me surprends à parler famine, agio, etc., et tout cela avec un estomac bien garni. Cette petite digression fut écrite cependant, je l'avouerai presque à la honte de l'humanité, en compagnie d'une demi-tasse et d'un panatellas. Plus d'un historien a décrit les batailles au coin de son feu, l'abdomen enveloppé d'une robe de chambre, et les pieds emprisonnés dans une chaude chancelière. Pourquoi, après tout, ne parlerait-on pas de famine après un bon déjeûner ?

Reprenons notre course ; traversons rapidement les plaines crayonneuses et maussades de la Champagne, pour faire notre entrée dans l'ancienne capitale de notre antique province. Ce langage, pris au pluriel de la chose, te surprend, brave ami ; je m'empresse donc de t'annoncer qu'à Châlons-sur-Marne, je m'étais mis en compagnie d'un ami, le digne M. Leherle, ancien directeur de l'Ecole normale de Châlons, qui se rendait, comme moi, par-delà les monts et les mers dans la ville éternelle. Notre trajet suivait à trois jours de distance le vénérable prélat de notre diocèse, que nous devions retrouver sur la terre des Césars. Nous arrivâmes à deux dans la ville de Troyes — pardon de cet horrible calembourg, — à la dixième heure de la nuit. A trois heures du matin, après quelques heures de repos, nous nous hissâmes dans un nouveau véhicule qui nous conduisit à Châlons-sur-Saône. L'intérieur d'une diligence est la chose qui donne le plus matière à l'observateur. C'est tout un monde. Le riche comme le pauvre, le savant comme l'illettré, tout s'y coudoie. La diligence est donc plus civilisatrice que tous les autres moyens de traction. Le wagon, ce parvenu d'hier qui sent toujours l'odeur de l'omnibus, n'est pas à comparer à la pauvre vieille diligence — au point de vue de commerce et de l'industrie, je respecte le wagon, je consens à n'en point dire de mal — mais la diligence était le seul et l'unique moteur de la civilisation, car on y causait, on y bavardait — tandis que le wagon est et sera toujours forcément muet; donc il n'est pas utile de pousser plus loin ma démonstration. Deux places restaient vacantes, une sixième d'intérieur et la quatrième de rotonde. J'offris la place d'honneur à mon estimable compagnon, et je m'installai de mon mieux dans la partie prolétaire du lourd véhicule, au milieu de paquets, de cabas, de cartons, au centre desquels trônait un superbe artilleur et une brave commère aux narines gonflées de tabac et à la face ridée. Ce panorama m'était gratuitement offert par la lumière douteuse de la chétive lanterne du conducteur. Le brave homme — le conducteur — venait de s'enquérir du nombre de têtes présentes, car chaque tête, pour le majoral d'une diligence, est représentée par un chiffre qui se traduit en n'importe combien de francs et de centimes. Nous parcourûmes ainsi quelques kilomètres de *Bourgogne*, avant que la pudique Aurore, aux doigts de rose — pour nous servir de l'expression consacrée — voulût bien ouvrir les portes de l'Orient. Avec les portes de l'Orient, s'ouvrit la portière de la diligence, et grâce à un voyageur arrivé à sa destination, ou qui peut-être, ainsi que le dit la chanson — avait le cœur vertueux, je pus prendre place dans l'intérieur de la voiture près de mon digne ami. Là, c'était une nouvelle étude de mœurs, un nouveau panorama de physionomies.

A l'exception de mon compagnon de voyage, avec lequel le lecteur a déjà fait connaissance, je dois, en historien fidèle, présenter mes nouveaux amis, car nous étions déjà amis, le pied à peine placé dans l'étrier de la machine roulante.

Le premier qui s'offre à nos regards est M. Gibassier. Qu'est-ce que M. Gibassier? Je vais vous le dire : M. Gibassier est un ci-devant jeune homme, sur la tête duquel soixante hivers ont semé passablement de cheveux blancs, après avoir moissonné ceux qui devaient appartenir à une autre nuance. Si l'hiver semblait régner en maître sur cette tête blanchie par le travail et toute rayonnante d'intelligence, par contre son cœur d'or était aussi chaud que sa tête paraissait froide. C'était une de ces bonnes natures d'homme qui laisse deviner la franchise, la probité. Gibassier voyageait pour les produits de la Bourgogne. Depuis quarante années il offre, avec un succès prodigieux, les Nuits, les Beaune, les Côtes-Rôties, et autres crûs *ejusdem farinæ*. Sa spécialité est la boisson, et Dieu sait comme il s'acquitte de son mandat ! Toutes les maisons de commerce devraient avoir des Gibassiers pour les représenter, et tout serait pour le mieux dans les transactions commerciales; mais hélas ! hélas !

Plusieurs confrères de l'honnête homme dont nous venons d'esquisser le portrait, revenaient comme lui de Paris, qui dans le coupé, qui dans l'intérieur, qui sur l'impériale, tous jeunes gens de bonne maison, tous le *paratus respondere* sur les lèvres. De tous les compartiments de la voiture, c'était un feu roulant de lazzis, de bons mots, de quolibets, d'offres de cigarres prêtés et rendus. Dans le coin de l'intérieur, un vieillard, à la figure respectable, dormait le chef englouti dans une coiffure qui se porte seulement à un âge aussi avancé. Que ce sommeil — précurseur d'un sommeil éternel — paraissait pur, et comme la béatitude se lisait sur ce visage placide, et serein ! Mais il y a un temps pour tout et notre voisin secoua ses pavots. A son langage insulaire nous reconnûmes un indigène de ce que l'on appelle à tort ou à raison la perfide Albion. C'était un Anglais, mais un Anglais de la bonne roche. Peu causeur du reste et peu familier avec notre dialecte, son temps, en dehors des conversations insignifiantes, se passait à lire plusieurs correspondances, et après l'examen de ses nombreuses lettres, à les réduire en mille morceaux et à les jeter au caprice du vent. Il semblait que la prescience de ce qui devait lui survenir l'enveloppait comme d'un linceul. Pieux, comme il convient de l'être, il donnait beaucoup de temps à des méditations religieuses. Ce voyageur, que nous appelerons sir Wavassor, se rendait en pèlerinage à Rome, et comme nous faisions le même trajet, nous nous estimions heureux de sa compagnie, quoique néanmoins, elle fut ordinairement très-monotone.

La confiance marche vite en diligence, et à peine avions-nous échangé quelques paroles avec sir Wavassor, que nous connaissions le but de son voyage, les amis qui l'attendaient à Lyon et à Marseille — des amis de choix, un archevêque Irlandais et un noble lord au Parlement!

La conversation venait de se ralentir pour faire place aux bons mots, aux mille riens si drôlatiques, si spirituels de Gibassier, qui interpellait tour-à-tour ses compagnons perchés sur l'impériale et ceux qui occupaient le coupé de la voiture — quand on signala un relais.

Comme il faut un terme à tout, le silence se rétablit insensiblement, car nous arrivions à Châtillon-sur-Seine, pour satisfaire aux inexorables exigences de l'estomac.

Tu sais, mon cher Desroziers, la physionomie d'une table d'hôte, et ton très-humble serviteur faisait les honneurs de la dissection. C'était à qui s'acquitterait le mieux et le plus lestement de cette rude tâche, et notre Anglais n'était pas le dernier à la besogne ; mais comme les plus belles choses du monde ne peuvent éternellement durer, nous quittâmes la table d'hôte pour continuer notre itinéraire.

La route de Paris à Lyon, sans être trop accidentée, offre bien çà et là de ces petites côtes qui sont le désespoir des maîtres de poste, le purgatoire des voyageurs, et l'enfer de ces pauvres quadrupèdes qui, arrivés à cette dernière période de la vie chevaline, changent subitement de nom. Déjà nous avions traversé la Seine, et la diligence s'éloignant rapidement, laissait loin, derrière elle, ce fleuve naissant pour descendre avec la rapidité de l'éclair, une route presqu'à pic, galamment nommée *Val-Suzon*. Il est de notoriété publique que, lorsqu'on descend une côte, c'est pour en remonter une autre. Cette dernière était, sinon aussi longue, du moins aussi escarpée : une petite traverse coupait court au but, et fournissait au voyageur le prétexte d'une indispensable promenade pédestre. Nous ne laissâmes pas échapper cette occasion, et tout le personnel des Messageries royales mit pied à terre.

On est si heureux de quitter un instant cette boîte où, pêle-mêle, on a à souffrir et de l'embonpoint de celui-ci, et de la maigreur de celui-là ; où l'on est contraint d'avaler la poussière qui s'infiltre dans la gorge, sinon le souffle humain, souffle peu odorant qui va se loger disgracieusement dans les narines. Aussi, quelle volupté de respirer à pleins poumons l'air pur ! Puis les jambes reprennent leur élasticité, le sang circule librement.... on est heureux, on vit. C'est là l'un des plaisirs que nous a enlevés le wagon des chemins de fer.

Je me faisais ces réflexions tout en suivant le petit sentier herbeux qui nous conduisait au sommet de la montagne.

tandis que les autres voyageurs, la plupart joyeux jeunes gens, en tête desquels le vieux Gibassier, plus joyeux qu'eux encore, devisaient sur une foule de choses qui se racontent tout bas, lorsque la trompette sonna le rappel.

Voici que le postillon vient de prendre place sur son siège, le conducteur ouvre les portières, et chacun se hâte à regagner son coin, lorsque nous aperçûmes sir Wavassor à une longue distance, montant avec une pénible lenteur ce sentier franchi d'une façon si allègre par tout le personnel de la diligence.

— Ohé! ohé! monsieur l'Anglais — se prit à clamer la bande rieuse — ohé! ohé! monsieur l'Anglais....

Sir Wavassor marchait effectivement avec difficulté et embarras, et à un mouvement qu'il fit, comme s'il s'affaissait sur lui-même, les clameurs changèrent de ton, car il était évident que ce voyageur souffrait beaucoup.

Gibassier, aussi bon que son humeur était joviale, s'écrie, l'anxiété peinte sur son visage : — Cet homme est malade, bien certainement; allons vite à sa rencontre.

— Mais, répondit avec flegme un voyageur de la rotonde, ne voyez-vous pas qu'il reprend sa course? Il a les jambes encore engourdies.

En effet, sir Wavassor, quoique paraissant exténué par la fatigue, et se pressant les flancs comme s'il eût été en proie à d'atroces coliques, faisait néanmoins quelques pas en avant.

Nous attendons avec patience.

Les *ohé* avaient remplacé les questions de condoléance, quand l'insulaire rejoignit la voiture.

« — Grand pardon, messieurs, nous dit-il dans son langage britannique, de vous avoir fait beaucoup attendre; mais voyez-vous, c'est que moâ, je suis indisposé. Puis, le médecin à moâ dit : Vous, jamais marcher vite, ou vous mort tout de suite — tout de suite mort. Haô! »

Notre compagnon, après cette harangue très-sérieusement débitée, reprit gravement la place qu'il occupait depuis son départ de Paris.

Ce petit évènement, qui ne semblait pas devenir le précurseur d'un de ces douloureux accidents dont on garde toute sa vie le souvenir ineffaçable, alimenta la conversation durant quelques minutes, pendant lesquelles sir Wavassor répéta de nouveau, dans son jargon britannique, la recommandation de son docteur :

— Mais, dit-il, ça va beaucoup mieux, oui mieux....

Ce dernier mot mourait à peine sur ses lèvres, qu'une écume épaisse inonda sa bouche, des narines suinta aussitôt un *mucus* abondant, le teint se décolora, les paupières tombèrent sur leur orbite, et l'existence s'échappa brusquement, sans agonie, sans convulsions apparentes de ce corps qui tout-à-l'heure semblait respirer la santé. — Un anévrisme venait d'en faire un cadavre!...

Quelle que soit l'expérience que l'on ait de la vie, quelle que soit l'impassibilité que nous donne l'habitude réaliste de nos usages sociétaires, quelle que soit l'indifférence brutale qui semble maintenant l'égoïste caractéristique de notre siècle, la règle normale de notre époque — qu'un semblable moment nous suggère de tristes réflexions! C'est alors que l'on comprend les paroles du vieux philosophe : *Homo sum et nil humani a me alienum puto!*

Cet homme — sir Wavassor, — dont le chemin était tracé jusques à Rome, s'arrêtait au milieu de son voyage. Nous, qui faisions le même trajet, nous pouvions aussi rencontrer la mort sur notre passage, d'une manière aussi brusque, aussi imprévue, aussi fatale. Alors on pense involontairement à Dieu, et l'on s'incline humblement sous sa puissance: l'orgueil humain se rapetisse, et, devant cette destruction inopinée, devant cette soudaine apparition de la mort, on se souvient que l'on est homme; on se remémore ses pieux souvenirs d'enfance, et l'on entrevoit l'heure où l'on aura également à comparaître en présence du créateur.

Placé exactement en face de sir Wavassor, je pus, avec un frémissement intraduisible dans n'importe quelle langue, le voir passer de la vie au trépas.

Fallait-il s'arrêter et porter des secours désormais inutiles au voyageur expirant? ou bien fallait-il doubler la vitesse du transport pour arriver promptement à une localité voisine? Ce dernier avis fut préféré, et, en quelques minutes, en brûlant le pavé, nous atteignîmes Chanceaux, petit village étendu sur les berges de la route de Châtillon à Dijon.

Le médecin était absent.

On dépêcha le postillon à sa recherche. Personne, personne au monde pour rendre la vie à cette existence qui pouvait bien n'être qu'engourdie. Nous prîmes les plus grandes précautions pour descendre le cadavre de la voiture et le placer sur un lit, dans le domicile d'un nommé Choppin, limonadier. Là, tout espoir s'évanouit, et il fallut procéder à un inventaire et dresser le procès-verbal de cet évènement. Les allées, les venues, les exclamations de celui-ci, les observations de celui-là, firent de cet incident un spectacle douloureux qui serrait le cœur.

Mon digne compagnon, M. Lcherle, profita de cette halte forcée pour instruire le curé de l'endroit de ce fatal évènement, et justifier de la croyance religieuse de sir Wavassor, afin qu'on pût lui donner la sépulture chrétienne.

Tout ceci exigea plus de quatre heures, après quoi nous continuâmes notre route avec un voyageur de moins.

Comme on doit bien le penser, cet épisode donnait matière à de sombres réflexions. Le bon Gibassier s'accusait tout haut de ne s'être point porté de suite au-devant du malade, dont la marche lente et saccadée accusait une grave indisposition.

A minuit, nous descendîmes à fond de train le val Suzon, cette route si hérissée de précipices, et nos souvenirs étaient encore aussi poignants, aussi tristes.

Le lendemain, nous étions au matin à Châlons-sur-Saône, après avoir traversé Dijon, où nous laissâmes nos compagnons naguère si gais, et maintenant devenus graves en raison des sinistres impressions du voyage.

Le départ du bateau à vapeur, qui fait le trajet pour Lyon, allait s'effectuer. La vapeur grondait déjà en répandant ses larges et épaisses colonnes de fumée; cependant, nous fûmes assez heureux pour arriver à temps.

Bien des voyageurs, ceux même qui ne sont point allés à Rome, ont décrit le trajet de Châlons à Lyon avec des couleurs si vives, que je ne veux point essayer de peindre une fois de plus ce tableau et d'en esquisser un panorama décoloré. Non. Je dirai seulement que nous avons eu un temps épouvantable, et que le bateau était chargé de vingt-cinq à trente sacs de doucette, cette salade que le parisien appelle de la *mache*, et que chaque sac devait bien peser au moins cent kilogrammes. Enfin, c'est Châlons-sur-Saône qui met tout Lyon au vert.

Le 19 mars nous arrivâmes à Lyon, pour continuer notre route par Valence, Avignon, Aix et Marseille.

Nous nous arrêterons un instant dans cette grande cité qu'on appelle la seconde ville de France. Nous n'en dirons pas trop de mal, car dans ses murs nous y comptons de bons et sincères amis. Mais si Lyon est la cité la plus hospitalière que je connaisse, elle n'est pas la plus propre. C'est toujours la ville noircie par l'usage de la houille, la ville au pavé pointu, la ville en amphithéâtre, mais avant tout la ville remuante d'où les plus belles étoffes de soie sortent des plus sales fabriques de France. En intéressé à la chose — et pour cause — c'est aussi la ville par excellence au point de vue des rapports affectueux en matière de commerce. La vue de Lyon est délicieuse, surtout quand on s'arrête vers le soir, comme je l'ai fait, au beau milieu du pont Morand, et qu'on regarde au midi. Les regards se portent vers Fourvières, placé comme je l'ai dit en amphithéâtre; les maisons immenses semblent superposées, étages sur étages, et les lumières vespérales qui scintillent à ces mille fenêtres, donneraient à supposer que c'est là l'habitation des Titans, ou pour être plus prosaïque, les habitations semblent posséder douze à quinze hauteurs de fenêtres. Faites un quart de conversion à droite et à gauche, là, un spectacle aussi grandiose s'offre à vos regards étonnés. La vue se plonge dans l'immensité, et cette immensité, représentée par un cône scalène, reflète dans le Rhône mille becs de gaz qui rayonnent comme autant de soleils fulgurants et étincelants sur des quais, qu'envierait Paris.

LETTRE TROISIÈME.

Saint-Péray. -- Incendie. -- Avignon. -- Le Palais des Papes. La mort d'une malle. -- Marseille.

> En voyage comme dans la vie, tout n'est qu'heur et malheur; -- mais fou qui s'en préoccupe.
> DE SENANCOURT.
>
> Est-il rien de plus beau que Marseille?
> MÉRY.

Marseille, mars 1847.

Nous nous promettions, avec mon honorable compagnon, de descendre jusques à Marseille par les bateaux à vapeur du Rhône. C'était là un de nos grands désirs, c'était presque un besoin. En effet, il ne peut exister un voyage plus agréable et moins fatigant. Ce fleuve torrent serpente dans des vallées ravissantes, toujours vertes, toujours accidentées. C'est un paradis perpétuel sous un ciel bleu; puis, de cette manière, ainsi qu'en nous enfouissant dans les diligences, — moins la poussière des routes, — nous touchions à Valence; mais avant d'arriver dans cette dernière ville, la diligence s'arrête à Saint-Péray, sous le prétexte de déjeûner. La diligence avait toujours le talent de choisir des relais heureux. Pour nous, Saint-Péray était de réputation une vieille connaissance ; son vin n'avait pour nous, rien d'inconnu, et maintes fois, nous avions disserté sur ses lointaines analogies avec le vin de Champagne. Aussi, pour mieux nous mettre à même de juger, nous en fîmes de rechef une comparaison consciencieuse. Etait-il besoin de le dire ?

Après avoir déjeûné à Saint-Péray et visité les environs, nous allions repartir pour Valence, quand le tambour communal apprit à tous les villageois qu'un incendie venait de d'éclater. Les celliers sont nombreux dans cette bourgade ; c'était dans la maison d'un marchand de vin que le feu avait pris. En allant au lieu du sinistre, nous rencontrâmes des centaines de femmes et d'enfants qui s'y rendaient avec leurs sceaux. Déjà la chaîne double était formée, elle atteignait le Rhône ; les sceaux plongés dans le fleuve, arrivaient pleins par une des rangées, et revenaient vides par l'autre. Les hommes, occupés sans doute par les travaux des champs, étaient rares. Rien n'était plus admirable que le zèle désintéressé de la population, et cependant ce zèle est vulgaire ; il se reproduit partout où la famille humaine est menacée. La solidarité de tous est déjà dans les sentiments. Quand passera-t-elle dans les institutions ?

Les voyageurs prirent en main des sceaux ; un prêtre était en face de nous, mais bientôt nous reconnûmes que notre présence n'avait pas d'objet ; le feu était comprimé, presque éteint. Nous partîmes. Alors seulement les secours organisés arrivaient en masse. Revenant à pied, nous rencontrâmes d'abord un brigadier de gendarmerie de Saint-Péray qui rentrait au grand trot ; il était allé prévenir les pompiers de Valence. Voici maintenant des nuages de poussière à l'horizon, des hommes groupés sur une voiture que traîne un cheval essoufflé : ce sont des ouvriers qui n'ont pas quitté leurs costumes de travail, mais leurs casques, brillant au soleil, annoncent assez leur caractère et leur mission. Les officiers seuls ont revêtu l'uniforme.

Nous vîmes passer ainsi tous les pompiers de Valence, traînés par des attelages insuffisants, dans des voitures de toute forme ; les pompes roulaient ; une demi-heure après, l'artillerie s'ébranlait à son tour pour maintenir l'ordre et prêter des bras à la manœuvre des pompes.

Le 11ᵉ d'artillerie était dégarni de chevaux lors de notre passage ; un nombreux détachement de ce corps était allé chercher du blé à Marseille ; mais, en temps ordinaire, il nous semble qu'un régiment d'artillerie, habitué à promener ses chevaux, uniquement pour les maintenir en santé par l'exercice, devrait avoir des attelages à la disposition des pompiers. La France ne voudra pas toujours laisser dans l'inaction tant de soldats, de chevaux, un matériel si puissant qui ne lui rendent en temps de paix aucun service direct et qui pourraient en rendre de si grands sans perdre leur valeur comme instruments de guerre. Pense-t-on que, pour trouver, au moment du péril une armée instruite, il faut l'accabler de manœuvres, d'exercices renouvelés sans cesse, absorber son temps dans la répétition constante d'une scène de carnage qui ne sera peut-être jamais représentée ? Reproduits au-delà d'une certaine mesure, ces exercices fatiguent, abrutissent et font prendre l'état militaire en dégoût à l'officier comme au soldat. Engrené avec des travaux de terrassement, des transports, des manœuvres agricoles, des séances industrielles, l'exercice militaire ferait diversion.

On en profiterait mieux, parce qu'il répugnerait beaucoup moins.

Cet incident terminé, nous nous remîmes en marche : Bientôt nous vîmes Valence qui se rappelle toujours que l'Empereur fut lieutenant d'artillerie dans ses murs. Mais alors..... c'était à peine un souvenir archéologique. Aussi, nous ne fîmes pas long séjour et nous ne songeâmes plus qu'à Avignon. Il est vrai que dans notre désir d'arriver à Rome, nous ne faisions guère attention au splendide et merveilleux paysage qui se déroulait sous nos yeux. Enfin voici Avignon qui ne ressemble à aucune ville. Cette cité, c'est le moyen-âge en armure complète, pris sur le fait dans toute sa puissance, avec sa défiance de tous contre tous et son inhospitalière rudesse. Ses murailles crénelées sont hautes, fortes et d'une admirable conservation. Le bateau descend fort au-dessous de la ville, et remonte ensuite, en se collant au quai, feignant, comme tel adroit politique, de céder au courant, aux fins de le mieux vaincre. A peine amarré, des bandes de faquins (1) l'envahissent, et fondent sur les passagers et leurs effets, s'entendant comme larrons en foire, et faisant payer exorbitamment leurs petits services. Nous allons loger au Palais-Royal, chez un juif; c'est le premier hôtellier qui nous ait jusqu'ici, traité chrétiennement. Le lendemain matin, seul, je me hâte vers le vieux temps et les vieilles choses, accompagné d'un ancien et aimable commettant que j'avais eu la bonne fortune de rencontrer.

---

(1) C'est le nom que l'on donne parfois aux portefaix avignonnais — du reste ce mot n'est qu'une transformation du substantif italien : *facchino*, qui offre le même sens.

Rien n'est beau, rien n'est grand, rien n'est solennel comme le palais des papes. C'est plus qu'un palais, plus qu'une forteresse; c'est un siége d'empire. Et pourtant ces papes d'Avignon qui avaient acheté la ville 20,000 écus d'or, n'étaient que des moitiés et même des tiers de papes. Que devait donc être le pape entier ? Ce palais a été fait caserne : horrible profanation, je ne dis pas des papes, mais de l'histoire. Là dansent, lisent, chantent, jouent, brossent et recousent leurs culottes, ces soldats français, les plus polis de l'espèce, les plus gais et les plus actifs des *far niente* de ce globe, race dont la vie est un pour-rire perpétuel, et qui meurent aussi lestement qu'ils vivent. Il n'y a pas jusqu'aux images des saints sur les plafonds de leur papale caserne, qui ne leur inspirent plus de bons mots que de dévotion. On nous donna pour cicerone la femme du concierge, vieille vivandière réjouie, qui occupait le poste depuis une trentaine d'années, et qui en savait long. « Vénez, vénez, mes enfants, moi zé vous férai voèr. » Nous visitâmes d'abord l'une des parties les plus vastes et jadis les importantes du palais, cette fameuse cuisine des papes, dont le monde entier fournissait les épices, et dont Luther, d'un coup de son puissant talon, renversa la moitié des marmites. La chapelle, aujourd'hui divisée et passée au blanc, a pourtant conservé à l'un des angles, quelques vestiges de son ancienne splendeur. Le plafond a un ciel étoilé où flottent des saints en bottines jaunes et en robes de Perse. Suit l'arsenal, dont les lambris sont peints d'insignes guerriers, d'armoiries papales et de doubles glaives, avec cette inscription : *Ad utrumque parata, c'est-à-dire, prêts à défendre le temporel comme le spirituel.* De là nous montâmes au donjon de l'inquisition, dont les murs sont tout couverts et profondément entaillés des plaintes des malheureux prisonniers. Ce sont comme autant de soupirs fixés dans la pierre, qui les répète à perpétuité. Plusieurs de ces doléances respirent une simple et noble hardiesse, et l'on sent que les victimes devaient faire trembler leurs bourreaux.

Hevrevx cevx qvi ont faim de la jvstice, car ils seront saovlés.

Si male locvtvs svm, ostende quid mali dixerim; si bene locvtvs svm, cvr me cœdis ?

Si j'ai mal parlé, fais voir ce que j'ai dit de mal ; mais si j'ai bien parlé, pourquoi me frappes-tu ?

Ceci n'est-il pas sublime ? et n'indique-t-il pas bien quelle espèce d'hommes on traitait en ennemis ?

Après Avignon, nous visitâmes Tarascon et Beaucaire, villes jumelles qui se donnent la main à peu près comme Charleville et Mézières ; puis nous traversâmes Arles, la cité romaine, orgueilleuse des ses arènes grandioses, de son théâtre antique et de ses mille souvenirs ; Arles, avec ses vieux monuments qui attestent son ancienne splendeur. Déjà célèbre du temps de Jules César, cette noble cité n'occupait alors que la rive gauche du Rhône. Ce fut Constantin-le-Grand qui fit bâtir une nouvelle ville, en face de l'autre, sur la rive droite du fleuve, et les joignit par un pont de bateaux. C'est encore, de nos jours, un pont de bateaux qui relie les deux rives. Cette seconde ville ne forme plus aujourd'hui qu'un faubourg appelé Trinquetaille. Du reste Arles n'est plus maintenant remarquable que par le costume pittoresque de ses femmes, gracieuses évocations du beau idéal de l'antiquité, merveilleuses et palpitantes statues que l'on croirait sorties du ciseau de Phidias.

Indépendamment de ce qu'elles passent, à juste titre, pour les plus belles femmes de France, elles portent un costume tout particulier qui ajoute à l'élégante cambrure de leurs hanches, à la châtoyante finesse de leur démarche. Ceci est si vrai, si exact, que Châteaubriand, à son retour d'Italie, s'écria en visitant Arles : « Je puis mourir aujour- « d'hui, car j'ai vu les Romaines! » Et cependant le poète venait de visiter la ville éternelle! Il quittait Rome, et c'est à Arles qu'il lui semblait retrouver la Rome impériale comme il se la figurait, comme il la rêvait dans son génie.

Nous nous étions promis, ainsi que je l'ai dit, de descendre le Rhône avec ses bateaux à vapeur ; mais une toute petite difficulté se présenta. Le Rhône était à sec et la navigation se trouvait interrompue. Nous dûmes reprendre le vieux mode de locomotion, la prosaïque diligence.

C'est à dix heures du soir, place des Terraux que nous prîmes notre essor vers les contrées méridionales, les Messageries Poulain et compagnie y aidant.

Nous étions voués, M. Leberle et moi, à occuper constamment les places de l'intérieur de toutes les voitures ; aussi montâmes-nous gravement prendre possession de nos numéros respectifs. Cette fois, le personnel de la machine roulante était plus varié, plus bigarré encore, si c'est possible, que précédemment. En effet, l'assemblage était passablement grotesque, et peignait bien les bizarreries humaines. Un lieutenant de spahis et un ecclésiastique aux mœurs sévères, un artiste dramatique et une dame aux allures équivoques, composaient la société de l'intérieur.

Aussi, en raison des disparates des mœurs, ce trajet d'Arles à Marseille se fit sans incidents remarquables ; seulement nous pûmes observer sur toute l'étendue de cette route des convois considérables de grains, dont le transport pénible et pondéreux défonçait les chemins et obstruait la voie, tant était considérable le nombre des voitures que la tardive sollicitude du gouvernement employait à amener le blé dont nos malheureuses contrées étaient privées.

Je dois cependant te signaler un fait, mon brave Desroziers, dût cette narration, faire rougir de honte le conducteur des messageries Poulain et compagnie.

Voici la chose :

Les voitures publiques s'arrêtent à la douane, à Marseille, pour y être soumises à une visite scrupuleuse. Pendant cette inquisitoriale inspection, ma malle, assez légère du reste, se prit à tomber, et le malheureux conducteur eut l'infâmie ou la maladresse inqualifiable, de faire passer les deux roues de sa voiture au beau milieu de mon vestiaire. La malle, comme tu dois bien le penser, brave ami, fut réduite à un état pitoyable. La douane n'avait plus besoin d'en demander la clef pour reconnaître ce qu'elle pouvait renfermer ; c'est pourquoi messieurs les douaniers se bornèrent à me plaindre charitablement et me tinrent quitte de la visite d'usage. Ce fut là toute mon indemnité ! Enfin, après ce présage qui aurait fait rebrousser chemin à un consul romain, à un éphore spartiate, nous entrons dans Marseille la phocéenne, Marseille la vaniteuse, l'orgueilleuse, — Marseille qui ne se souvient de rien, et qui n'a de bonheur et de joie qu'à se trouver belle et superbe, comme une coquette sans cesse en contemplation devant la glace qui reflète ses attraits. Du reste, pour juger de l'amour que Marseille professe exclusivement pour elle-même, il n'y a qu'à citer ce mot naïf de l'un de ses plus riches négociants : « Si Paris possédait une Cannebière, Paris serait un petit Marseille. » N'est-ce point là le *nec plus ultrà* de l'amour-propre?

Comme Alexandre Dumas, nous venions de découvrir la Méditerranée, — et notre odorat, à l'odeur de la vase, au goût fétide des cloaques marseillais, avait reconnu ou flairé immédiatement le revers de la fastueuse médaille frappée par la vanité phocéenne. Cependant le chef-lieu des Bouches-du-Rhône est sans contredit une des plus belles villes de France; mais comparer cette ville à Paris... Allons donc !...

Nous étions à Marseille le 21 mars, date impériale dont nous avions perdu le souvenir, car alors, nous ne pouvions admettre la résurrection merveilleuse et inopinée de cette époque — et nous devions prendre place le lendemain à bord du *Périclès*. Les auspices jusques alors nous avaient été défavorables. Récapitulons : La mort subite de Sir Wavassor — et d'un : — Le Rhône, presque à sec, ce qui nous priva de descendre ses bords comme nous nous l'étions promis, — et de deux; — Ma malle enfoncée à Marseille, — et de trois. — En voilà plus qu'il n'en fallait pour faire réfléchir un fataliste; mais nous n'étions pas au bout de nos peines, c'est ce que le lecteur va voir, pourvu que d'avance il veuille bien applaudir à notre résolution et à notre courage.

Le *Périclès* était un bateau à vapeur d'une grande coquetterie, appartenant à l'Etat et faisant alors le service de la malle-poste entre Marseille et Constantinople, il touchait à Livourne, Cività-Vecchia, Naples, Malte, Smyrne et Constantinople. Il était commandé par un lieutenant de la marine royale.

Il nous fallut une journée afin de nous mettre en règle et de nous pourvoir des papiers nécessaires pour opérer notre ascension à bord du navire.

Une heure avant le départ, fixé à cinq heures du soir, le port de Marseille était sillonné par une foule de petites barques qui portaient ici un touriste, là un homme ennuyé, allant promener sur de lointains rivages, un ennui plus grand encore — puis des prêtres se rendant à Rome, en pélerinage ou dans le but d'assister aux brillantes cérémonies de la semaine sainte ; enfin, des malades, la plupart imaginaires, désireux de visiter l'Italie pour rétablir une santé équivoque, ou bien encore des commerçants affairés. Ce spectacle curieux, d'abord éparpillé sur toute la surface de l'enceinte du port, ne tarda pas à se resserrer. Toutes les barques convergeaient au même point, à l'échelle du *Périclès*. Bientôt chacune de ces embarcations s'arrima sans bruit aux flancs du bateau à vapeur comme des huîtres sur un rocher à fleur d'eau, et l'embarquement se trouva parachevé en moins de deux heures.

Le *Périclès* venait donc de recevoir au complet tous les passagers qui s'étaient fait inscrire sur son registre de bord, les uns pour Livourne, les autres pour Cività-Vecchia, beaucoup pour Naples, Malte et quelques uns pour Smyrne et pour Constantinople. La majeure partie cependant rendait à Rome, et parmi ces derniers, se trouvaient monseigneur l'évêque de Valence et un archevêque maronite du mont Liban.

La rapide énumération de ces noms recommandables

indique que notre société était une société de choix, car, en outre de ces messieurs, il fallait compter aussi des hommes considérables dans l'Eglise, tels que des grands vicaires, des missionnaires, entr'autres M. Régnier qui eut un succès de chaire mérité à Rheims, puis des catholiques de toutes les nations.

On leva l'ancre à six heures, et une demi-heure après nous laissions sur notre gauche les côtes abruptes de Marseille.

Notre-Dame-de-la-Garde, ce rocher gris, où tous les marins qui ont échappé au naufrage vont déposer leur offrande et leurs prières, se dessinait encore faiblement, que devant nous, il était facile de distinguer le château d'If, illustré par Alexandre Dumas dans son étrange roman de Monte-Christo.

LETTRE QUATRIEME.

Livourne. — Un voyage en chemin de fer. — Pise. — Les gueux.

> Récapitulons : Pour boire au conducteur, pour boire au postillon, pour boire au débâcheur, pour boire au brouetteur, pour boire à l'homme qui n'est pas de l'hôtel, pour boire à la vieille femme, pour boire à Rubens, pour boire au suisse, pour boire au sacristain, pour boire au sonneur, pour boire au baragouineur, pour boire à la fabrique, pour boire au sous-sonneur, pour boire au bédeau, pour boire à l'estafier, pour boire aux domestiques, pour boire au garçon d'écurie, pour boire au facteur ; voilà dix-huit pour boire dans une journée.
> V. HUGO. *Le Rhin.*

> ¡Il est doux le ciel de l'Italie!
> DE BÉRANGER.

> Les gueux, les gueux, sont des gens heureux!
> DE BÉRANGER.

Rome, mars 1847.

La mer était assez calme, mais par malheur nous avions *vent de bout*, ce qui retardait sensiblement la marche. Inutile de vouloir esquisser — même de la manière la plus abrégée, la plus laconique — ces mille désagréments d'un voyage sur mer. C'est devenu banal. Tout le monde connaît la plus grande des souffrances que le passager doit supporter.

Les marins appellent l'inconvénient en question : *Compter ses chemises*. Pour ma part, j'en comptai plusieurs.

Le 24, à quatre heures du matin, nous touchions Livourne, où, avec la permission du commandant du navire, nous descendîmes à terre.

Tu sais, mon cher ami, combien les voyageurs sont accablés à leur arrivée à Avignon ou à Nîmes, par ces braves gens — si l'on veut — qui n'ont d'autre métier que d'empoigner, de gré ou de force, les voyageurs, et qui veulent transporter leurs effets comme si c'était un butin qu'ils viennent de gagner dans une ville prise d'assaut.... Mais, bon Dieu ! ces deux cités ne sont rien en comparaison de Livourne, où grouillent sur le port des myriades de bateliers, de porte-faix des deux sexes, de lazzarones qui vous écorchent les oreilles avec leurs offres de services. Si encore ils ne vous écorchaient que les oreilles !... mais votre bourse a de rudes assauts à supporter. Les uns vous tirent à droite, les autres à gauche ; devant, derrière, partout, vous êtes assailli par un essaim de mendiants. Malheur à vous, si vous faites la plus petite aumône, oh ! alors ce sera un déluge de truands qui finira par vous interdire complétement le passage. Il convient infiniment mieux, pour l'étranger voyageur, de passer pour un ladre, c'est au moins le moyen assuré de marcher librement.

J'employai la recette, et je m'en trouvai comparativement heureux. Tout est bien qui finit bien. Il y a encore en Italie une autre espèce de mendiants patentés ; ceux-là sont moins humbles. Ils vous prennent brusquement par le pan de votre habit et vous invitent à jeter la vue sur telle ou telle maison, puis ils vous racontent un tas d'histoires à dormir debout. C'est dans cette maison, à droite, que le grand

Duc de Toscane a publié tel ou tel décret; c'est dans cette maison, à gauche, qu'un Français a été assassiné par un mari jaloux. Le conteur a le soin, après sa narration, de vous tendre la main. — C'est un pour-boire qu'il vous réclame. Vous rentrez dans votre hôtel, cette fois vous vous gardez bien de demander votre chemin à quelque passant officieux, car le pour-boire saisirait encore cette bonne aubaine. Mais vous aurez beau faire, on vous cirera vos bottes malgré vous, pour attraper un nouveau pour-boire. Livourne est comme tout le reste de l'Italie, la patrie née du pour-boire. Après tout, Livourne est une belle ville nouvellement construite; ses rues sont bien larges, et pavées, comme généralement dans toute cette province, en dalles de grande dimension. Au beau milieu de la chaussée, il y a quelques pavés inégaux pour faciliter aux chevaux une marche sans danger. Le port passe pour être le plus commode et le plus sûr de toute la côte. Son phare est aussi un des plus vastes et des plus utiles que possède l'Italie entière. C'est en calèche découverte que nous traversâmes la ville pour nous rendre à l'embarcadère du chemin de fer de Livourne à Pise, le seul et unique rail-way qui existât à cette époque en Italie; mais grâce à l'avènement au trône pontifical de Pie IX, des projets sont à l'étude, et avant quelque temps, la péninsule italique aura, ainsi que les contrées du nord, ses réseaux de fer, grandes artères où bondit la civilisation avec le commerce et l'industrie.

(Ceci, cher lecteur, et tu le sais aussi, vieil ami, est daté de 1847; veuillez bien vous en souvenir — alors on pouvait croire que l'horizon politique de l'Italie était aussi azuré que son beau ciel bleu, où l'œil le plus ardent ne saurait découvrir l'ombre d'un nuage. — Depuis, tout a bien changé, — l'Italie est le pays des volcans ; elle a pour sentinelles le Vésuve et l'Etna ; mais encore une fois à l'heure de notre pérégrination — le cratère était endormi sous la lave, les fleurs s'épanouissaient à ses flancs engourdis, et personne ne songeait à Herculanum ou à Pompéï. Et maintenant, ami lecteur, fermons doucement la parenthèse ; ne feuilletons point le livre sinistre de l'histoire contemporaine, n'évoquons point les éruptions volcaniques qui viennent de se rendormir de nouveau, et rentrons pacifiquement à Livourne en murmurant l'hémistiche du poète de Mantoue, de l'ami d'Auguste : *Sat prata biberunt!*)

Je m'empresse d'entrer à pleines voiles dans la patrie des César et des Michel-Ange, et j'oublie, de crainte de m'attarder encore, le récit varié dans son uniforme monotonie, des mille et mille péripéties qui tourbillonnent autour du voyageur, comme les abeilles autour de la ruche.

Voici la chose :

Le capitaine du *Périclès* nous avait donné congé jusques à deux heures de l'après-midi, et pour posséder mathématiquement cette heure-là, nous dûmes la prendre à la boussole du bord, car les Italiens ne comptent pas les heures comme les autres peuples de l'Europe. Ont-ils tort, ont-ils raison? toujours est-il qu'ils se règlent au lever et au coucher du soleil : aussi les cadrans de leurs horloges marquent-ils vingt-quatre heures. Ils commencent à compter la première heure à l'entrée de la nuit, de sorte que l'heure de midi et de minuit diffère selon les saisons. Le douzième jour d'août, à l'heure où nous comptons midi en France, les Italiens comptent dix-sept heures, vingt-quatre lorsque le soleil disparaît. Au premier janvier, la vingt-quatrième heure italienne correspond ainsi à nos cinq heures et demie, le midi français à la septième heure trois quarts italienne, et minuit, à sept heures et demie italienne, le soleil se couchant à Rome quarante-cinq minutes plus tard qu'à Paris. On désigne toujours la vingt-quatrième heure par l'*Ave Maria*, qui se dit une demi-heure après le coucher du soleil. Les Italiens ont encore l'habitude d'entretenir un gardien à leurs horloges publiques qui, lorsque l'heure est sonnée, prend immédiatement un marteau, et donne autant de coups contre la cloche, qu'elle vient de tinter d'heures, afin que si quelqu'un s'était mépris en les comptant la première fois, il puisse les recompter une seconde. — Cette petite digression astronomique est indispensable pour ce qui va suivre. Or donc, nous avions à notre montre l'heure du navire, huit heures du matin, selon le système français. Six heures à dépenser, cela était superbe; aussi prîmes nous place au chemin de fer qui nous conduisit à Pise en quarante-cinq minutes. Nous avions donc tout le temps nécessaire pour visiter la capitale du Pisan avec sa splendide basilique, sa tour penchée et son baptistère, trois monuments détachés à quelques mètres de distance. Là encore, nous fûmes assaillis par une nuée de mendiants des deux sexes, qui s'offrent effrontément pour autant de cicerones, non gratuits, et qui ont un talent tout particulier pour tendre la main : *por l'amor della arte.*

Pise a été à une époque reculée, la plus puissante ville de la vieille Italie. Alors elle était maîtresse des îles de Corse et de Sardaigne. C'était une république audacieuse qui rivalisait avec Gênes et Venise, dont les galères couvraient la Méditerranée et pouvaient inquiéter Constantinople. Les croisades furent la cause de la gigantesque prospérité de Pise; lorsqu'elles cessèrent, lorsque le flux humain de la féodalité cessa de se porter vers l'Orient, Pise s'endormit à l'ombre de sa gloire, elle s'amollit dans le culte excessif des beaux arts ; puis, comme Athènes, elle n'eut plus assez de rudesse, assez d'énergie pour se défendre, elle devint la proie de ses voisins. De sa splendeur navale, il ne lui reste plus qu'un souvenir, le *Campo Santo*, un cimetière ! N'est-ce point là une de ces suprêmes ironies de la Providence ?

Maintenant c'est une des plus mélancoliques solitudes de l'Italie, qui autrefois a été la dominatrice du monde au point de vue physique et au point de vue intellectuel, et qui aujourd'hui !.....

Pise n'est donc qu'un désert orné de splendides monuments ; la vie, la population, le commerce et l'industrie de l'ancienne république se sont réfugiés au-dessus de la vieille cité, dans le val d'Arno, jolie vallée qui descend des Apennins et qui est aujourd'hui peuplée par un grand nombre de manufactures. C'est là que l'on fabrique les toiles qui forment une partie du commerce chétif de la Toscane et surtout ces tresses de paille, si recherchées et si fines, qu'on a peine à croire qu'elles soient faites avec de la paille ordinaire. Là naissent ces chapeaux en paille d'Italie si recherchés, si admirés, et que les prohibitions douanières font vendre au prix de l'or. Paille d'Italie, cachemire du Thibet, diamant de Golconde, n'est-ce point là la trinité rêvée par toutes les femmes ?

Mais nous ne songions point à cette intéressante industrie, nous étions momentanément célibataires et nous usions de cet état de grâce.

Notre première visite fut pour la cathédrale, ou, afin de nous servir de la locution italienne, pour le *Dôme*. Le mot église est remplacé par le mot dôme; c'est une désignation empruntée à l'architecture byzantine qui domine dans la majeure partie des monuments religieux de ce pays et même dans Saint-Pierre de Rome. Le dôme de Pise offre une singularité, il est en style gothique et en marbre. La singularité n'est pas dans le marbre, mais bien dans le style gothique qui ne se retrouve que dans les parties de la péninsule autrefois conquises par les races franques, telles que Naples et la Sicile. Les portes du portail qui sont en bronze, présentent d'admirables chefs-d'œuvres de statuaire; la nef est soutenue par soixante-quatorze colonnes en granit oriental. Dans l'intérieur, qui est un peu sombre, on voit encore suspendue la lampe de métal qui — mise en mouvement par le choc d'une échelle — que transportaient quelques ouvriers — donna à Galilée l'idée du pendule, et par suite la conception primitive de la rotation de la terre.

Traversez encore quelques rues désertes où l'herbe pousse avec une luxuriante fécondité, et vous touchez au *Baptistère* dont la gracieuse et élégante construction remonte à l'an 1152. Cette église veuve de la foule qui l'encombrait autrefois quand Pise avait 120,000 habitants, est toujours comme à cette époque, spécialement destinée aux baptêmes — qui deviennent de moins en moins nombreux. La chaire est une merveille de sculpture. La voûte gothique est si sonore, qu'il s'y produit plusieurs effets d'acoustique, que les innombrables cicerones sortis du pavé à la vue d'un étranger, ne manquent jamais de lui faire remarquer. Pour peu que l'on frappe les dalles, elles retentissent presqu'aussi longtemps que le tintement d'une cloche argentine; si l'on parle haut, un écho répète plusieurs syllabes de suite; en parlant bas, dans l'un des coins de l'église, on se fait entendre distinctement à l'extrémité opposée. C'est là que Boccace, de joyeuse mémoire, avait placé certain confessionnal qui joue un assez grand rôle dans l'un de ses contes drôlatiques.

Mais le monument le plus étrange que renferme Pise, le plus curieux et sur tout le plus connu, celui que la gravure a reproduit le plus fréquemment, est sans contredit la fameuse tour penchée *Campanile torto*. Sa base, étayée de solides colonnes, supporte six rangs d'arcades surmontés d'une tour d'un diamètre moins considérable que la base; sa hauteur est de cent quatre-vingt-dix pieds et son inclinaison, depuis le pavé de la place sur laquelle elle s'élève, est de quinze pieds jusqu'au sommet. Ainsi que tout ce que Pise contient de monumental et de grandiose, ce bizarre édifice date du XIIIe siècle, de la République. A grande peine si, depuis cette époque, on a pu restaurer et conserver les admirables créations qui, dans l'Italie moderne, semblent les témoins accusateurs du passé contre le présent.

Pourquoi cette tour est-elle penchée? On a longuement disserté sur cette question; mais il vaudrait tout autant et mieux peut-être demander pourquoi l'Italie est ce qu'elle est aujourd'hui, après avoir été ce qu'elle a été autrefois.

Pourquoi est le mot favori du voyageur, et cependant il ne devrait jamais le prononcer, car s'il fallait approfondir tous les pourquoi qui peuvent surgir d'Epernay à Rome, la vie d'un centenaire ne suffirait point.

Le mieux est donc — car il y a un mieux en toutes choses - *minima de malis*? a dit Phèdre l'affranchi — le mieux est donc de vite continuer notre voyage à travers les rues de la cité pisane. D'ailleurs nos heures sont comptées, et le *Périclès* qui se berce, comme un grand oiseau de mer, dans les eaux du port de Livourne n'aurait pas la patience ou la politesse d'attendre que nous ayons trouvé la solution des pourquoi qui peuvent germer dans deux cervelles humaines. La vapeur n'est ni polie ni patiente :

C'est là son moindre défaut !

Méditation et réflexion sont souvent choses bonnes et utiles ; mais, en voyage, et surtout quand on est à la merci des vapeurs et des rails-ways, il est urgent de ne point trop s'attarder dans ces deux excellentes choses ; c'est ce que nous fîmes en nous empressant de terminer notre excursion au milieu de ces solitudes historiques, et en profitant de la dernière heure pour contempler les quelques monuments remarquables, dont le cicerone qui nous escorte, moitié de gré, moitié de force — de notre part — nous glapit les noms aux oreilles, dans l'idiôme de Dante et d'Alfiéri.

Ce bâtiment spacieux, à l'aspect sombre et sévère, à la tournure monacale, appartient à l'ordre des chevaliers de St-Etienne. Ces chevaliers font le serment de rester célibataires, et portent tous, pour signe distinctif, une croix de satin rouge sur leurs vêtements. On voit dans l'église de Saint-Etienne, plusieurs pavillons, étendards et drapeaux pris sur les Turcs par ces pieux chevaliers.

Le *Campo-Santo*, qui se trouve entre le Baptistère et le Dôme, est un musée à ciel ouvert assez mal entretenu. Au milieu de ce musée ou de ce cimetière, qui tire son nom de ce qu'il est formé de la terre que les galères pisanes apportèrent de Jérusalem, en 1224, se trouve un tombeau dans lequel sont renfermés, dit-on, les restes de quelques martyrs célèbres. Nous en étions là de notre pérégrination, lorsque notre montre nous annonça qu'il était onze heures du matin à bord du *Périclès*. Nous nous rendîmes en toute hâte au débarcadère du chemin de fer qui devait nous conduire de nouveau à Livourne, en nous félicitant, mon estimable compagnon et moi, de notre exactitude, puisque l'affiche indiquait le départ pour l'heure correspondant avec la douzième de France. Mais il est très-périlleux d'être prompt à se louanger. Le convoi était parti à onze heures !... Le convoi parti !... que faire, que devenir sur cette terre étrangère où nous nous trouvions jetés comme par un mauvais génie ? Le navire, le *Périclès*, partait à deux heures, et emmenait avec lui nos passe-ports, nos effets, nos finances. Quelle résolution prendre ? Notre position était certes des plus embarrassantes. Il y a un trajet de dix lieues environ de Pise à Livourne, et malgré les belles promesses des voiturins pisans, qui prenaient l'engagement de nous conduire à Livourne en deux heures, moyennant la somme de soixante dix francs qu'ils réduisirent à dix, nous eûmes l'héroïsme d'attendre le second départ du chemin de fer, qui était fixé à l'heure représentant la deuxième de l'après-midi. Bien nous prit de choisir forcément cette détermination, car nous rencontrâmes dans notre wagon plusieurs voyageurs français qui, comme nous, venaient de visiter Pise et retournaient à Livourne afin de prendre passage à bord du *Maria-Christina*, autre navire placé sous le pavillon napolitain, et qui se trouvait en partance pour Civita-Vecchia. A notre arrivée à Livourne, nous apprîmes effectivement le départ du *Périclès*. Une seule ressource restait à notre infortune imméritée, mais aussi fatale que réelle ; c'était de nous embarquer sur le *Maria-Christina*. Cette unique planche de salut faillit pourtant encore nous échapper, car nous étions sans passe-port ; cet instrument politique, indispensable comme le pain, à quiconque a la fantaisie ou le désir de voyager, était resté avec nos bagages à bord du vapeur français, c'est-à-dire à plus de vingt lieues en mer. Or, il est de règle, et cela de par la civilisation, qu'un capitaine de navire ne peut accepter sur son tillac des passagers non munis de ce chiffon de papier qui est la providence des petits et grands Etats d'Italie, puisqu'avec les visas de la police, ces embryons d'états se font des revenus considérables, et suffisent à alimenter leurs maigres budgets. Nous dûmes donc nous rendre chez le consul de France, et grâce à son intervention, nous pûmes, à un prix fabuleux, nous faire inscrire au nombre des passagers du navire napolitain. Pour arriver à cette faveur, que de pour-boire il nous a fallu acquitter, que de mains tendues il nous a fallu satisfaire !...

Notre lamentable histoire fut bientôt le sujet de toutes les conversations du bord ; c'était à qui nous plaindrait, et ces condoléances prenaient tous les tons possibles. Nous pouvions, il est vrai, poursuivre notre voyage, mais notre embarras n'était point encore terminé ; il fallait rejoindre le *Périclès* qui portait notre fortune, presque notre vie. Aussi, quelle ne fut pas notre joie, lorsque nous l'aperçûmes amarré dans le port de Cività-Vecchia ! Notre joie cependant n'était pas sans un mélange d'anxiété, et nous ne savions encore si nous devions être Jean qui rit ou Jean qui pleure ; car — si nous voyions distinctement le navire, après lequel nous aspirions comme les Juifs aspirent après le Messie, si nous voyions la fumée s'échapper en gros flocons de sa cheminée, — cette fumée ne pouvait-elle indiquer les apprêts du départ pour la côte de Naples ? Le supplice de Tantale était une niaiserie, comparé à notre torture angoisseuse.

Enfin, nous entrons, nous aussi dans le port de Civita-Vecchia, et nous allons jeter l'ancre à deux cents brasses environ du *Périclès*.

Tu habites Bordeaux, non loin du port, mon brave ami ; tu sais donc qu'un vapeur, dès son arrivée, doit être visité par ce qu'ils appellent, eux, la *Santé*. Tous les passe-ports du navire sont déposés à la police, et pour ce travail, il faut au moins deux heures. Les passagers, sont là, sur le pont, ennuyés, impatientés et attendent, en maugréant, la permission d'aller à terre.

Mon cher compagnon et moi, nous étions toujours dans cette cruelle alternative de voir, mais de voir sous nos yeux, à notre barbe, se dérouler la plus terrible épreuve que puisse supporter l'anxieuse crainte d'un voyageur, bien entendu, par le départ du *Périclès*, qui allait de ce port à Naples, Malte et l'Egypte ! Une fois parti, courez donc après !... Merci....

Enfin, nous obtenons l'autorisation de quitter le bord, et déjà une nuée de bateliers, semblables à des mouettes, tourbillonnait à l'entour du paquebot. — « Signor, Excellence, « clamaient ces braves gens dans leur langage, venez à moi, « ma barque est la meilleure, je ne prendrai pas cher. » etc., etc.

— Connu ! connu ! braves Italiens, nous n'ignorons plus ce que signifie votre bon marché.

Enfin, nous sautâmes dans le premier canot venu et nous nous fîmes conduire à bord du malencontreux *Périclès*. Il était temps ! Le paquebot chauffait pour continuer son trajet-poste. Après avoir soldé nos dépenses, qui se trouvaient par conséquent doublées, nous mîmes enfin le pied sur le sol romain, le 26 mars, à seize heures du jour, système italien.

LETTRE CINQUIEME.

Cività-Vecchia. — Rome. — Indiscrétion épistolaire. — Lettre perdue.

> Il ne faut jamais compter sans son hôte...
> ECCLÉSIASTE.

Rome, avril 1847.

Cività-Vecchia est une ville presque neuve. Elle ne renferme rien de véritablement artistique. J'exagère peut-être en écrivant ces derniers mots, car j'ai remarqué dans une de ses églises une chapelle entièrement édifiée avec des crânes, des tibias et autres débris humains. De chaque côté de l'autel sont des pendentifs élevés avec des ossements, et, en guise de cariatides, deux squelettes d'une taille démesurée complètent cette lugubre ornementation architecturale. Aussi appelle-t-on avec raison cet autel : *Ara della morte*.

Il m'a été impossible de me faire expliquer dans quel but cette chapelle avait été ainsi construite. Mais l'Italie, comme tous les pays méridionaux où prédomine exclusivement le catholicisme, se complaît à unir les idées de religion aux idées de mort ; c'est pour ces contrées où l'amour et le plaisir s'accolent avec les plus épouvantables représentations de la destruction finale, qu'ont sans doute été formulées ces paroles austères que l'Eglise murmure dans ses cérémonies du carême : *Memento quia pulvis es et in pulverem reverteris!*

A dix heures du soir — heures françaises, — nous prenions place au sein de la diligence qui devait nous conduire dans la ville éternelle.

Cette pensée de voir Rome, le bonheur que j'éprouvais à l'avance, me priva de tout repos dans ce trajet interminable et montueux de vingt à vingt-cinq lieues ; aussi j'eus le loisir d'entendre maugréer les postillons, qui, à chaque relai, venaient, la main tendue, réclamer leur sempiternel *pour-boire*.

Du reste, c'est l'usage consacré dans toute l'Italie, de rencontrer partout et à chaque heure du jour, des gueux de tout sexe, de toute couleur, de toute espèce, voire même de toute religion.

Le vingt-cinq mars, à cinq heures du matin, nous fesions notre entrée dans la grande cité romaine, où le premier monument qui se présentait à nos regards, était la basilique de St-Pierre : *Regina mundi, ave !*

Il est naturel de demander à tout voyageur quelles sont ses impressions principales. Quant aux miennes, mon cher Desroziers, elles se résument dans la lettre suivante enlevée, soustraite, je l'avoue, à la tendre sollicitude d'une jeune demoiselle que nous rencontrâmes au Colysée, en compagnie de quelques artistes en jupes. Tous ces Raphaëls en cornettes étaient, qui les femmes, qui les sœurs, qui les cousines des pensionnaires de l'Etat, et leurs époux, leurs frères ou bien leurs cousins, et ce devait être le plus grand nombre, appartenaient à notre académie de Rome. C'est dire qu'elles étaient Françaises. Après tout, on l'eût bien deviné à leur démarelle gracieuse, ainsi qu'à leur gaieté folle. La plus jeune de ce quatuor, — car elles étaient quatre — paraissait moins joyeuse, autant que la distance put nous le faire supposer. Elle s'arrêta auprès d'un de ces malheureux qui pullulent dans tous les endroits publics, et qui tendent la main à tout être dépourvu du physique romain. Le mendiant dut recevoir quelque monnaie, car nous le vîmes faire le signe de la croix, en forme de remercîment. Un chiffon de papier tomba de la poche de la jeune fille lorsqu'elle en retira son aumône. Moi seul, fus témoin de cet incident. Je ramassai le papier en question et je me disposais honnêtement à le rendre à son légitime propriétaire, lorsque le démon de la tentation m'inspira une mauvaise idée. Je me mis à l'écart dans une de ces vastes galeries qui furent si souvent le théâtre sanglant où les premiers Chrétiens eurent à lutter avec les bêtes féroces pour satisfaire le bon plaisir du citoyen Néron, et je lus ce qui suit :

Me voici la première à l'appel, et bien loin de Paris, ma chère Alphonsine !

Mais à quatre cents lieues environ, me diras-tu tout de suite, pour faire la savante, puisque tu es à Rome. — Bien plus loin, bien plus loin encore, je t'assure ; quatre cents lieues, c'est bon sur la carte ; mais en voyage, c'est tout différent ; on ne compte pas ainsi.

Rome est restée la ville de province par excellence ; elle a eu bien soin de ne point suivre les progrès de la civilisation ; aussi a-t-elle conservé ses rues obscures la nuit, bouillantes le jour, ses pavés aigus, ses vieux palais, dont tu ne voudrais pas pour loger les gens de ta maison, quand tu seras une grande dame, ce que je te souhaite !

Rome évidemment s'est dit : — Je suis Rome ; j'ai été le berceau des Augustes, des Césars, des Nérons, des Brutus ; j'ai eu un Capitole et des oies, un Forum où Cicéron prononçait, de fort beaux discours latins, que j'ai fait traduire à tous les élèves de rhétorique ; j'ai eu des temples élevés a tous les dieux connus et inconnus; j'ai été grande, forte et belle, j'ai voulu la domination du monde entier; je suis enfin un des plus beaux piliers de l'histoire ancienne; le passé suffit ou doit suffire au présent; j'aurais beau faire, l'ombre de mon ancienne, gloire me survivrait toujours. — Elle s'est dit cela, et elle ne s'occupe aujourd'hui qu'à dormir au soleil en rêvant au passé.

Ne t'attends pas, chère amie, à ce que je te fasse une lettre *d'impressions de voyage*; mais je ne puis rester à Rome sans t'en parler un peu longuement; si ce n'est pas pour toi, pardonne moi, ce sera pour moi.

Quand on pense à une chose, on la rêve, on la fait selon sa fantaisie, on la pare à son gré, on lui fait pour ainsi dire porter ses couleurs; — ainsi j'avais rêvé Rome, la belle Rome antique des Césars. Les choses et les hommes grandissent tant dans notre pensée à mesure qu'ils s'éloignent de nous! J'avais poétisé la ville sainte, de toute la gloire ancienne, de toute la religion du présent; maintenant, s'il faut t'avouer ma pensée, qui va te faire rougir de honte pour moi, il vaut mieux connaître Rome dans les livres que par les yeux.

Ce Forum, ce Capitole, cette roche Tarpéienne, ce Colysée, tous ces grands géants de marbre et de pierre, on croit les voir encore grands, même dans leurs tombes. — Hélas! il n'en est rien; quelques colonnes brisées, quelques débris de portiques, quelques morceaux de pierre mutilés et noircis, contre lesquels les pâtres romains se couchent pour dormir ou s'appuient pour mendier; voilà tout ce qu'il en reste.

Il y avait un écueil bien grand pour notre Saint-Père; — Comment conserver à Rome ses antiquités payennes et les voir s'élever comme pour dominer de toute leur dédaigneuse grandeur les chapeaux rouges des cardinaux? — Comment ne pas pulvériser par les foudres de l'anathème ce qu'avait oublié la faulx du temps ou la foudre du ciel? — Comment laisser debout ces athées de pierre et de marbre, au milieu de tant de fronts inclinés? Et cependant les briser, ces beaux débris, ces arcs-de-triomphe, ces autels, ces portiques, ces colonnes élevées à Jupiter-Tonnant, au Dieu de la paix, à la guerre, aux empereurs payens; joncher la terre romaine de ces cendres, n'était-ce pas tuer cette pauvre Rome, la capitale du monde chrétien? N'était-ce pas ôter le sang de ses veines, la vie de ses entrailles? Alors le vainqueur a pris le vaincu à la gorge, le christianisme s'est dressé de toute la hauteur de Saint-Pierre, en face du paganisme mutilé, et comme faisaient les Scipions, les Césars, il l'a enchaîné ainsi qu'un cadavre à son char. Sur ses larges épaules qui semblaient menacer le ciel, le christianisme a planté ses croix et ses dômes religieux ; alors les temples impies sont devenus des temples saints, et les portiques régénérés ont veillé comme des sentinelles immortelles à la garde de la religion du Christ. — Cette pensée est belle, est grande, est noble ; ne le trouves-tu pas ainsi ?

Le Colysée, où tant de chrétiens martyrs ont été déchirés en lambeaux, est en ruine. Les fosses d'où les lions s'échappaient en rugissant, les yeux flamboyants et la gueule ardente, l'herbe a crû tout autour, comme pour en voiler le triste souvenir, et sur cette terre arrosée de tant de sang, s'élève une croix sur laquelle le doigt d'un souverain pontife a écrit : « *Deux cents indulgences à celui qui baisera cette croix.* »

Ainsi le Colysée est devenu un pélerinage ; car qui n'a pas besoin d'indulgence dans ce monde de pécheurs ? — La croix était peinte en rouge, et le bois a recouvré sa couleur naturelle à la place où se sont posées les lèvres repentantes.

Celui qui aime les antiquités et pour lequel les anciens monuments, quelque mutilés qu'ils puissent être, sont des objets d'admiration, pourra trouver fort beau l'arc-de-triomphe de Constantin qui touche presque au Colysée ; cet arc-de-triomphe, érigé par le Sénat et le peuple romain à Constantin pour les victoires qu'il remporta sur Maxence et sur Licinius, est encore un des souvenirs les mieux conservés de Rome antique. Tu me trouveras de mauvais goût peut-être ; mais j'aime autant notre arc-de-triomphe de l'Etoile ; son seul défaut est d'être trop jeune ; mais patience ! il s'en corrige tous les jours.

Nous sommes allés visiter ce que l'on appelle les bains d'Auguste, qui sont d'immenses champs de blé et de pommes de terre entourés de quelques lambeaux de murs. De temps en temps, au milieu de ces champs, on écarte des herbes, des orties, des chardons, pour vous montrer une pierre sur laquelle s'élevait peut-être un fort beau monument, et qui a son nom dans la nécrologie des antiquités romaines ; on y voit seulement une espèce de salle de bains en pierre, c'est-à-dire, un bassin où l'empereur Auguste devait être fort mal à son aise, tout empereur auguste, ou auguste empereur qu'il était ; les poissons sont, je t'assure, infiniment mieux dans les bassins du jardin des Tuileries.

On nous donna dans la main un morceau de chandelle, fort peu agréable à tenir, puis on nous fit descendre dans un petit caveau qui s'appelle les bains de Livie. Comme de raison, il n'y a plus que des murs, et de mauvais murs encore, sur lesquels de loin en loin, à la lueur de cette élégante lumière dont je t'ai parlé, on voit des restes de dorure.

Le gardien nous a fait ensuite grimper à la tour d'Agrippine ; on y met, pour sécher, des haricots et des petits pois, et à travers ce treillage mouvant, le long d'un mur décrépit, on voit une tête, un œil, un bras, ce qui montre qu'il devait y avoir de fort admirables fresques. — On nous montra aussi l'endroit où Néron fit *décapiter* Agrippine, ainsi que nous le dit notre cicérone.

Du haut de cette tour, où nous étions perchés comme des corbeaux, j'ai vu une autre tour rouge carrée, qui dominait toutes les maisons ; elle semblait pour le moins aussi vieille et aussi intéressante que celle sur laquelle nous nous trouvions. Mon père demanda quelle était cette tour.

— Oh! monsieur, répondit notre guide, gardez-vous d'y aller.

— Je n'en ai nulle envie, je vous assure, dit mon père en riant ; je suis satisfait de celle-ci, et je ne crois pas que je puisse trouver mieux.

Le compliment flatta ce brave homme sans doute, car il nous salua très-bas et ajouta :

— Cette tour que vous voyez, monsieur, est excommuniée.

— Excommuniée!...

— Et quiconque ose y entrer est frappé de la même excommunication : — C'est la tour de Néron.

— Est-ce toujours, lui demanda mon père, parce que Néron fit *décapiter* Agrippine ? Alors il me semble que celle où nous sommes aurait les mêmes droits. Vous êtes bien sûr au moins qu'elle n'est pas excommuniée ?

— Comme je suis sûr de ce que je vous ai dit ; cette tour que vous voyez est celle où Néron monta pour voir l'incendie de Rome allumé par ses ordres.

Voilà, je l'avoue, une excommunication qui m'étonna beaucoup. Pourquoi cette pauvre tour a-t-elle été seule exclue de l'amnistie générale? Pourquoi n'y a-t-on pas le droit d'y faire sécher à volonté des pois et des haricots, comme dans la tour d'Agrippine? Je n'ai pas osé adresser ces questions à notre bon guide pour ne pas le scandaliser, et j'ai continué mon chemin en silence.

Je ne te parlerai pas de la basilique de Saint-Pierre, qui fait tellement l'admiration du monde entier, que tu la connais comme moi, rien que d'en entendre dire : — Il appartient à Rome d'avoir dans ses murs une semblable église. — Prends toutes celles de Paris, et tu les renfermeras dans cette magnifique enceinte, couverte de marbre, de statues, de mosaïques. La pensée religieuse s'élève et grandit dans cette immense coupole peuplée des tombeaux des papes et dans laquelle les hommes agenouillés semblent à peine des grains de sable sur le rivage de la mer.

Nous sommes arrivés à Rome la veille de la Fête-Dieu. Saint-Pierre avait revêtu ses habits pontificaux, ses dalles de marbres étaient jonchées de fleurs, et le pape a fait le tour de la place, entouré de tous les corps religieux, ayant à ses pieds ses cardinaux comme le Christ avait ses apôtres. — C'est, je te l'assure, un magnifique spectacle, qui prend au cœur et frappe grandement l'imagination. Le canon qui retentit dans les airs, les cloches qui bondissent dans toutes les églises, les chants de la foule mêlés pieusement aux chants des prêtres, et ce vieillard agenouillé, les mains jointes, image de Dieu sur la terre, dominant, du haut de son dais splendide et rayonnant, tous ces serviteurs de l'église qui le portent et l'entourent ; ces belles voix de la prière, qui parlent plus haut que la voix du canon, et qui montent jusqu'au ciel, portées sur des nuages d'encens, élèvent l'âme et rapprochent de Dieu.

Rome est bien la ville des antiquités de toute nature. On y remarque des équipages et surtout des livrées qui pourraient avec quelque droit rivaliser de vétusté avec plus d'une colonne ou d'un arc triomphal. Il paraît que de père en fils, on se lègue ces habits galonnés que l'on fait porter aux gens, sans y rien changer, par respect pour le souvenir de son aïeul. Certainement ce sentiment est fort louable et atteste une bonne nature ; mais tu ne peux t'imaginer toutes ces tournures étranges, qui n'ont rien du monde, ballottant ou étouffant dans ces legs de famille, selon la construction physique des nouveaux propriétaires. Ce sont presque toujours des habits à la Française avec de larges galons usés jusqu'à la corde, et n'ayant pu résister à l'outrage irréparable du temps. Les chapeaux ont lutté avec autant de succès que les habits, et sont restés à peu près *tricornes*, avec leurs cocardes décolorées. Et cela promène des carrosses de l'autre monde, attelés de longs chevaux étiques, dont les queues nettoient avec grand soin la place où doivent passer les roues dans les allées les plus voyantes de la villa Borghèse ou du *Monte-Pincio*. Les évêques et les cardinaux ont conservé les anciens carrosses de nos pères, dont l'impériale était surmontée d'une galerie d'or; l'or étincelle de toutes parts, les chevaux sont couverts de panaches ; les rênes sont tressées soie et or. Il y a loin de cette lourde richesse à notre luxe actuel si élégant, si svelte, si gracieux dans ses formes ; mais il y a quelque chose de grave et de large, qui selon moi, a bien un autre cachet de grandeur et de majesté. Ces carrosses m'ont paru fort beaux et ce luxe de nos aïeux valait bien le nôtre.

Mais je te promène dans toutes les rues, sans te laisser un moment de repos. Tu dois pourtant en avoir grand besoin, toi qui affrontes le brouillard et les chemins de fer *de la perfide Albion*. A votre tour, mademoiselle, faites-moi vos sentimentales réflexions anglaises sur le pays que vous visitez, et pardonnez-moi mes boutades toutes positives contre Rome, que j'avais créée si belle et que j'ai dû démolir pierre par pierre.....

Cette lettre, comme on le voit, était adressée par mademoiselle Ida de Marville à mademoiselle Alphonsine X... Pour causer une surprise quelconque à mademoiselle Ida, je fis publier sa missive dans le *Journal des Jeunes filles* en mai 1847, quelques mois après mon retour à Epernay — Qu'a-t-elle dit? qu'a-t-elle pensé? Hélas ! je l'ignore, mais bien des fois j'ai murmuré à cette occasion le premier vers d'une chanson bien connue :

Si j'étais petite souris?

Après un exposé semblable, il reste peu de choses à dire ; cependant je veux être moins laconique que l'auteur de cette charmante et gracieuse lettre, et pour venir à mon aide, j'avais l'intention de te prévenir, brave ami, que j'ai possédé un charmant petit volume intitulé : *Rome vue en huit jours*.

Cet ouvrage, écrit et publié en français, acheté à un libraire français, M. Merle, rue du Corso, dont le nom est plus connu que celui de nos plus fameux libraires parisiens, ce livre bien heureux, cette Rome vue en huit jours, devait me permettre d'être érudit à peu de frais, et de faire des des descriptions à rendre jaloux Walter-Scott et Balzac, ou tout au moins à faire pâlir nos archéologues et nos numismates qui s'endorment quelque fois à l'Institut. Hélas ! ce livre, cette espérance, cette gloire à bon marché, perdu, anéanti, disparu, volé, peut-être ! que sais-je. A l'heure où je me préparais à l'ouvrir, au moment où j'allais utiliser cette science flamboyante, plus rien. Quelque bibliophile, quelque curieux, quelqu'emprunteur anonyme, quelque rat lettré se le sera approprié ou en aura fait sa pâture. Et puis, rêvez donc à la gloire, à la célébrité, à ce bourdonnement flatteur qui susurre autour d'un nom savant ? Mon pauvre livre !

Encore si je l'avais lu ?

Mais puisque je suis en train de faire mes confessions à ce sujet, je dois avouer que je n'en avais même pas coupé les feuillets, — je me réservais, dans toute sa virginité, la suave volupté de le relire une fois de retour dans mes pénates sparnaciens, comme un vieux soldat se réjouit du plaisir que lui causera la lecture des batailles auxquelles il a échappé. Et puis rien, rien, rien, comme disait jadis avec tant d'éloquence un ancien député de mémoire parlementaire. Oh ! devant de semblables déceptions, c'est bien le cas de s'écrier : *Vanitas ! omnia vanitas !*

Au moins ce monologue démontrera que si je ne suis pas érudit dans la description de mon itinéraire, c'est qu'il aurait fallu retourner à Rome, pour y retrouver un second exemplaire dudit volume. Or, retourner à Rome n'est pas toujours chose facile, et devant la perspective d'un semblable voyage, je renonce naïvement, je le confesse, à toutes ces auréoles, à tous ces nimbes de gloire, de succès, de vanité littéraire, qui avaient failli m'étourdir, m'énorgueillir, alors que je me supposais possesseur de *Rome vue en huit jours.*

J'en serai quitte pour fouiller mes souvenirs, — l'un ne vaudra pas l'autre, — mais enfin la plus belle fille du monde ne peut, etc., etc.

LETTRE SIXIEME.

La famille Mambor. -- Le Tabac. -- Piazza del Populo. -- Les insectes romains.

> On devrait apprendre aux enfants comment on demande à manger dans toutes les langues....
> GRIMOD DE LA REYNIÈRE.

> Tout ce qui reluit n'est pas or !
> LE LIVRE DES PROVERBES.

Rome, avril 1847.

Ceci dit et confessé, je continue mes pérégrinations.

A cinq heures du matin nous traversâmes Rome dans toute sa partie septentrionale, pour descendre dans un de ces anciens palais, qui pullulent à chaque coin de rue, et où se trouvent aujourd'hui, comme les frères Siamois, le bureau de la douane et le relai de poste des diligences.

Les étrangers étaient déjà si nombreux dans la ville sainte, qu'il nous fut impossible d'obtenir le moindre coin habitable dans l'hôtel de la *Minerve*, où nous étions pourtant recommandés. Nous fûmes donc obligés de chercher fortune ailleurs ; elle se présenta *piazza sancta Appolinare* sous la forme d'une maison d'apparence médiocre, ayant pour principal locataire un excellent homme répondant au nom de

Mambor. Au premier étage, deux salles immenses, dans l'une desquelles trônaient : un lit gigantesque à colonnes, une commode-bahut, des fauteuils d'une dimension problématique, le tout coûtant la bagatelle de seize piastres pour un mois, soit quatre-vingt-six francs huit centimes, telle fut la terre promise où nous pûmes enfin reposer nos membres fatigués. Ce chiffre va t'effrayer, mon cher camarade, mais apprends qu'à Rome il y a deux époques, ou plutôt deux saisons qui procurent aux propriétaires de la patrie des Césars et des Lucullus, l'occasion d'écorcher tout vifs les naïfs et malheureux étrangers. Ces deux saisons sont diamétralement opposées par la nature des choses — la Semaine-Sainte et le Carnaval. Ces deux grandes fêtes expirées, les étrangers fuient pour porter ailleurs, à Naples principalement, et leur ennui et leurs piastres. Ce qui prouve que l'or est une chimère!

Nous étions parfaitement installés chez M. Mambor, mais la grande difficulté était de se faire comprendre. Maudite soit la construction malencontreuse de la Tour-de-Babel qui engendra la diffusion des langues. Sans cela tout le monde se comprendrait, sans cela, madame Mambor qui avait bien les plus beaux yeux et la plus belle chevelure du monde, n'aurait pas cru devoir, la pauvrette, crier comme un aveugle qui a perdu son bâton, dans la persuasion — pas l'aveugle, mais bien la signora, qu'en élevant aussi haut la voix, elle se ferait plus facilement comprendre. Cette chère dame avait peut-être bien quelques petites raisons de s'y prendre de la sorte, car en élevant la voix, elle découvrait des perles cachées sous des lèvres un peu trop saillantes, il est vrai, mais qui ne manquaient pas d'une grâce coquette. Malheureusement des yeux agaçants, des cheveux splendides, des lèvres de grenade, ne valent pas le plus laid, le plus difforme traducteur, — et pour comble de misère philologique, nous n'étions pas plus heureux pour tout le reste du personnel de la maison, — les signes mimiques et même télégraphiques, jouaient à la vérité un grand rôle. C'était bien à peu près le fond de la langue italienne, comme le coup de poing est l'abrégé de la langue anglaise ; mais pour les besoins prosaïques de la vie quotidienne, le mot *signor* qui peut équivaloir à *goddem*, ne suffit pas ; en sorte qu'il fallait jouer la pantomime, et demander ce qui nous était nécessaire par des gestes plus ou moins grotesques. C'était passablement ennuyeux, mais aussi c'était bien drôle et quelque fois bien original. Il nous resta cependant une grande consolation au milieu de cette immense calamité, ce fut d'employer la langue de Cicéron ; or comme mon estimable et savant compagnon possédait très-bien son rudiment, il parla à M. Mambor le dialecte de Virgile, et les choses s'arrangèrent presque convenablement. J'usai du même procédé, ou à peu près, et je cornai à nos hôtes du latin de cuisine facile à l'intelligence de la cuisinière elle-même, de sorte que tout alla le mieux du monde, et cela à la plus grande gloire de l'instruction universitaire qui — pour la première fois — me démontrait, par des faits, qu'elle était capable d'être utile à quelque chose.

Le lendemain de notre arrivée se trouvait être le jour des Rameaux, et le Souverain-Pontife officiait dans la basilique de Saint-Pierre. C'était pour nous une trop belle occasion de visiter Saint-Pierre dans sa splendeur, pour la laisser échapper.

Rien n'est noble, rien n'est majestueux comme le cortège de sa Sainteté. Il faudrait tout un ouvrage pour peindre cette magnificence royale, et ma foi, j'avoue à ma honte n'en avoir ni le temps, ni le savoir. Et puis, j'ai perdu mon volume : *Infandum regina jubes renovare dolorem.*

Demain nous commencerons nos petites et grandes visites aux monuments anciens et modernes. Demain nous irons voir le Paganisme et la Chrétienté. Prépares donc, mon cher Desroziers, et tes jambes et tes oreilles, car nous avons beaucoup à examiner et beaucoup à causer. Mais avant ces excursions artistiques, un mot, un pauvre petit mot d'économie politique. Ne ferme pas à l'avance tes oreilles : frappes mais écoute ! Le tabac.... est de mauvaise qualité ! on ne se doute qu'on est, sous ce rapport, en pays civilisé qu'en apprenant qu'il est le monopole du gouvernement. Les moines mendiants ont seuls le droit exclusif de fabriquer le tabac à priser, et Dieu sait quel tabac ! — on prétend qu'ils doivent cette prérogative qui leur rapporte beaucoup d'argent à ce qu'un de leurs aïeux se servit du tabac à priser pour enlever quelques âmes au Diable pendant que ce dernier était innocemment occupé à éternuer par suite d'une aspiration tabagique que lui avait procuré un bon moine plus ou moins déchaussé. *Si non e vero bene trovato !*

Maintenant je vais dater mes journées — ce sera au moins un memento qui pourra servir à tous ceux qui voudront m'imiter.

Dans toutes les excursions possibles, il faut, pour agir sagement, faire choix d'un point de départ ; ceci est bête comme un axiôme, mais c'est vrai ; aussi nous allons procéder par ordre, tout comme ce brave et digne maréchal de la Palisse qui — un quart d'heure avant sa mort était encore en vie, ainsi que l'ont dit plaisamment les journaux de l'opposition, et le *Charivari* de ce temps-là.

Nous, que notre bonne fortune a fait plébéien, nous commencerons notre excursion dans Rome par la place qui porte le nom du Peuple, et sans orgueil comme sans flatterie, c'est en effet la plus belle place de la vieille cité romaine.

Nous quittons d'abord sans trop de regrets M. Mambor, *piazza sancta Appolinare* pour prendre *via Soldati*, la rue la plus sale, la plus dégoûtante de l'antique maîtresse du monde, et nous arrivons bien vite à la *Piazza del populo*.

La place du Peuple est construite sur un plan composé de deux immenses hémicycles ornés de fontaines et de statues, bornés par quatre bâtiments uniformes et deux églises magnifiques. Rien au monde, pas même notre place de la Concorde, n'offre cette riche et grandiose perspective. Au centre s'élève un grand obélisque égyptien, cadeau des vieux empereurs à la ville éternelle, et que la papauté a sanctifié par une croix placée au sommet. Cet antagonisme bizarre se retrouve à chaque pas — aussi le mentionnerai-je une fois pour toutes. — L'hémicycle à gauche est couronné par le jardin public du Mont-Pincio. — Au milieu, grave et majestueuse, trône la statue colossale de Rome, œuvre sortie du ciseau de Cesurini. Cette statue est assise entre le Tibre et l'Anio, fleuves barbus et couronnés de roseaux qui semblent contempler avec amour la personnification de la grande ville. Dans l'hémicycle en face, Neptune joue avec des Tritons qui n'ont pas oublié que Rome vainquit autrefois Carthage — ce groupe est encore de Cesurini, sculpteur, dont le nom et les œuvres sont pour ainsi dire inconnus en France. Les Quatre Saisons placées aux extrémités des hémicycles complètent l'ornementation de la place — l'Obélisque, couvert d'hiéroglyphes, et qui a vingt-cinq mètres de hauteur, sans compter le piédestal, a été érigé originairement par Rhamsès, à Héliopolis, ville que l'immortelle victoire de Kléber a fait de nouveau sortir de l'obscurité dans laquelle elle était malgré son titre pompeux de : Cité du Soleil ; il servait alors à orner le temple du soleil. Auguste le fit transporter de la Basse-Egypte à Rome — les Barbares le renversèrent et la Papauté le releva pour en décorer la place du Peuple. — Pauvre Obélisque dont la vie fut aussi agitée, aussi tourmentée que celle des créatures humaines, tu es bien digne de représenter le peuple, lui aussi tant de fois couché et renversé dans la poussière et qui attend qu'un Rhamsès, qu'un Auguste, où qu'un Pape vienne le relever.

Mais laissons, malgré notre origine, la place du Peuple où le soleil darde ses rayons sur un pavé de marbre, car voici à deux pas l'église Sainte-Marie du Peuple. C'est Pascal II qui la fonda vers l'année 1099, pour délivrer le peuple des fantômes nocturnes qu'on supposait émanés du corps de Néron. Les peintures de la voûte du chœur sortent du pinceau du Cinturicchio, et les deux beaux tombeaux ornés de statues que l'on y remarque, sont d'André Contucci. Toutes les peintures latérales appartiennent à Michel-Ange de Caravage.

Voici une bien courte digression à propos d'une église qui serait un monument incomparable chez nous, et qui, à Rome, passe inaperçu au milieu des mille églises qui font l'incessante admiration des artistes et des étrangers. Leur construction, calquée sur celle des temples du paganisme, n'a aucun rapport avec l'architecture de nos églises gothiques ; ainsi à Rome il n'y a rien qui ressemble au portail de la cathédrale de Reims. Les vitraux de tous les édifices sont en verre uni ; rien de colorié, point de sujets peints sur les vitrières ; aussi l'intérieur du temple paraît moins grave, moins austère que celui de nos grandes basiliques issues du moyen-âge.

Maintenant entrons dans la rue du Cours, ou *via del Corso*. Cette rue tracée sur l'alignement de la voie Flaminienne, tire son nom des courses de chevaux qu'on y donna dès le règne de Paul II ; elle est la plus fréquentée de Rome. Chaque maison est un palais : c'est dire en un mot qu'on n'y connaît point ce que la gent britannique nomme avec tant de plaisir et d'orgueil : le confortable.

Pour nous reposer, flânons un peu dans cette rue du Corso ; examinons les vitrines des commerçants dont les magasins sont dallés en marbre, après quoi nous irons définitivement nous livrer au sommeil, si les insectes romains veulent bien nous le permettre.

Boileau a dit je crois quelque part :

> Il n'est pas de serpents ni de monstres odieux,
> Qui par l'art imités ne puissent plaire aux yeux.

Boileau ne savait ce qu'il écrivait : dût-on m'appeler romantique, je dois déclarer que Boileau a indignement trompé le public, ou.... peut-être... n'a-t-il jamais connu les insectes romains. Je l'en félicite. Mais les insectes de ce pays, mouches, moustiques, puces, punaises, scorpions, et mille autres, tous vêtus de noir, méritent une malédiction suprême. Les voyageurs, les touristes, tous les braves gens qui ont écrit leurs voyages, ont oublié de raconter les tortures nocturnes qu'ils ont eu à subir. Ils craignaient sans doute de blesser la susceptibilité de leurs lecteurs, ils préféraient les descriptions artistiques. Soit. Des goûts et des couleurs il ne faut pas discuter, mais la vérité avant tout. Les insectes romains sont une des plaies de Rome, c'est le revers de la mé daille du beau ciel d'Italie — c'est la marque fatale où l'on peut apprécier la civilisation des Etats de l'Eglise — les insectes et les cicerones!

LETTRE SEPTIÈME.

Au Faucon. -- Le Capitole et le Cicérone. -- Le Forum. -- Le Colysée. -- Saint-Jean-de-Latran. -- L'eau vierge. -- Le Mendiant. -- Saint-Louis-des-Français.

> Ville éternelle ! Admiration éternelle !
> HERDER.

> Mettez dans l'enceinte d'une seule ville tous les monuments remarquables des capitales de l'Europe, et vous n'aurez pas encore une idée, même approximative, de toutes les merveilles humaines que Rome peut renfermer.
> GUERON.

Rome, avril 1847.

Aujourd'hui, mon cher Desroziers, nous allons continuer nos pérégrinations dans un quartier de Rome qui pourrait passer avec raison pour le quartier païen. Nous nous occuperons donc peu des églises qui toutes se ressemblent, ou à peu près, car toutes possèdent des trésors qu'il est impossible de dénombrer ou de décrire, à moins d'être propriétaire d'une double vue, ou de la faconde de deux douzaines d'avocats.

Je dois te dire tout d'abord que je ne puis sortir de chez M. Mambor, notre propriétaire, sans me perdre dans les rues serpentines de la ville sempiternelle. A l'exception des rues du Corso, Condotti, et quelques lignes adjacentes, toutes les autres sont tortueuses, et la ville entière, vue en ballon, ressemblerait à un *écheveau de fil gris qu'un chat aurait entortillé*, pour me servir de la phrase de V. Hugo.

Avant de commencer nos promenades nouvelles, rendons une visite intéressante ou intéressée au restaurant *del Falcone*, car j'avais remarqué sur mon cicerone, format in-8°. — Hélas! qu'est-il devenu? — ces quelques mots : « Au Fau-
« con, place St-Eustache, on y est bien. Véritable cuisine
« cuisine romaine, renommée pour ses cervelles d'agneaux
« frites (Testiccinola.) » Sont-ce bien des cervelles?

Puisque nous sommes à Rome, il faut se conformer aux usages des romains modernes, car pour les usages des anciens il est bon de ne pas s'aventurer.

— Garçon !
— Voilà !!!
— Servez-nous à déjeûner.

Mais le garçon italien ne savait pas un mot de la langue française.

Comment faire pour expliquer au gâte-sauce que nous désirions des cervelles d'agneau frites?

Bon ! voici un ecclésiastique qui vient prendre place près de nous. Parlons-lui latin, latin de cuisine, soit, c'est de circonstance; lui au moins nous comprendra.

En effet, à l'aide de quelques signes et de quelques mots à la façon de Molière dans son *Malade imaginaire*, nous parvenons à faire un repas aussi misérable que celui que nous fîmes ensemble, mon cher Desroziers, à Irun, et l'autre non moins ridicule à Istiragara... Les soupes au fromage, les macaronis étaient à l'ordre du jour, encore si les susdits macaronis eussent été préparés comme à Paris.... Quittons vite le *Antica trittoria del Falcone* et perdons-nous dans Rome, comme le poète Agenais, le trouvère méridional aimait à se perdre dans Paris. Où sommes-nous? Au Capitole.

Tu crois tout bonnement, vieil ami, que nous sommes dans cet antique Capitole où les oies jouèrent un rôle, qui ne sut pas, tant est puissante l'ingratitude humaine, — les mettre à l'abri de la broche. Non, nous sommes au Capitole moderne, et voici ce qu'en rapportent, si j'ai bonne mémoire, les coquins de cicérones qui grouillent autour des monuments, comme les corbeaux au-dessus d'un cadavre, comme les mouches sur un fruit gâté, comme les critiques sur le dos d'un pauvre littérateur.

— Au lieu de présenter, comme autrefois, c'est le cicérone qui parle et non pas moi — souvenez-vous-en — une majesté imposante et formidable — ici le cicérone se redresse — le Capitole n'offre plus que des objets d'arts qui le rendent pourtant un des endroits les plus intéressants de Rome. Ce n'est plus le rendez-vous des dieux du paganisme — de l'omnipotence romaine, — la chambre d'attente des rois de l'univers prosternés devant la puissance romaine; c'est un Musée dont on doit l'embellissement moderne, la conservation et la restauration à Paul III, qui y construisit les deux édifices latéraux uniformes sur les dessins du grand Michel-Ange.

Ici le cicérone tend la main.

Mon compagnon écoute, et moi je murmure :

— *Oculos habent et non videbunt!*

Le cicérone continue désappointé et avec moins d'emphase :

— Au bas des balustrades de la rampe, vous voyez deux beaux lions égyptiens en granit noir. Au haut de l'escalier, sur la balustrade, les deux statues colossales en marbre pentélique que vous apercevez, représentent Castor et Pollux placés à côté de leurs chevaux, et tels qu'ils furent trouvés sous Pie IV, près de la synagogue des Juifs.

En bon chrétien, le cicérone fait le signe de la croix et poursuit sa narration :

— A côté de ces statues sont deux superbes trophées en marbre, connus sous le nom de trophées de Marius. On voit aussi sur la même balustrade deux autres statues, l'une de Constantin-Auguste, la seconde de Constantin-César, trouvées sur le mont Quirinal dans les thermes de Constantin. Les deux colonnes que voici, sont : la première, à droite en montant, l'ancienne colonne milliaire qui marquait le premier mille de la voie ancienne où elle a été trouvée en 1534 — la boule de bronze n'existait pas, on l'a replacée d'après les anciens manuscrits — l'autre colonne, à gauche, a été faite pour servir de pendant à celle-ci. Remarquez que la place du Capitole est carrée et est décorée au milieu de la statue équestre de Marc-Aurèle, en bronze doré, véritable chef-d'œuvre.

Et la main du cicérone s'abat à la hauteur de mon nez.

Je poursuis le texte de mon psaume :

— *Manus habent et non palpabunt!*

Le brave homme me considère avec inquiétude, mais soit qu'il ne m'ait pas tout-à-fait compris ou qu'il n'ait pas débité sa science, il reprend son discours descriptif:

— Des trois édifices qui entourent le Capitole, celui qui se présente en face est le Palais sénatorial. La superbe fontaine qui est sur le devant, a été construite par ordre de Sixte-Quint — un grand pape ! — et a pour ornementation trois statues antiques. Celle du milieu qui est en marbre blanc, drapée de porphyre, représente Minerve assise. Elle fut trouvée à Cora : les deux autres qui sont colossales et en marbre de Paros, représentent le Nil et le Tibre; elles sont de bonne sculpture du temps des Antonins, et viennent du temple fameux de Sérapis qui était sur le Quirinal. Si vous voulez monter l'escalier, vous entrerez dans une salle vaste et magnifique, qui sert au sénateur et aux juges de son tribunal.

La main se tendit de rechef avec le même mouvement mécanique que l'on remarque dans les acteurs en bois qui, sur nos foires, représentent le mystère de la Passion, ou les malheurs de l'infortuné Geneviève de Brabant. Cette fois je tirai cinq bayoques, à regret, du fond de ma poche et je m'enfuis loin du cicérone qui nous adressa quelques mots qui pouvaient passer pour un remercîment ou une malédiction.

Comme tu le vois, cher Emile, Rome est la ville par excellence pour ses palais. Voyons, puisque nous sommes sur les lieux, celui des Conservateurs. Ne vas pas attacher à ce dernier mot un sens politique, au moins :

Sous le portique de la cour de ce palais, à droite, une statue de Jules-César qu'on regarde comme le seul portrait reconnu qui existe à Rome de cet illustre conquérant : à gauche, celle d'Auguste qui a à ses pieds un rostre faisant allusion à la victoire d'Actium. Autour de la cour, plusieurs fragments anciens, dont quelques-uns sont d'une dimension très-forte; à gauche, tête colossale de Domitien. Après avoir considéré les monuments qui sont au fond de la cour, tournant à gauche, on remarque le groupe d'un lion qui attaque un cheval, morceau fort beau qui a été trouvé dans l'Almon.

Asseyons-nous sur ce débris, sur ce tronçon de colonne, et examinons devant nous le *Forum romain* dont, à défaut de bayoques qui ne me permettent plus de soudoyer un cicérone, je te ferai moi-même la description.

Le Forum romain fut établi dès l'époque de la paix entre Romulus et Tatius, pour servir de place publique et de marché à Rome. Il était entre le Capitole et le Palatin ; sa forme était un carré oblong dont la largeur avait un tiers de moins de la longueur. On peut établir comme limites de cette place l'*arc de Septime-Sévère*, l'*église de la Consolazione*, celle de *St.-Théodore*, et l'angle formé par une ligne tirée de cette église vers les arbres de l'allée publique, et de ces arbres vers l'arc de Septime-Sévère. Ainsi le temple d'Antonin et Faustine était au dehors. Dans les temps modernes il a servi de marché aux bœufs, d'où est dérivé son nom vulgaire de *Campo Vaccino*, qui cependant commence à disparaître. Le Forum était environné d'un portique tout autour, à deux étages, qui en rendait la forme régulière. Sous ce portique, dans le premier étage, étaient des boutiques (*tabernæ*); dans le second étage étaient des chambres pour la perception des impôts.

Terminons notre journée par une première visite au Colysée, immense amas de ruines gigantesques, mais que mon imagination m'avait présenté plus gigantesque encore. C'est un monument que l'on visite préférablement au clair de la lune et aux flambaux. Le premier mode étant le moins dispendieux, ce fut celui-là que nous adoptâmes.

Le Colysée fut construit sous l'empereur Vespasien

son retour de la guerre contre les Juifs, il fit construire cet amphithéâtre dans l'endroit où était auparavant l'étang des jardins de Néron, presque dans le milieu de Rome ancienne. L'amphithéâtre Flavien s'élève sur deux degrés : il était extérieurement environné de trois rangs d'arcades élevées les unes sur les autres, et entremêlées de demi-colonnes qui soutenaient leur entablement. Chaque rang était composé de quatre-vingts arches avec autant de demi-colonnes. Tout l'édifice était terminé par un quatrième ordre ou par un attique orné de pilastres et percé de fenêtres. Le premier des quatre ordres d'architecture qui ornent les arches est dorique; le second ionique; le troisième et le quatrième sont corinthiens. Les arches du premier ordre sont marquées par des chiffres romains : ces arches étaient autant d'entrées qui, par le moyen des escaliers intérieurs, conduisaient aux portiques supérieurs et aux gradins, de manière que chacun pouvait aller sans difficulté à la place qui lui était destinée; les jeux terminés, les spectateurs pouvaient sortir sans confusion et en très-peu de temps. La forme de ce vaste édifice est ovale : il a cinq cent quarante-sept mètres de circonférence extérieure et deux cents mètres de longueur, cent soixante de largeur et cinquante-deux de hauteur. On a prétendu qu'il pouvait contenir quatre-vingt-sept mille spectateurs, nombre qui est un peu élevé. Presque tous les trous que l'on voit dans ce monument comme dans plusieurs autres ont été faits, dans le moyen-âge, pour extraire les crampons de fer qui liaient les pierres ensemble.

En quittant le Colysée par le côté septentrional, nous admirons l'arc de triomphe de Constantin.

Ce magnifique arc de triomphe fut érigé par le Sénat et le peuple romain à Constantin, pour les victoires qu'il remporta sur Maxence et Licinius, comme on peut le remarquer par la grande inscription qu'on y lit des deux côtés de ce même arc. Il est à trois arcades, ornées de huit colonnes d'ordre corinthien, dont sept sont de jaune antique, et la huitième, partie en marbre blanc, et en débris de bas-reliefs qui ne sont pas d'un mérite égal, parce que Constantin profita des débris d'un arc de Trajan pour construire le sien. *Sic vos non vobis !*

Voici, j'espère, une journée bien employée ; demain nous visiterons un des monuments les plus riches et les plus anciens de Rome. Je veux parler de St-Jean-de-Latran, où se tint un Concile, qui est encore aujourd'hui une des principales règles administratives de l'église catholique. C'est ce Concile qui, attestant déjà la décadence de la foi, nous impose l'obligation de communier, au moins, dans la quinzaine de Pâques. A voir Rome on devient un peu théologien.

Je t'ai promis, mon cher Desroziers, de te conduire à St-Jean-de-Latran. Nous voici sur la place de ce nom. Le nom de Latran que porte ce quartier de Rome, dérive de Plautius Lateranus, qui y avait sa maison. Au milieu de cette vaste place on admire le plus grand obélisque de Rome. Il fut érigé d'abord à Thèbes, dans la haute Egypte, par Theutmosis II, roi d'Egypte, comme on l'apprend par les cartouches. Il est de granit rouge et chargé d'hiéroglyphes ; sa hauteur est de trente-trois mètres sans la base et le piédestal. Devant cet obélisque est une statue de saint Jean l'évangéliste et une fontaine. Le grand palais de Latran est aussi sur cette place. Ce palais ayant été détruit par un incendie, Sixte V le fit rebâtir sur les dessins de Dominique Fontana.

La basilique de Saint-Jean-de-Latran est le premier et le principal temple de Rome et du monde catholique. Par cinq portes on entre sous un grandiose portique soutenu par vingt-quatre pilastres en marbre d'ordre composite. Au fond de ce portique est la statue colossale de Constantin, trouvée dans ces thermes. Cinq portes donnent entrée dans la basilique. La grande porte de bronze est celle de la basilique Æmilia au Forum Romanum ; elle a été transportée ici sous Alexandre VII. La porte murée est nommée *sainte*, parce qu'elle ne s'ouvre que l'année du Jubilé. La chapelle *Corsini* qui est dans cette noble et splendide enceinte est une des plus magnifiques de Rome. Clément XII l'érigea en l'honneur de S. André Corsini, un de ses ancêtres, et Alexandre Galilei en fut l'architecte. On y admire un bas-relief où S. André Corsini est représenté défendant l'armée des Florentins à la bataille d'Anghieri. La grande niche, située du côté de l'évangile, est décorée par deux colonnes de porphyre qui étaient auparavant dans le portique du Panthéon d'Agrippa. En sortant de cette chapelle on revient dans la grande nef, où est le tombeau en bronze de Martin V, de la maison Colonna, mort en 1430. Le grand arc de la même nef est soutenu par deux colonnes de granit rouge oriental, de la hauteur de onze mètres trente-trois centimètres. Le maître-autel, placé dans le milieu de la croisée, est orné de quatre colonnes de granit, soutenant un tabernacle gothique où l'on garde, parmi les plus insignes reliques, les têtes des saints apôtres Pierre et Paul. Au fond est le magnifique autel du Saint-Sacrement, fait sur les dessins de Paul Olivieri : il est décoré d'un tabernacle formé de pierres précieuses, qui est placé au milieu de deux anges de bronze et de quatre colonnes de vert antique. On montre dans cette église la table où Jésus-Christ fit la Pâque ; celle où St. Pierre et les apôtres prenaient leur repas.

En sortant de cette basilique par la porte principale, on voit, à gauche, le Saint-Escalier ; il est formé de vingt-huit marches de marbre blanc, qui étaient au palais de Pilate, à Jérusalem. On ne le monte qu'à genoux ; on descend ensuite par un des quatre escaliers latéraux. Sous l'autel de la chapelle, au-dessus du Saint-Escalier, est une image très-ancienne du Sauveur, haute de un mètre soixante-six centimètres, qui est grande vénération.

Nous voici dans le quartier de l'ancienne Rome où l'on peut visiter à la fois la voie Labicane, l'arc de Gallien, les thermes de Titus, dont l'édifice est presque entièrement détruit ; il n'y a que quelques restes qui peuvent seulement donner une idée de sa magnificence ; mais ses souterrains sont bien conservés.

Maintenant allons visiter la colonne et le Forum de Trajan, la colonne, principalement, qui a servi de modèle à ce canon gigantesque, au sommet duquel Napoléon semble dominer Paris, qu'il a fait la première ville du monde, et regarder au loin si l'Europe ne trame point quelques nouvelles coalitions contre sa France bien-aimée.

Cette colonne, la plus belle qui ait jamais existé, est le plus célèbre monument antique conservé dans son entier, depuis dix-sept siècles. Cette magnifique page d'histoire est moins remarquable par sa hauteur que par les bas-reliefs dont elle est ornée depuis la base jusqu'au chapiteau : ils représentent la première et la seconde expédition de Trajan, et les victoires qu'il remporta sur Décébale, roi des Daces, l'an 101 de l'ère chrétienne. On y voit environ deux mille cinq cents figures d'hommes toutes différentes, outre une infinité de chevaux, d'armes, de machines de guerre, d'enseignes militaires, de trophées et d'autres choses, qui forment une si grande variété d'objets, que l'on ne peut les regarder sans surprise. La hauteur de la colonne est de quarante-quatre mètres jusqu'à l'extrémité de la statue en bronze de saint Pierre; l'escalier est composé de cent vingt-huit marches.

Nous visiterons rapidement la place du Quirinal, qui est bien l'une des plus belles et des plus pittoresques que l'on admire à Rome, ainsi que le palais pontifical qui a reçu de si grands embellissements sous le pontificat de Pie VII. Nous n'oublierons pas de faire une ascension pédestre sur le mont Sacré, où les plébéiens romains, opprimés par les nobles et les riches, à cause des dettes qu'ils avaient contractées, se retirèrent et se fortifièrent en l'an de Rome 261. Petit fait qui était le précurseur des lois agraires et qui nous est parvenu sous la forme de la fable des *Membres et de l'Estomac*, fable éternellement vraie, mais que le peuple semble ne pas vouloir plus comprendre aujourd'hui qu'autrefois.

Maintenant descendons dans le centre de la cité et arrêtons-nous un instant en face de la superbe fontaine de Trévi qui ne tarit jamais. Les flots qui en sortent en abondance occasionnent un bruit continu et offrent un aspect féérique.

L'eau de cette fontaine est celle qu'Agrippa, gendre d'Auguste, fit conduire à Rome pour l'usage de ses thermes, ou pour nous servir d'un mot moins ambitieux, pour l'usage de ses bains qui étaient situés derrière le Panthéon. Cette eau provenait d'une source qui avait été montrée par une jeune fille, une Transtévère de ce temps-là, à des soldats altérés — aussi, en parlant de cette fontaine dit-on encore l'eau vierge, terme qui a fait le désespoir de bien des commentateurs qui ne comprenaient point ce que pouvait être une eau vierge.

Plus tard on donna à cette fontaine le nom de Trévi *(Trivium)* à cause des trois rues qui s'y croisaient au XVIe siècle. L'eau sort avec profusion d'un amas de rochers superposés les uns aux autres, et se répand dans un vaste bassin de marbre ; au milieu s'élève une grande niche ornée de quatre colonnes et d'une statue colossale qui figure l'Océan debout sur un char tiré par des chevaux marins, dont deux Tritons barbus tiennent les rênes. Ce groupe est de Pierre Bracci. Dans les deux niches latérales sont les statues de la Salubrité et de l'Abondance, sculptées par Philippe Valle, et sur la base desquelles ressortent deux bas-reliefs, dont l'un représente Agrippa, et l'autre la jeune fille qui découvrit la source.

La jeune fille est charmante, seulement il est très-douteux que le portrait soit authentique. Mais à Rome, on n'est pas scrupuleux sur ce point, et bon nombre de saints dont les images ou les statues ont fait — dit-on, des miracles, ne sont autre chose que des dieux du paganisme ou des empereurs plus ou moins féroces. Jupiter a été ordinairement transformé en Saint-Pierre. Après tout il n'y a que la foi qui sauve !

J'étais en extase devant cette superbe et incomparable fontaine, et j'y serais encore, si ce n'était le sans-façon d'un mendiant qui me tira brutalement par le pan de mon vêtement et me tendit la main. Le bruit des cascades avait étouffé sa voix sans doute, et fatigué d'attendre, le gaillard se permettait familièrement ce moyen d'attirer mon attention. Peu flatté de cette manifestation, je m'esquivai, et j'entrai furtivement dans l'église des Capucins, pour me soustraire à ses nouvelles sollicitations. Après un quart-d'heure d'attente, qui me donna le loisir d'examiner à mon aise et jusqu'à satiété le célèbre tableau de Guido Reni, représentant saint Michel Archange, tableau dont rien ne peut égaler la beauté idéale des figures, ni la délicatesse des contours, je me crus délivré de mon obsesseur. Non. Mon mendiant se trouvait à la porte qui m'avait donné entrée ; je rentrai pour chercher une autre issue, mon homme s'y trouvait encore. Bon gré, malgré, pour me délivrer complètement de ce cauchemar humain, je glissai dans sa main une pièce de monnaie. Ce malheureux l'avait bien gagnée ! L'importunité doit-être une demi-vertu.

Tu es, mon cher Desroziers, un juste appréciateur des arts ; viens donc vite avec moi dans le quartier des Arts ; là tu verras des camées, des mosaïques admirables, et les marchands de brics-à-bracs te laisseront visiter leur musée, car tout le monde a son musée à Rome. D'abord traversons la place d'Espagne, place qui tire son nom du palais appartenant à l'ambassade espagnole qu'on y voit ; elle est entourée de grandes et belles maisons qui servent d'hôtels aux étrangers. Au sommet de cette place se trouve le palais de l'Académie de France, fondé par Louis XIV, en 1666. Cette Académie a pour personnel un directeur et vingt pensionnaires choisis parmi les élèves qui ont remporté le prix à Paris, dans la peinture, la sculpture, l'architecture et la gravure.

Tu connais, mon vieil ami, le Panthéon de Paris, je vais te conduire dans celui de Rome qui a servi de modèle à tous les Panthéons possibles.

Ce magnifique temple qu'on regarde avec justice comme le monument le plus insigne qui reste de Rome antique, soit par son style, soit par sa conservation, a été érigé par

Agrippa dans son troisième consulat, c'est-à-dire l'an 727 de Rome, correspondant à l'an 26 avant l'ère vulgaire. Cet édifice, ayant été brûlé sous Titus et sous Trajan, fut restauré par Adrien et ensuite par Antonin-le-Pieux, Septime-Sévère et Caracalla. Cette restauration appartient à à l'an 201 de l'ère vulgaire, lorsque Septime-Sévère fut consul pour la troisième fois, et Caracalla pour la première. Ce temple était prostyle, puisqu'il n'avait qu'un portique au-devant; il était octostyle, puisque huit colonnes le formaient : on montait anciennement à ce portique par sept degrés, ce qui le rendait bien plus majestueux qu'il ne l'est aujourd'hui, où l'on n'y monte que par deux marches. Ce superbe portique a trente-quatre mètres de long sur vingt de large : il est décoré de seize magnifiques colonnes, toutes d'un seul bloc de granit oriental; elles ont quatre mètres et demi de circonférence et treize mètres de hauteur, sans y comprendre la base et le chapiteau, qui sont de marbre blanc et les plus beaux que nous ayons de l'antiquité. Les huit colonnes de la façade sont de granit gris, à l'exception de celle qui a été remplacée, qui est en granit rouge; elles soutiennent un entablement et un fronton qui offrent les plus belles proportions que l'architecture puisse fournir. Il y avait autrefois, au milieu de ce fronton, un bas-relief de bronze doré. Pour se faire une idée de la quantité du bronze qu'on avait employée pour ce monument, il faut remarquer que les clous pesaient eux seuls quatre mille six cent quatre-vingt-sept kil., et que la totalité pesait deux cent vingt-cinq mille cent quinze kil. Les murs du portique, dans l'intervalle d'un pilastre à l'autre, étaient revêtus de marbre; ils étaient interrompus par des bandes où l'on voit sculptés des ustensiles sacrés et des festons. L'intérieur du temple n'a pas moins d'élégance et de noblesse que de majesté; sa forme circulaire a fait substituer le nom de *Rotonde* à son ancienne dénomination. Son diamètre est de quarante-cinq mètres ; la hauteur de l'édifice depuis le pavé jusqu'au sommet, est égale à son diamètre. L'épaisseur du mur qui ceint le temple est de six mètres trente-trois centimètres. La lumière n'entre dans le temple que par une seule ouverture circulaire, pratiquée dans le milieu de la voûte, et dont le diamètre est de neuf mètres ; on y monte par un escalier de cent quatre-vingt-dix marches. Dans la circonférence du temple, entre les chapelles, sont huit niches de celles que les anciens appelaient *ædiculæ*; elles sont ornées d'un fronton soutenu par deux colonnes d'ordre corinthien en jaune antique, en porphyre et en granit : les chrétiens ont transformé ces *ædiculæ* en autels, en altérant un peu leur forme primitive. Le grand Raphaël, en mourant, désigna la troisième de ces niches, à gauche en entrant, comme devant lui servir de tombeau, et donna la commission à ses héritiers de la restaurer et de faire sculpter en marbre par Lorenzetto, son élève, cette statue de la Vierge qu'on voit dans la niche, et qu'on appelle la *Madonna del Sasso*. Le peintre divin fut enterré dans le soubassement de la statue, derrière ; et, en 1833, ses os furent découverts le 14 du mois de septembre, et replacés dans le même endroit, le soir du 18 octobre, avec toute la pompe et la cérémonie nécessaire.

Hâtons-nous de visiter l'église Saint-Louis-des-Français, où nous eûmes l'avantage d'entendre officier notre digne prélat de Châlons-sur-Marne, monseigneur de Prilly.

Cette église fut bâtie en 1589, par le roi de France, sur les dessins de Jacques de la Porte. Elle est décorée d'une magnifique façade de travertin, ornée de deux rangs de pilastres doriques et corinthiens et de quatre niches avec des statues sculptées par M. Lestache. Les côtés de la seconde chapelle à droite sont ornés de deux superbes fresques du Dominiquin, représentant la vie de sainte Cécile. Les deux tableaux des côtés de la chapelle de Saint-Mathieu sont de superbes peintures de Michel-Ange; la Vocation et le Martyre de saint Mathieu, du Caravage ; une Assomption, de Francesco Bassano. Les peintures de la voûte, ainsi que les prophètes représentés sur les côtés, sont du chevalier d'Arpin. Dans la dernière chapelle sont deux tombeaux de beaucoup de mérite : le premier, qui se trouve à droite en entrant, est celui du fameux cardinal de Bernis, sculpté par Maximilien Laboureur; l'autre vis-à-vis est de madame de Montmorin, fait par M. Marin, ancien pensionnaire de l'Académie de France à Rome. Dans la sacristie on admire un petit tableau représentant la Vierge, ouvrage, attribué au Corrége, et qui est de toute beauté.

Dans l'église de St-Louis-des-Français seulement, les offices se célèbrent comme dans nos églises de France. Nous y avons entendu des sermons admirablement dits et très-bien pensés, par le P. Bonnechose, depuis évêque de Carcassonne. Le jour du Vendredi-Saint nous avons assisté à la bénédiction donnée dans ce temple moderne par monseigneur de Prilly, notre digne évêque.

Pour terminer convenablement notre journée, regardons à la hâte la place Navone, l'église Sainte-Agnès, le palais Braschi et la place Pasquin, ainsi nommée à cause d'une ancienne statue, très-endommagée par le temps, que l'on voit juchée sur un piédestal, à l'angle du palais Braschi : elle prit le nom de Pasquin, d'un tailleur qui se plaisait à faire des satires et à railler ceux qui passaient devant sa boutique.

Visitons sur notre chemin les théâtres de Pompée, et de Marcellus, l'arc de Septime-Sévère, puis les thermes de Caracalla, ainsi que la vallée mythologique d'Egérie qui s'ouvre entre le Cœlius et une autre colline qu'on appelle *Monte-d'Oro*, et que les écrivains modernes, contre l'autorité des classiques anciens, ont reculée à plus de trois milles d'ici. — Et cela fait nous pourrons permettre à notre plume de se reposer. Certes elle a bien conquis ce droit, car rien n'est plus fatiguant que de toujours admirer, et c'est sans doute un poète qui venait de visiter Rome avec la même rapidité que moi qui écrivit ce vers monstrueux :

L'ennui naquit un jour de l'uniformité !

LETTRE HUITIEME.

Saint-Pierre. — Le Vatican. — Les Catacombes. — Un feu d'artifice. — Idéologie à propos d'un foulard. — Les Bandits. Finale.

> Saint-Pierre n'est pas l'œuvre des hommes, c'est la seule demeure que Dieu ait sur terre.
> GOETHE.
>
> Il y a de la philosophie dans tout.
> BEAUMARCHAIS.
>
> Le coin de mon feu est le plus beau pays que j'aime à visiter.
> DE MAISTRE.

Rome, avril 1847.

Ce matin la chaleur est accablante; aussi ai-je été paresseux. Mon estimable compagnon m'en fit le reproche. Cependant je quittai M. Mambor à dix heures du matin, et pris mon courage à deux mains, comme l'on dit vulgairement, car il ne me restait plus que le quartier du Vatican à parcourir, pour parachever mes excursions dans Rome.

L'origine la plus probable du nom de Vatican, qu'on a donné au mont qui se détache de la chaîne du Janicule, est tiré du mot *Vaticinia*, c'est-à-dire prédictions, à cause des oracles qu'on y recueillait à l'époque où il était au pouvoir des Etruques-Véiens, auxquels il fut enlevé par Romulus.

Nous voici maintenant en face du plus grand, du plus majestueux, du plus considérable édifice de Rome moderne, et sans contredit de l'univers entier. Voici St-Pierre!

La façade est composée de huit colonnes, de quatre pilastres corinthiens, de cinq portes, de sept balcons, de six niches, d'un entablement avec son frontispice, et d'un attique terminé par une balustrade où sont treize statues colossales d'environ six mètres de hauteur, représentant Jésus-Christ et les douze apôtres, et où l'on a ajouté sur le côté, sous Pie VI, deux horloges dont les ornements ont été faits sur les dessins du chevalier Joseph Valadier. On entre, par les cinq portes de la façade du temple, dans un magnifique et superbe portique qui a près de seize mètres de largeur et environ cent cinquante mètres de longueur, y compris les vestibules qui sont à ses extrémités, où l'on voit les statues équestres de Constantin-le-Grand et de Charlemagne : la première est du Bernin, et l'autre de Cornacchini. La basilique a deux cent vingt mètres de long à l'extérieur, et, depuis l'entrée jusqu'à la tribune, ou à la *Chaire de Saint-Pierre*, cent quatre-vingt-douze mètres; sa largeur, dans la croisée, est de cent quarante-deux mètres. La nef du milieu a soixante mètres cinquante centimètres de largeur et quarante-sept mètres de hauteur, y compris la voûte; chacune des deux petites nefs latérales est de dix-huit mètres cinquante centimètres de largeur. Cette basilique est à croix latine et à trois nefs : celle du milieu est divisée par de gros pilastres qui soutiennent quatre grands arcs de chaque côté. Les deux magnifiques bénitiers, placés au-devant des deux premiers entre-pilastres, l'un vis-à-vis de l'autre, sont de marbre jaune, faits en forme de coquille : chacun d'eux est soutenu par deux enfants en marbre blanc, géants de deux mètres, et sculptés par Joseph Lironi et François Liberati.

En levant les yeux, on admire la grande Coupole. Le dôme est certainement la partie la plus étonnante de la basilique. Cette coupole a environ quarante-six mètres de diamètre. Depuis le pavé de l'église jusqu'à la lanterne, elle a cent cinquante mètres d'élévation. Sur les quatre piliers et les grands arcs qui soutiennent la coupole, est un magnifique entablement sur la frise duquel sont écrits en mosaïque les mots suivants de Jésus-Christ : *Tu es Petrus, et super hanc petram œdificabo Ecclesiam meam; et tibi dabo claves regni cœlorum.*

Nous terminerons cette pieuse visite par le palais du Vatican. Cet immense édifice, que l'on peut appeler une réunion de plusieurs palais, a trois cent soixante mètres de long sur deux cent quarante de large. On y compte huit grands escaliers et environ deux cents petits, et un nombre infini de salles ou chambres de toutes dimensions. Quoique son architecture ne soit ni symétrique ni régulière, parce qu'il a été bâti en différents temps, on y voit cependant les productions des plus fameux architectes, tels que Bramante, Raphaël, Pyrrhus Ligorio, Dominique Fontana, Charles Maderne et Bernin.

Je ne puis passer sous silence la chapelle Sixtine, puisque Michel-Ange a peint à fresque sa grande voûte en vingt mois, sans être aidé de personne, ainsi que c'est la mode aujourd'hui, où nos peintres, nos sculpteurs, nos romanciers, nos dramaturges pourraient s'intituler — M. un tel et C.ⁱᵉ. — Il y a représenté la création du monde et divers épisodes de l'ancien Testament. C'est un chef-d'œuvre que la plume est impuissante à décrire. Il faut voir, il faut admirer, puis c'est tout !

Devant ces pages gigantesques on se sent petit, et l'on prend en pitié les beaux-arts de son époque, charmants joujoux qui vivent à peine ce que durent les roses et les éphémères :

<blockquote>L'espace d'un matin !</blockquote>

Pourtant toutes ces églises italiennes, St-Pierre lui-même, ne parviennent pas à donner aussi bien à nos âmes incrédules à force de civilisation, l'idée de Dieu, le sentiment religieux que nos vieilles, sombres et capricieuses églises gothiques. On y sent trop l'humanité. Est-ce effet d'optique, est-ce habitude ? Peu importe, le fait existe et tous les habitants du nord sont unanimes à faire cette remarque.

Maintenant, mon cher Desroziers, tu connais Rome comme celui qui l'a habité vingt années, peut-être connais-tu la ville mieux que celui-là, car les Romains sont comme les Parisiens, ils prétendent qu'ils ont toujours le temps de voir parce qu'ils sont sur les lieux, et, en définitive, la plupart meurent comme ils ont vécu, sans rien visiter, sans rien connaître. Cela est tellement exact que nous avons vu, de nos propres yeux vu, le concierge du Vatican qui n'avait, de sa vie, passé le seuil du palais pontifical. Aussi était-il plus fier qu'un hidalgo.

Puisque tu connais Rome à ciel ouvert, il faut aussi te faire connaître Rome sous terre ; je veux te parler des Catacombes. Voici à ce sujet ce que me raconta mon cicérone, car en fait de caves — et les catacombes ne sont au fond que des caves plus ou moins poétiques, je ne connais et ne veux connaître que les caves d'Epernay et celles de M. Jacquesson, de Châlons. En vérité elles valent mieux que les catacombes.

<blockquote>Pius est patriæ facta referre !</blockquote>

Or un soir que je m'ennuyais et que le sommeil ne venait point alourdir mes paupières, après avoir lu les vers alexandrins dans lesquels Delille a décrit si merveilleusement les catacombes (1), au lieu de vérifier par moi-même la narration, sans me laisser entraîner au plaisir des émotions que l'on doit ressentir quand on est enterré tout vif par un éboulement, je donnai quelques bayoques au moins déguenillé des cicérones que je rencontrai, et le descendant de Romulus et de César se drapant dans un vieux manteau qui l'enveloppait, me fit le conte suivant : il est assez ennuyeux pour être vrai.

— Les souterrains, signor — je ne fais que traduire les mots du cicérone — les souterrains qui s'étendent autour de Rome et même sous une partie de cette cité, furent d'abord creusés pour l'extraction de la terre volcanique qu'on appelle *pouzzolane*, et qui forme en grande partie le sol romain. Plus Rome grandit, plus ces excavations s'augmentèrent, et vainement essaya-t-on de les combler, vainement les révolutions, les invasions essayèrent-elles de les faire disparaître en détruisant à plusieurs reprises la ville éternelle, les catacombes résistèrent, s'accrurent sans cesse et il fallut pour continuer à les utiliser y introduire un certain alignement, y pratiquer des espèces d'aires ou de carrefours. A Paris on a fait de même.

(Décidemment mon narrateur avait voyagé; cette comparaison de Rome avec Paris me le démontrait d'une manière péremptoire. Mais je me gardai de l'interrompre.)

Ces catacombes ouvertes près de l'ancienne enceinte de Rome, se prolongent au-dessous des antiques voies *Labicane*

---

(1) Poème de l'Imagination.

et *Prénestine*, communiquant par des ramifications infinies, d'une part à la catacombe de Saint-Laurent, de l'autre à celle de Sainte-Agnès — c'est ce que l'on nomme les catacombes chrétiennes, et elles sont l'œuvre des anciens Romains qui y établirent les lieux de sépulture de la classe pauvre. Les chrétiens persécutés sous les empereurs les imitèrent, puis bientôt ils se cachèrent dans les galeries abandonnées; c'est pour cette raison qu'on y trouve les monuments les plus anciens et les plus authentiques des premiers siècles du christianisme. C'est de là que cette religion tant persécutée sortit pour conquérir le monde, la croix à la main.

La visite des catacombes, qui ne peut se faire qu'à la lueur des torches, quelquefois en rampant sur le sol et en se frayant péniblement la route à travers des terres qui s'éboulent et rendent quelquefois le retour impossible, offrait, il y a quelques années encore, de véritables dangers.

Actuellement l'autorité locale ne permet l'entrée que d'une partie de ces souterrains, l'accès des autres étant formellement interdit au public, ou matériellement empêché au moyen de murs de clôture, dans la crainte des accidents qui peuvent y arriver. On se contente généralement de visiter le *cimetière supérieur*, creusé au-dessous de la voie Appienne, dans le voisinage de l'ancienne basilique de Saint-Sébastien, et qui s'appelle proprement les *Catacombes*.

La plupart des catacombes qui sont restées accessibles ont leur entrée dans l'église même qui fut construite au-dessus, à l'époque où le christianisme sortit de ces retraites obscures pour régner sur la terre. C'est ce qui a lieu à Saint-Sébastien, à Sainte-Agnès, à Saint-Laurent-hors-Murs; et c'est aussi à la visite de ces catacombes, dans une très-petite partie de leur immense circuit, que se borne la curiosité des voyageurs et même des antiquaires.

L'entrée des autres catacombes se trouve dans les vignes qui couvrent une partie du sol de Rome antique, dans l'enceinte même de Rome moderne; ou bien elle est tout à fait perdue, et l'on ne pénètre dans ces souterrains que par des soupiraux extérieurs ou par des ouvertures pratiquées fortuitement à la surface du sol.

La plupart des catacombes sont creusées à deux ou à plusieurs étages qui communiquent entre eux, de distance en distance, au moyen d'escaliers. C'est également par des escaliers particuliers que l'on descend, de la campagne ou du désert qui entoure Rome, dans les allées souterraines qui forment au-dessous d'elle cet autre désert. Des ouvertures rares et étroites, pratiquées çà et là, mais en grande partie comblées par les terres ou obstruées par les broussailles, éclairent faiblement l'obscurité de ces allées, généralemen basses et étroites.

Il faut avoir vu les catacombes, les avoir parcourues avec un guide intelligent, ou seul avec ses souvenirs, pour se faire une idée de l'impression qu'elles produisent. Plusieurs des routes qui s'y prolongent et qui s'y croisent dans tous les sens ont un mille et plus de longueur : dans celles dont les parois latérales n'ont pas été dépouillées de tous leurs anciens ornements, l'imagination n'a véritablement aucun effort à faire pour croire qu'on s'y promène dans une ville immense entièrement peuplée de morts. De loin en loin, des carrefours, des espèces de places publiques qui se présentent avec des monuments d'un ordre plus élevé, ou d'un volume plus considérable, quelquefois même avec de petits temples, modèles primitifs des églises chrétiennes, avec des puits ou des citernes, ajoutent à l'illusion que cause l'aspect de ces cités souterraines ; la silencieuse horreur qui y règne rend les idées qu'on y porte et les impressions qu'on y reçoit aussi pénétrantes, aussi profondes que ces retraites mêmes que s'était creusées dans les entrailles de la terre une religion proscrite et persécutée.

De toutes les catacombes de Rome, les plus anciennes, les plus célèbres et les plus accessibles sont celles de Saint-Sébastien, situées sous la voie Appienne, et qui forment dans leur état actuel une partie du vaste cimetière de Saint-Calixte. Creusées dans les premiers temps de la république, on présume que c'est de cette partie du sol de Rome qu'ont été extraits les matériaux de sa première enceinte.

On descend dans ces catacombes par un escalier pratiqué avec soin, lequel aboutit à la chapelle de Sainte-Françoise, située dans la partie gauche de la basilique actuelle de Saint-Sébastien. La première pièce souterraine qu'on rencontre au bas de cet escalier est une chapelle ornée d'un buste moderne de saint Sébastien, ouvrage du Bernin, et d'un tombeau où fut placé longtemps le corps de sainte Lucine. De là on entre dans les catacombes proprement dites.

A cet endroit de la longue description de mon cicérone je jugeai à propos de l'interrompre court et net. Il était tard, et son langage moitié français, moitié italien, son accent nazillard, son immobilité de statue, tout enfin, fesait sur moi l'effet d'une très-forte dose d'opium. J'en étais arrivé à cette phase de somnolence, où un bruit quelconque vous irrite au suprême degré — et grâces à l'obstination de mon conteur, qui me mit en colère pour le forcer au silence, je me trouvai parfaitement réveillé au moment même où mes gestes l'engageaient à tourner les talons.

Effectivement, j'avais bien autre chose à songer qu'à ces interminables discours, à ces résumés plus ou moins authentiques des merveilles de Rome souterraine. Je devais quitter la ville éternelle au commencement de la nuit, pour éviter la chaleur du jour, et quoique mon modeste bagage de voyageur fût prêt, je n'avais plus ni temps ni bayoques à perdre aux fariboles d'un mendiant romain.

Oui, c'est ce soir, mon cher Desroziers, c'est ce soir, comme dit la chanson, que je mets à la voile pour revoir notre belle France. Mais d'ici à l'heure du départ, la onzième de la nuit, il me reste encore quelque chose de beau, quelque chose de grand, de majestueux à admirer. C'est le feu d'artifice qui se tire le lundi de Pâques sur le fort St-Ange. La position est des plus heureuses et des plus pittoresques. A deux pas coule le Tibre, et à la tombée de la nuit une myriade de petites barques illuminées à *giorno*: étincelles, éclairs, étoiles ambulantes, feux-follets, glissent rapidement sur les eaux transparentes du vieux fleuve latin. La plupart de ces embarcations sont montées par des virtuoses qui font retentir l'air de leurs chants joyeux. Le bruit de l'artifice, les chants, les flots du Tibre, tout cela mêlé au clapotement des rames qui tombent en cadence dans les eaux du fleuve, sont le prélude d'autres merveilles.

A dix heures les cent canons du fort St-Ange annoncent, par leurs retentissantes décharges le feu d'artifice, et aussitôt mille fusées, mille gerbes lumineuses sillonnent l'horizon. C'est le signal.

Quant au feu d'artifice proprement dit, il ressemble à

tous les feux d'artifices passés, présents et futurs; la patrie des inventeurs de ce singulier plaisir populaire est plus arriérée que nos pyrotechniciens. C'est encore l'enfance de l'art. Aussi, à part l'encadrement unique de ce feu d'artifice, à part sa fantasmagorique réverbération sur tous ces monuments qui n'ont point leurs pareils dans le monde entier, on peut facilement s'imaginer ce que peut être un feu d'artifice pontifical.

Avant de quitter Rome, jetons un dernier regard sur ses mœurs et ses coutumes. Finissons par où nous aurions dû commencer.

L'armée des Etats-Romains est parfaitement disciplinée. La cavalerie, surtout, se fait remarquer sous le double rapport de la beauté des chevaux et de l'excellente tenue des hommes. Reste la bravoure : *Sed non hic locus!*

Une particularité notable dans les Etats pontificaux, mais que la plus petite réflexion fait de suite comprendre, c'est que, à partir du Vendredi-Saint, l'armée porte le fusil le canon renversé, en signe de deuil.'

A Rome, aujourd'hui, la tolérance religieuse est un fait (1). Les prêtres romains ont cela de bon, qu'ils vous font aimer la religion catholique. Quelques uns de nos ecclésiastiques français appellent cela : licence. Nous osons croire qu'ils se trompent, sous ce rapport, et nous aimons à penser que Dieu, est par-dessus tout bon et doux pour chacun de ses enfants.

Les juifs sont relégués dans un quartier spécial de la ville, appelé *Ghetto*. Un factionnaire occupe l'entrée de chaque rue,

(1) Pie IX commençait à régner.

et à une heure indiquée, ces malheureux sont parqués comme des animaux : c'est toujours pour eux l'histoire ancienne.

Il y a dans toute l'Italie plusieurs confréries de pénitents. A Rome on compte plus de vingt mille personnes affiliées à ces confréries : c'est une mode, une coutume, une habitude. On est de la confrérie comme du Jockey-Club, à Paris.

Les théâtres sont généralement peu fréquentés ; peut-être parce qu'il n'y a point de littérature dramatique nationale, et cela par suite du morcellement de l'Italie. Dans la salle Argentine nous avons assisté à un concert, et au nombre des auditeurs nous avons bien remarqué cinquante ecclésiastiques romains.

Les Italiens, dans la classe que nous appellerons infime — sont voleurs par nature. Ils viennent au monde comme cela. Ils ne respectent rien, et pendant les offices divins ils ne se font aucun scrupule de dévaliser vos poches. On m'a raconté à Rome une anecdote à ce sujet. La voici :

Deux filous exploitaient la poche d'un badaud. Elle ne renfermait qu'un mauvais foulard de coton, un mouchoir anglais !

— Nous sommes volés, dit l'un des lazzarones, le mouchoir n'est pas en fil.

— Remets-le, répondit son compère, ça ne vaut pas la peine de risquer le purgatoire pour si peu de chose.

Un philosophe attribuera cette dégradation intellectuelle au défaut d'instruction, à l'ignorance ; un politique n'y verra que la conséquence du manque de liberté, de l'esclavage ; un économiste y découvrira l'absence de l'industrie et du commerce ; cette trinité de raisons peut être très-logique ; mais sans discuter, et quelque part puisse se trouver la vérité absolue, il est incontestable que la basse classe de la population italienne des grandes et petites villes a deux grands amours — le mensonge et le vol. Et maintenant que l'on entasse polémiques sur polémiques, on n'empêchera pas ce qui est, et l'on trouvera difficilement dans ce peuple de quoi faire l'étoffe d'une nation. C'est une race abâtardie et usée, plus encore au point de vue moral qu'au point de vue physique.

Il y a cependant de très-belles Italiennes.

Mais sur ce chapitre encore il faut se méfier des poëtes et des touristes. — Les beautés raphaélesques sont loin de fourmiller, et l'Italie ne produit pas plus d'anges féminins que les autres contrées de l'Europe, pas plus qu'Epernay lui-même : *parva si magnis componuntur!*

Ceci n'empêchera pas nos fabricants de vers et nos manœuvres romanciers, d'élaborer de louangeurs alexandrins, ou de composer des descriptions aussi ardentes que voluptueuses. C'est une tradition — nous n'y pouvons que faire — mais aussi nous avons le droit de dire, tout bas, que la tradition n'est point l'évangile.

Le avril, revenu à Civitâ-Vecchia, je prenais place pour Marseille à bord d'un vaisseau au pavillon français, le *Commerce de Bastia*; mais avant de mettre le pied sur le navire, j'ai voulu faire la connaissance d'un célèbre bandit arrêté avec vingt des siens, et déposé dans les prisons de Civitâ-Vecchia.

La prise de ces seigneurs de la montagne et des grands chemins, trahis par un des leurs, avait occasionné un certain mouvement dans la ville ; il semblait qu'elle venait de revêtir ses habits de fête. C'était un concours de tous les instants de la geôle à la place d'armes. C'était à qui parlerait, à qui toucherait la main au chef de cette bande, désormais impuissant, et qui se drapait à la façon de Fra-Diavolo.

Les exploits de cette troupe, c'est le mot consacré — qui avait tenu ses quartiers dans les Appenins, étaient prodigieux, et les carabiniers romains avaient eu plus d'une fois bataille à livrer avec ces gaillards-là. Cette bande, prise par la ruse, attendait les ordres du gouverneur de Rome, pour être dirigée sur un point quelconque des légations, afin d'instruire cette affaire.

Le soir de cette journée, nous quittions la rade de Civita-Vecchia pour faire voile sur Bastia; et en dépit des merveilles dont nous avions pu saturer nos yeux — nous n'aspirions qu'après l'air et le sol natal.

— L'Italie est un beau pays, mais de loin! murmurait chacun de nos compagnons.

Et, effectivement, pour quiconque aime un peu notre douce et confortable civilisation, pour quiconque n'a pas la folie de l'artiste ou du touriste, l'Italie est un splendide pays... en peinture, et le moindre coin de la France lui est préférable. C'est peut être raisonner en Marseillais, mais après tout on a bien le droit de dire :

<blockquote>Ah! qu'on est fier d'être Français,
Quand on regarde la Colonne!</blockquote>

Par exemple il ne faut pas ajouter que le pauvre Debraux, auteur de cette chanson populaire et connue sous toutes les chaumières est mort de faim. La civilisation dit qu'on ne meurt pas de faim.

LETTRE NEUVIEME.

Biondita. — Les Îles d'Hyères. — Les Douaniers. — Pensées banales.

> La haine et l'amour sont deux mêmes choses sous des noms différents. **CHAMPFORT.**
>
> Après la potence et le gendarme, le douanier est le troisième échelon de la civilisation
> **P. L. COURRIER.**
>
> Où peut-on être mieux qu'au sein de sa famille !
> *Chanson politique.*

A bord du navire le *Commerce de Bastia*, avril 1847.

L'île de Corse est en vue. Nous sommes sur un navire corse, beaucoup de nos compagnons de voyage sont nés sur cette terre dont le nom est désormais immortel, toutes les conversations ne roulent exclusivement que sur les étrangetés de cette île française qui est pourtant toujours très-peu connue de la France, aussi je ne puis faire autrement que d'écrire quelques mots sur ce pays. Il faut heurler avec les loups !

La Corse a eu des historiens de toutes les façons, — les uns — et ce sont les indigènes qui ont vécu en contact avec la métropole, les meilleurs, — prétendent que son sol fertile serait une richesse pour la mère patrie, si cette île était cultivée, exploitée comme il conviendrait de le faire.

Les autres parlent des prodigieuses qualités des habitants et proclament la France très-heureuse de se les être assimilés. — ils nous traitent en vaincus !

A tous ces dires je n'ajouterai qu'une chose, la seule qui ne renferme d'exagération en aucun sens, en aucune partie, c'est que à Ajaccio, tous les Corses prétendent appartenir à la famille des Bonaparte. Napoléon était le cousin de celui-ci, il avait été le neveu de celui-là, etc. La vérité vraie est que l'Empereur n'affectionnait pas beaucoup ses compatriotes.

Le motif ? Dieu le sait. Voilà le résumé exact de mes impressions directes et indirectes, ce qui n'explique pas que je conteste le moins du monde les opinions corses de quelques couleurs elles puissent être. J'ai un saint respect de la *Vendetta* !

Le navire, le *Commerce-de-Bastia*, quitta la rade par un temps houleux qui se prolongea pendant tout le cours de la traversée. La mer devint si mauvaise aux approches des îles d'Hyères, que le capitaine dut, dans l'intérêt de la cargaison, se réfugier dans les îles, qui sont placées là, à quelques milles de Toulon, comme autant de sentinelles avancées. Les rochers élevés, abruptes, gris et menaçants qui les surplombent d'une manière pyramidale et peu rassurante, semblent de mauvaise humeur. Nous les trouvâmes dans cette disposition peu gracieuse, lorsque nous dûmes leur demander un abri.

C'est ici, au centre de ces roches brunes, rousses et noirâtres, que, ballottés par les vagues, nous eûmes à supporter ces mille péripéties qui font le charme du roman et sont la fortune du conteur, pour ne pas me servir de l'expression qui a la même finale.

Tourmenté, chagriné de ce contre-temps qui retardait aussi malencontreusement notre route, je me promenais sur le pont du navire, comme une âme en peine, — non pas celle mise en ballet à l'Académie royale de musique, — par M. de Flotow, lorsque ma vue tomba d'aplomb sur l'étiquette d'une malle. Elle portait cette inscription : *M. Félix Barbe, à Reims*. Evidemment, la Providence venait de m'envoyer mieux qu'un compagnon d'infortune, c'était un compatriote, un rémois ! et ce rémois était le neveu d'un ami, de M. Bourquin, un de nos plus dignes concitoyens.

Mais, dans une situation exceptionnelle comme la nôtre — au milieu de ce spleen tenace et rongeur qui semblait vouloir nous dévorer jusqu'à la moëlle, la conversation la plus inopinée ne peut s'alimenter de longues heures. Aussi après les premières et les intimes explosions sentimentales et bavardes que font éclater une rencontre aussi imprévue — tout fut dit. L'ennui à deux n'est pas plus agréable que l'ennui unitaire.

Effectivement :

Sentir à deux lieues — peut-être moins encore — l'air de la France, l'air embaumé de la Provence, chargé des suaves émanations des orangers ; distinguer en quelque sorte la silhouette des côtes, leurs découpures étranges, n'être qu'à une enjambée de colosse de sa patrie et ne pouvoir y aborder, et — se trouver contraint de louvoyer comme un contrebandier — de tâter les criques, les anses, les pertuis comme si une armée ennemie s'opposait à la descente, — c'est là le supplice le plus surhumain que puisse endurer l'imagination d'un voyageur désireux de toucher le sol maternel, de rentrer dans ses foyers toujours si regrettés, lors même qu'on pourrait revenir — ainsi que nous, des rivages vantés de l'Espagne ou de l'Italie.

Pour apprécier sainement tout ce que le papier peut supporter d'erreurs et d'hyperboles — il suffit de passer une semaine en Espagne, un mois en Italie : une fois cette épreuve faite, on ne pourra contenir un mouvement de colère en voyant ces myriades de voyageurs qui pullulent quotidiennement en aussi épaisses cohortes que les rats de Montfaucon, et on comprendra tout le bonheur qu'il y a à vivre en France. Par contre on se fera une idée aussi exacte que possible de la situation dans laquelle nous étions ballotés sur le *Commerce-de-Bastia*, ayant l'air de défiler comme des pénitents — à pas comptés — autour de chacun des pitons basaltiques qui composent l'agrégation pittoresque des îles d'Hyères. Il n'y avait plus de sottises à adresser au malencontreux capitaine, il avait subi déjà l'interminable litanie que la bile des passagers avait à déverser — il savait à quoi s'en tenir sur l'estime et sur l'amitié que chacun de ses convives lui portait, et il prenait son parti en vrai.... sourd. Il n'entendait rien.

Seulement de temps en temps, en guise de réponse et peut-être pour l'acquit de sa conscience, il murmurait avec cet accent corse qui est encore bien plus désagréable que l'accent italien :

— Le vént ! le vént.

Les plus honnêtes répondaient courtoisement, tant l'ennui peut rendre féroce :

— Au diable le vent !

Les autres disaient cruement :

— Cet animal de capitaine ne pourrait-il donc pas se noyer ?

Bref, on cherchait pour faire diversion, un moyen quelconque susceptible de procurer de l'amusement. Rien qu'au point de vue hygiènique nulle chose n'était plus utile, car nous bâillions tous, et il est reconnu que le bâillement est le secret générateur de toutes les gastrites logées dans l'estomac humain.

Mon compatriote, le rémois dont j'ai parlé, M. F. Barbe, qui, lui aussi, revenait de l'Italie, où il avait été en véritable touriste — avait trouvé que la meilleure manière de ne point succomber à l'ennui, était de se livrer au charme des travaux épistolaires. Tous les goûts sont dans la nature. Il écrivait donc à sa famille, à ses amis, ou peut-être, lui aussi — se livrait-il aux exercices d'une narration de son voyage : en tout cas, il sortait rarement de la dunette et ne faisait que de rares apparitions sur le pont où nous promenions notre désœuvrement.

De temps à autre, nous l'interrompions amicalement, soit pour lui communiquer les découvertes que nous pouvions faire à l'horizon à l'aide de longues-vues, soit pour continuer une conversation interrompue lorsque nous étions en bas. Puis, en face de la France, comme nous nous trouvions en ce moment, les souvenirs du pays abondaient plus que jamais, et c'était à qui rappellerait le plus grand nombre de faits relatifs à nos localités réciproques, soit à Reims, Epernay ou Châlons, trinité que relie le fil d'archal des bouchons de vin de Champagne. Aussi n'oubliâmes-nous pas de parler maintes fois du brave capitaine Bourquin, le digne oncle de M. Barbe, une de ces modestes illustrations qui datent de l'ère impériale et qui ont consenti à se renfermer dans l'obscurité des petites villes, en quelque sorte pour y donner l'exemple de toutes les vertus civiques et encourager par leur présence respectée, les jeunes générations, à suivre l'exemple de ces colonnes de bronze qui composaient la grande armée.

Enfin un jour, plus ennuyé que de coutume, je me mis à califourchon près de la dunette.

— Il y a du nouveau ! criai-je en frappant aux vitrages.

— Ah !

— Montez donc ?

— J'écris à Reims, dites-moi ce que vous voyez ?

— Nous arrivons à Marseille, nous y coucherons ce soir.

— Vraiment ?

— Oui certes, on voit déjà la Cannebière.

— Pas possible ?

— Dans une heure ou deux on pourra distinguer les habitants.

— Ah ! tant mieux — justement je n'avais rien pour terminer ma lettre, voilà de quoi la clore dignement ; c'est une bonne nouvelle, mon compatriote, je vous en remercie.

Ces remerciements spontanés me causèrent, je l'avoue, une espèce de remords : mais on n'arrive pas à l'âge où la barbe couvre le menton, sans être capable de rejeter au loin ces minimes picotements de la conscience.

Une heure plus tard, notre compatriote avait complètement parachevé son œuvre épistolaire et d'un air assez joyeux, il grimpait allègrement sur le pont.

— Et Marseille? demanda-t-il.

— Marseille? répliquèrent en chœur les passagers.

— Oui, Marseille qui.....

— Mais nous sommes toujours à la même place, nous n'avons pas plus bougé que les îles d'Hyères elles-mêmes.

— Alors..... et les yeux de notre compatriote me cherchaient moitié fâchés, moitié souriants. Enfin je lui expliquai comme quoi, pour tuer l'ennui, j'avais voulu lui offrir l'occasion de perpétrer une splendide et pittoresque description, non pas *de visu*, mais à vol d'oiseau.

Il m'écouta gravement, sourit un quelque peu, et nous quitta pour rentrer sous la dunette en murmurant :

— Voilà une lettre à recommencer.

Effectivement, plein de confiance en mes paroles, et agissant en vertu de cette monomanie de touriste qui veut de préférence décrire ce qu'il n'a pas vu. M. F. Barbe, avait élaboré une pompeuse description de Marseille et des approches du port; or, la date se trouvait plusieurs fois intercalée dans le texte, si bien que, dans l'incertitude de savoir quand et où l'on débarquerait, il était utile de recommencer.

Nous en voulut-il? je ne sais. Seulement j'ai toujours regretté qu'il ne m'ait point confié sa description de Marseille vue à la hauteur des îles d'Hyères; ce devait être un morceau précieux, dont la lecture aurait confirmé certainement le titre que nous avons donné à nos notes : Tout chemin conduit à Rome.

Malheureusement il fallait une très-grande quantité de semblables plaisanteries pour défrayer les ennuis d'une journée — une journée oisive est la plus grande mesure de temps que l'humanité puisse supporter, surtout quand il n'y a pour exclusive distraction que les capricieux zigzags de quelques-uns de ces grands papillons blanchâtres qui viennent de la côte, comme de véritables sentinelles avancées pour inspecter l'arrivée du navire.

Grâce au repos forcé que nous dûmes subir pour ainsi dire en vue du port, les conversations corses reprirent leur cours monotone. Se mettre en colère était inutile, maugréer eût été niais — de guerre lasse, je me résignai à écouter, et cela, mon cher Desrozier, te vaudra une histoire locale qui nous fut contée, je crois, par un jeune séminariste aux joues creuses, ou teint de bistre, mais dont les yeux étincelaient comme deux escarboucles. Ma traduction ne vaudra certes pas son récit pittoresque, sa voix vibrante, son geste, mais à défaut d'oranges on mange bien des pommes, — voici l'histoire de notre jeune Corse :

— Je traversais à la nuit tombante et par un temps couvert les gorges dangereuses qui mènent de San-Fiorenza à Bastia. Je m'étais contenté, en partant, de prendre sur le chemin que j'avais à parcourir les indications qui m'avaient paru suffisantes ; mais, la curiosité m'engageant sans cesse à quelque détour, lorsque je fus parvenu sur le plateau le plus élevé, au lieu d'avoir devant moi la ville, et la mer par-delà, je ne vis entre moi et la mer que le *Golo*, qui se promenait à travers les plaines et puis à droite le San-Martino, avec ses roches brisées, ses ravins et ses précipices.

Le vent du nord, devenu glacial en traversant le golfe de Gênes, me fouettait le visage avec violence, et de temps à autre de grosses gouttes de pluie venaient m'annoncer l'imminence d'une averse. C'est en vain que je cherchais à découvrir une lumière quelconque, la lampe d'une caverne de brigands, le flambeau d'un sabbat des fées ; je ne voyais rien que le plateau sous mes pieds, et puis à droite, à gauche, des ravins à pic, des arêtes dentelées comme le dos d'un requin. — Le vent soufflait toujours par rafales, l'éclair déchirait la nue, et je marchais grelotant de froid, maudissant pour la première fois les montagnes de la Corse et l'envie qui m'avait pris de les traverser.

Tout-à-coup je crus entendre derrière moi des pas, glissant presque sur la roche humide. Je tournai la tête, mais je ne vis rien. Une voix s'éleva : — C'était une voix de femme, douce, accentuée, un peu plaintive. L'air n'avait rien de connu, rien de suivi, rien de méthodique. Tantôt les syllabes se traînaient et semblaient à regret tomber des lèvres ; puis elles devenaient stridentes et se terminaient par un cri aigu, qui me causait un frisson inexprimable.

Ce chant inconnu, pendant la nuit, au milieu des rochers, d'où sortait par intervalle un écho faible et gémissant, me semblait si fantastique, que je ne pus me défendre d'un sentiment d'effroi, qui se dissipa bien vite lorsque je vis s'approcher celle qui le produisait, narguant la nuit et le mauvais temps. Je ne distinguais bien ni ses traits ni ses vêtements ; mais il me sembla que ses cheveux, ruisselants de pluie, flottaient sur ses épaules, et qu'elle avait les bras et les jambes nus.

Elle vint droit à moi et semblait cependant disposée à passer sans s'arrêter. Pour moi, bien résolu à ne pas perdre l'occasion que la Providence m'offrait, je n'hésitai pas à l'accoster.

— Où allez-vous, jeune fille ?

Elle s'arrêta pour me répondre :

— Je n'en sais rien ; et vous-même ?

— A Bastia.

Ce nom parut la frapper ; elle le répéta trois ou quatre fois, puis elle dit :

— Vous n'arriverez pas à Bastia avant demain.

Elle parut réfléchir un moment, et ajouta :

— Où donc dormirez-vous cette nuit ?

— Mais dans le premier abri que me présenteront ces gorges maudites, à moins que vous ne sachiez où me trouver un meilleur gîte.

Elle marmotta quelques paroles inintelligibles, s'arrêta une seconde à regarder autour d'elle, puis, en me disant :

— Venez ! elle se remit à marcher avec une rapidité telle, que j'eus à la suivre, pendant près d'une demi-heure, plus de peine que je n'en avais eu durant toute la route. Enfin nous nous trouvâmes subitement sur l'un des plateaux inférieurs de la chaîne, environnés de toutes parts de rochers à pic. J'aperçus alors, au milieu d'un bouquet d'arbres, une clarté qui tantôt se montrait, et puis disparaissait cachée par le feuillage. C'était bien une lumière scintillant à travers les auvents d'une fenêtre. Ranimé par la perspective d'un toit et d'un peu de paille dessous, je voulus témoigner ma reconnaissance à la jeune fille.... elle avait disparu, plus légère qu'un chamois.

C'est en vain que je l'appelai ; force me fut de m'orienter seul vers la lumière qui brillait à quelques centaines de pas. J'arrivai enfin devant une pauvre métairie dont les habitants, moitié pâtres, moitié pêcheurs, m'accueillirent avec la plus franche cordialité. Après avoir remercié ces braves gens, je leur parlai de *l'esprit* qui m'était apparu sur la montagne. Un sourire de commisération erra sur les lèvres de mes hôtes.

— Ah! vous avez rencontré Biondita.

— Qu'est-ce que Biondita? demandai-je.

La vieille à laquelle j'adressais cette question vint s'asseoir auprès de moi, fit un geste pour réclamer l'attention, et me raconta ce qui suit :

— Biondita était une jeune et jolie fille, la fille de Mathéo le pêcheur, qui avait nombre de barques et la meilleure felouque de la Corse. Il habitait là, dans le fond, entre l'embouchure du Golo et le mince promontoire, qui forme de si belles criques en remontant vers Bastia. Un signor inglese nous a assuré que ce promontoire, vu de loin, lui avait paru se courber comme la plume de coq du chapeau de lord Wellington.

La bonne femme se pavana, toute fière de ce trait de mémoire.

Biondita ressemblait peu à ses compagnes ; ses habitudes étaient fières, vigoureuses et intrépides. Au lieu de s'occuper à réparer les filets de son père, ou à porter au marché le produit de ses pêches, elle se plaisait à conduire elle-même une barque par les plus gros temps, à accompagner les pêcheurs dans leurs courses périlleuses, à défier, rieuse et folâtre, les coups de vent et les coups de lame. A terre, elle n'aimait ni les pelouses, ni les bosquets, ni les danses du soir, ni la sieste du midi ; il lui fallait le plein soleil, le soleil à plomb venant brunir son front, dorer ses joues, colorer ses bras et ses pieds, couvrir son visage de gouttes de sueur ; elle aimait les ravins et les rochers, les courses dans la montagne, le sommeil au bord des précipices.

Un jour, fatiguée de courir, elle s'était endormie à l'abri d'une saillie énorme qui tient à peine à la montagne, et qu'un souffle semble devoir en détacher : (nous autres qui y sommes habitués ne passerions dessous qu'en courant.) Biondita dormait là comme elle eût dormi sous un oranger dans le jardin de son père. Un cri terrible vint l'éveiller en sursaut, et, en ouvrant les yeux, elle vit suspendu près de sa tête un énorme scorpion caché encore à moitié dans une crevasse humide. Elle se leva d'un bond, frappée de terreur pour la première fois de sa vie peut-être, et se jeta instinctivement dans les bras de l'homme qui venait de la sauver. — Un coup de pierre eut bientôt écrasé l'horrible bête, et quelques paroles de joyeux reproches rassurèrent la jeune fille. Lui, la contemplait avec une sorte d'extase, et pressait dans ses deux robustes mains la main de Biondita, palpitant d'une émotion nouvelle. — C'était un homme grand et fort, avec les plus beaux cheveux et la plus belle barbe que l'on puisse peindre. Et puis un regard ?.. Il n'y avait pas de roi qui pût lui faire baisser les yeux, et *notre* Bonaparte lui-même ne regardait pas autrement quand il *charmait* les soldats avant la bataille. Cet homme, quand je le vis pour la première fois ici, à la place où nous sommes, avait une veste bleue brodée d'or et couverte de boutons de filigrane ; on ne voyait pas la soie de son gilet, tant il y avait de passementeries ; sa culotte noire, garnie d'un nombre considérable de nœuds de couleur et d'aiguillettes d'argent, retombait libre sur le genou, qu'elle dépassait à peine. Il portait des bas de soie rouge, des demi-guêtres de peau et des souliers d'une forme que je n'ai jamais vue qu'à lui. Sa carabine était éblouissante, et je doute qu'il y ait dans toute l'île un poignard aussi beau que le poignard engagé dans sa ceinture. Une reine aurait été fière d'inspirer de l'amour à cet homme. Biondita fut fière de l'aimer... Elle était jeune!

Un mois s'était écoulé quand elle le revit, un soir, qui accourait à elle, sans manteau, tenant un pistolet à chaque main.

— Biondita, lui dit-il en l'entraînant et lui montrant la mer, sauve-moi! Au large, pour Dieu! la mer entre eux et moi!...

Toute la nuit une barque louvoya sur la mer, au delà de l'horizon, le plus souvent cachée entre les vagues, et seulement visible alors qu'un rayon de lune la surprenait au sommet d'une lame, et argentait sa voile latine.

Mathéo, le père de Biondita, dormait paisiblement. Quelques fantassins français parurent un instant sur la plage, puis s'éloignèrent incertains et mécontents. De sombres figures erraient en même temps dans les gorges de San-Martino, se cachant au moindre bruit, et parfois jetant des cris imitant ceux de la mouette quand elle s'envole annonçant un orage.

Longtemps l'étranger tint ses yeux attachés au rivage; et, quand il vit qu'aucune embarcation ne s'en détachait, il se prit à sourire doucement, et se tourna vers Biondita. Elle leva les yeux sur sa voile, comme pour s'assurer si elle était bien orientée.

— Biondita, dit-il avec une sorte de timidité, pourquoi ne me demandez-vous pas qui je suis?

— Que m'importe! répondit la jeune fille.

— Il est vrai, que vous importe! Je ne suis, moi, à vos yeux, qu'un proscrit, un criminel peut-être, que vous sauvez aujourd'hui par pitié, et que vous oublierez demain avec le service que vous lui aurez rendu. Il ne vit pas le geste négatif de la jeune fille, car il avait posé la tête sur une de ses mains, et regardait les étoiles qui semblaient courir dans le ciel. — Proscrit! continua-t-il, c'est là une malédiction qu'aucune femme ne voudrait partager.

— Excepté moi, reprit tranquillement Biondita.

Il releva la tête et se mit à la regarder avec un indicible étonnement. Biondita soutint ce regard, un sourire vint effleurer ses lèvres.

— Ainsi, dit l'étranger, si je vous disais que je vous aime, vous consentiriez à m'écouter, vous recevriez mon amour, vous accepteriez ma destinée, sans demander dans quelles calamités cet amour pourrait entraîner votre existence?

— Eh! que m'importe! dit encore Biondita. Puis elle éclata en sanglots : un effroi inexprimable s'emparait de son âme; elle frissonnait d'un frisson de mort, et regardait derrière elle, comme si on était là pour les poursuivre. Lui était à ses genoux, ivre de joie, d'enthousiasme, et baisant le bord de sa robe, comme s'il avait peur en effleurant le front de Biondita, de souiller à tout jamais sa couronne d'innocence et de candeur.

Une heure avant l'aube Biondita amarrait sa barque dans la crique, l'inconnu s'éloignait, se dirigeant vers les montagnes : le regard de la jeune fille le suivait avec amour.

Biondita revit souvent son amant. Parfois elle le rencontrait dans ses courses hasardeuses, que l'espoir de sa présence rendait de jour en jour plus fréquentes ; souvent aussi il lui arrivait un messager qui l'abordait en secret, lui glissait quelques mots à l'oreille et disparaissait sans que personne qu'elle pût savoir où il s'était dirigé.

Ces entrevues eurent le résultat qui les décèle toujours, et le vieux Mathéo ne tarda pas à s'apercevoir qu'autre chose attirait sa fille dans les montagnes que le plaisir de courir ou de chercher des fleurs. Sa colère fut terrible; elle éclata comme un tonnerre en reproches, en menaces, en imprécations. Biondita demeura immobile, les yeux baissés devant son père. Sa pâleur était effrayante, ses lèvres tremblantes devenaient bleues par intervalle et aux questions réitérées de Mathéo, qui demandait le nom du séducteur, elle répondait :

— Je ne sais, il doit bientôt venir.

Biondita ne s'était pas trompée; deux jours à peine s'étaient écoulés, qu'un homme à cheval vint causer avec les mariniers voisins. Il hasarda quelque paroles sur le vieux Mathéo, et les mariniers se complurent à raconter ce qu'ils savaient de lui et de sa fille. Le cavalier leur donna à peine le temps d'achever ; il tourna bride, lança son cheval au galop et disparut en un instant dans les chemins de la grève. Le soir même il revint accompagné d'un autre cavalier supérieurement monté et vêtu avec une exquise recherche. Seulement on s'étonnait de les voir armés jusqu'aux dents, ayant la carabine à l'arçon, comme des hommes qui s'en iraient à la guerre. Ils s'arrêtèrent à la porte de Mathéo, qui se trouvait en ce moment sur la côte, et que l'on se hâta d'aller prévenir. Comme il revenait aussi vite que le lui permettait sa vieillesse, Biondita accourut joyeuse au devant de lui.

— Je vous l'avais bien dit, mon père, s'écriait la jeune

fille, le voici qui vient vous demander ma main.

Mathéo se composa un visage sévère, se redressa de toute sa taille et poussa la porte d'entrée. L'inconnu était assis en face auprès d'une étroite fenêtre, les bras croisés sous son manteau, la tête penchée et le visage caché par les bords de son large chapeau. A l'aspect du vieillard, il se lève rapidement et s'avance vers lui ; mais tout-à-coup il s'arrête, pousse un cri étouffé et porte la main sur son stylet. Mathéo ne recula pas, mais il devint affreusement pâle et s'écria avec terreur :

— Don José ! don José !

L'étranger se rassit, saisit la main du vieillard, et l'attirant à lui avec une force irrésistible :

— Rends grâce à Biondita, lui dit-il ; sans mon amour pour elle l'assassin de mon père ne vivrait pas une seconde.

— Nos haines sont héréditaires ! dit avec calme le vieux Mathéo.

— Eh bien ! reprit don José, mon amour pour ta fille me fait renier la mienne. J'ai juré à mon père de le venger, mais il ne peut exiger que je lui donne le sang du père de ma femme, — car Biondita est ma femme, Mathéo, tu n'as plus le droit de me la refuser. Je pouvais la prendre et l'entraîner dans les montagnes ; je pouvais la flétrir, vois-tu, et puis te la rendre mourante et souillée, et venger ainsi doublement la mort de mon père, lâchement assassiné par toi. Je ne l'ai pas voulu. Mon amour pour Biondita n'a plus laissé dans mon cœur de place pour la vengeance. Je ne suis qu'un brigand, c'est vrai ; mais cette vie, ce n'est pas moi qui me la suis faite, c'est ton crime qui m'y a poussé. La mort de mon père nous a ruinés : pour soutenir ma pauvre vieille mère je me suis fait contrebandier, et entre le contrebandier et le brigand il n'y a que le cadavre d'un douanier. — Ecoute, il faut que ta fille soit ma femme, donne la moi. Je pars avec elle, et Gioseppo, que voilà ; nous irons à Caprée, à Elbe, n'importe où, vivre heureux et bénir ton nom, que jusqu'ici je n'ai prononcé qu'avec exécration.

Mathéo se recueillit un instant puis il dit :

— La volonté de Dieu soit faite !

Dégageant ses mains de celles de José, il alla ouvrir à Biondita qui priait en attendant qu'on l'appelât. La pauvre enfant pleura de joie lorsqu'elle apprit que tout était arrangé.

— Quand reviendras-tu ? demanda-t-elle à José.

— Demain, pour te voir..... Mathéo tressaillit à ce mot... Et après demain pour t'emmener, ajouta le jeune homme, et il partit.

Biondita avait eu à peine la force de s'arracher de ses bras ; quand il fut loin, elle se sentit le cœur si effrayé, qu'elle se prit à sangloter.

Une heure après le départ de José, le vieux pêcheur partit aussi : il allait, disait-il, à la ville préparer tout pour le mariage. Le lendemain, de très-bonne heure, il était de retour, morne, inquiet, silencieux, osant à peine regarder sa fille ; c'était sans doute le regret d'avoir bientôt à séparer d'elle. Le soir il reçut un message qui parut alléger le poids de ses mystérieuses souffrances, et il se prit à rire en repliant la missive.

— Est-ce de José ? demanda timidement Biondita.

— Oui, reprit le vieillard, cette lettre parle de José ; il

ne viendra pas demain, mais il nous attend à Bastia dans la matinée d'après demain.

— A Bastia, pensa la jeune fille, il n'était donc pas proscrit. Et elle eut un instant de joie : mais bientôt ses inquiétudes devinrent plus vives. Deux nuits s'écoulèrent pour elle dans les larmes et dans la prière.

Le jour fixé par Mathéo arriva enfin et s'annonça avec magnificence; un ciel pur, une brise suave, le parfum des fleurs, le chant des oiseaux, bannirent loin de Biondita toute pensée de tristesse. Elle revêtit sa plus belle parure, aida son père à achever sa toilette, et monta avec lui dans la barque qui devait les conduire à Bastia. Le vent soufflait du midi, les rameurs étaient vigoureux, on volait sur les vagues et en silence : Mathéo et sa fille avaient le cœur trop plein pour avoir beaucoup de paroles à échanger.

Au moment où la barque toucha le rivage, Biondita fut prête à défaillir en posant le pied sur les dalles de l'embarcadère.

Mathéo s'empara du bras de sa fille et se mit à marcher rapidement; son regard étincelait, sa figure était devenue farouche, ses mouvements étaient empreints d'un tel caractère de violence et de fatalité, que les passants reculaient étonnés.

Biondita pâlissait de plus en plus, un soupçon affreux commençait à s'emparer de son esprit, elle faisait des efforts pour ne pas avancer; mais l'étreinte qui l'entraînait, était plus forte que sa résistance, et elle marchait, les yeux brûlants, la figure contractée.

Cette lutte terrible, quoique silencieuse, attira l'attention de ceux qui traversaient la rue. Au moment où le père et la fille tournaient le coin d'une rue, un officier saisit le vieillard et l'arrêta. — Au même instant Biondita jeta un cri terrible et tomba à genoux à côté de son père, immobile et haletant. Elle ne pleurait pas, elle ne prononçait pas une syllabe ; mais son regard était horriblement fixe et elle tendait avec un effort convulsif ses bras vers l'extrémité de la place.

A l'extrémité de la place était dressé un gibet, au haut duquel était suspendu un cadavre. — Ce cadavre était celui de José.

Mathéo l'avait dit : les haines des Corses sont héréditaires, Mathéo avait vendu don José !

Biondita est devenue folle.

En ce moment un vieillard se présenta à la porte de la chaumière en demandant l'aumône. Je tirai ma bourse pour donner au mendiant quelque pièce de monnaie.

— Ne lui donnez rien, s'écria la vieille qui venait de me raconter l'histoire de la pauvre Biondita ; ne lui donnez rien, ce serait une mauvaise action.

Ce vieillard, c'était Mathéo le maudit.

Les amis de José, après avoir brûlé sa cabane et ses barques, lui avaient crevé les yeux.

Après avoir terminé sa petite histoire, notre jeune abbé me demanda avec le sans-façon des races italiennes, un cigarre et se mit à fumer aussi résolument qu'un carabinier papalin. Cette transition aussi brutale d'une narration qui venait d'impressionner tout un auditoire peu sensible à l'émotion lacrymale — au *far niente* qu'affectait le narrateur, me cloua la langue au palais, et machinalement je lui passai un second cigarre corse. Dans ce moment la calle du navire retentit d'un bruit épouvantable. — Qu'est-ce? Qu'est-ce? telle fut la question qui, semblable à une bourrasque, éclata subitement sur le tillac où nous étions, — et assourdit d'une manière momentanée tout le bâtiment. C'était tout bonnement et simplement vingt chevaux corses qui, enfermés à fond de cale et privés de nourriture depuis presque quarante-huit heures, frappaient le parquet du navire de la façon bruyante qu'ont l'habitude de le faire ces nobles animaux lorsqu'ils *s'embêtent*, ainsi que le disait trivialement leur cornac.

Quadrupedante putrem sonitu quatit ungula campum.

Ce vacarme nous fut favorable comme on va le voir, tant il est vrai qu'il n'est point de faits puérils.

Depuis deux jours le *Commerce de Bastia* se dandinait comme un freluquet, ballotté à droite et à gauche par le remous, et il lui était impossible de sortir de son inaction. Or, les vivres tant pour les hommes que pour les chevaux manquaient complètement, et l'on était peu disposé à se manger mutuellement à l'instar des naufragés de la *Méduse*. C'est pourquoi l'on demanda impérativement au capitaine l'autorisation de mettre un canot à la mer afin de nous transporter sur la rive à deux lieues d'Hyères, dans une espèce de crique où nous apercevions le bureau de la douane. Le capitaine refusa net. L'homme aux chevaux, le plus intéressé à la chose, insista d'une façon si absolue, qu'enfin nous pûmes débarquer à deux milles de la côte. Grâce au vacarme chevalin, nous eûmes ainsi le droit d'aborder.

Il y eût dans ce moment un désordre indescriptible dans tout le navire. C'était à qui se hâterait de faire embarquer ses effets dans le canot. Dans cette bagarre, le jeune séminariste laissa tomber son bréviaire dans la mer et n'abandonna pas cependant son cigarre qu'il serrait entre des dents d'émail.

Au milieu de ce débarquement improvisé, il y avait pour moi un tout petit inconvénient, quelque chose qui se dit tout bas, à l'oreille. J'étais un contrebandier! J'avais bien environ deux cents cigarres placés un peu à droite, un peu à gauche, et, devant moi, stationnaient, à une portée de carabine, des douaniers qui semblaient nous flairer, et moi en particulier, en conséquence je m'empressai de réunir ma petite cargaison en une seule et unique cachette que favorisait l'ampleur de mon paletot ; c'était le seul parti qu'il me fût permis de prendre. Le douanier a l'œil fin ; cela est dans ses attributions. Un de ces fonctionnaires, calorgne de naissance — je le suppose — avait probablement remarqué à distance mes petites évolutions. Il m'avise, et de son ton le plus railleur, il me tint exactement ce langage :

— Monsieur a-t-il quelque chose à déclarer?

— Oui, brave douanier, répondis-je, je dois vous avouer que je dévore la faim, comme on dit à bord du *Commerce de Bastia.*

— Ça n'est pas de cela dont il s'agit, riposta le malencontreux préposé aux objets de contrebande. Avez-vous quelque chose sujet aux droits?

— Absolument rien.

— Alors, suivez-moi et entrez au bureau.

Le calorgne me fit passer devant lui, et dans le corridor de son affreux repaire, il eut l'indélicatesse de me palper. Le maladroit, par bonheur pour moi — ne s'aperçut point que deux énormes poches ballotaient comme deux battants de cloche sous mon vêtement. Il n'avait qu'un œil, et ce n'était pas l'œil phalanstérien heureusement. Enfin j'entre dans le bureau de la douane pour subir un nouvel interrogatoire comme aussi un nouvel examen. Décidément je passais pour un suspect, et j'avoue que mes jambes commençaient à flageoller ; cependant je tins bon ; je chassai la rougeur qui me brûlait les joues, j'essuyai la sueur qui me couvrait le front... et..... je fus renvoyé comme un honnête..... contrebandier. Au seuil de la porte, je rencontrai de nouveau mon caliborgne qui se tenait là comme un chien couchant en arrêt. De son œil de travers il scrutait encore tous mes mouvements ; il paraissait me flairer avec son nez — sans doute il avait rêvé que j'étais sa proie : décidément cet homme devenait mon point de côté, mon cauchemar. Pour le dépister j'agis comme si une violente colique me tordait les entrailles — peine perdue ! il eut l'impudeur de me suivre là où on a l'habitude d'aller seul. Cependant mon héroïsme fut récompensé, après cette dernière épreuve ; le susdit fonctionnaire disparut comme un mauvais rêve, et mes cigarres furent sauvés. Ce néanmoins, à partir de cet incident mémorable qui restera éternellement gravé dans dans ma mémoire, non pas en lettres d'or, j'ai eu une répugnance marquée pour les douaniers caliborgnes, bien que j'avoue avoir souvent trouvé du bon chez les préposés de cette espèce qui patrouillent vertueusement sur nos frontières.

Les formalités d'usage en douane remplies, sans que mes poches aient été contraintes de dégorger les produits qui sont condamnés en France, ou soumis aux droits protecteurs qui signifient dans ce cas : interdiction, il nous fut loisible de porter nos pas partout où bon pouvait nous sembler. J'étais saturé de voyages, et, à part moi, je trouvai que le vieux roi d'Ithaque, l'époux de la fidèle et vénérable Pénélope, avait été très-malheureux de se promener durant dix années, après avoir eu la constance d'assiéger Troie un pareil laps de temps. Aussi à peine avais-je touché le sol français que je ne songeai plus à mes velléités de touriste — je n'eus qu'un seul et unique désir, retourner au plus vite vers mes pénates essculés. Aussi plus de notes de voyages, plus de dessein de remémorer plus tard mes souvenirs ; j'oubliais Rome pour Epernay, et je me surprenais à murmurer ce vieux et sentimental refrain dont je tronquais la versification : le plus beau pays est celui où l'on a reçu le jour !

Le Français n'est pas né pour les voyages ; comme disent les phrénologistes, il n'a pas la bosse de la pérégrination, et loin de trouver ma nation humiliée de ce signe caractéristique je m'en console gaîment en chantonnant : c'est encore chez soi que l'on est le mieux.

Pourtant la Provence est un beau pays, son ciel est splendide, mais la Champagne a bien son mérite, et, mon cher Desroziers, c'est au milieu de ces réflexions plus ou moins banales qu'égayait la pensée du retour que prosaïquement et bourgeoisement, de relais de poste en relais de poste, je me retrouvai une seconde fois à Lyon.

LETTRE DIXIEME.

**Le retour.---Les Artistes.---Comme quoi peut finir un Jocrisse.
Addisson et Goëthe.**

> ... Y a-t-il encore quelque chose à grincher ?
> EUGÈNE SUE.

> Voyage, voyage,
> Désormais qui voudra ;
> Jamais cette rage
> Ne me reprendra
> *Chanson populaire.*

Lyon, avril 1842.

Me voici de retour à Lyon ; pour y arriver nous dûmes éprouver la difficulté contraire à celle qui s'opposait à notre descente sur le Rhône. Aujourd'hui les eaux sont trop fortes. La Saône était répandue dans les campagnes sur une étendue de quinze à vingt lieues, et en quittant Lyon pour revenir en Champagne, nous dûmes passer par Bourg.

De Lyon à Troyes, le temps s'écoula comme il s'écoule toujours : trop lent pour celui qui a hâte d'arriver et trop court pour celui que rien n'appelle.

Entre Dijon et Châtillon-sur-Seine, à onze heures du soir, il se présenta une petite circonstance, un incident minuscule, quoique caractéristique, qui vint rompre la monotonie de ce voyage si accidenté dès le début. Cette circonstance avait son bon et son mauvais côté, ainsi réparti : Une étude de mœurs et la perte d'une montre ou de tout autre objet.

La diligence venait de s'arrêter en face d'une auberge de médiocre apparence, et d'un volet mal joint sortirent ces paroles au langage rauque et brutalement impérieux.

— Ohé, conducteur, avez-vous de la place?

— Oui, combien êtes vous?

— Trois bons drilles, clama la voix enrouée, moi, ma femme et une moutarde. Il y a pour tout bagage une guitare et un violon — v'là tout le *biblot* ; ça ne compte pas.

— Avez-vous d'autres effets ? reprit le conducteur.

— Ils sont sur notre dos, comme de vrais escargots, quoi! dit à son tour un être à tournure ignoble qui se dénommait l'épouse du monsieur.

Pendant ce petit colloque, le conducteur était descendu de son siège et ouvrait la portière de l'intérieur. C'était dans ce compartiment de la voiture que je cherchais vainement le sommeil.

— Entrez-ici, s'écria le conducteur.

— Hé, houp! dans la boîte, vociféra la voix rauque.

Ce disgracieux trio prit place près de nous. Par malheur, aucune lumière n'était venue éclairer les visages de ces nouveaux hôtes; malgré cela, nous dûmes comprendre, au langage exprimé dans le dialecte du bagne, et aux exhalaisons fétides sortant de ces poitrines avinées, que là, près de nous, ne devait pas reposer la crème de la société, l'élite de la nation française.

— Comme François sera surpris quand il nous saura décampés !

— Oui, répondit l'objet qui s'intitulait une femme ; mais qui paiera les deux *balles* quatre *ronds* que nous redevons au moins, car c'était un *crâne* souper ?..

— Peuh ! ne parlons pas politique, de crainte.....

— Les bourgeois dorment, glapit la matrone en nous désignant.

On nous inspecta autant que l'obscurité pouvait le permettre : nous fermions les yeux, et la conversation reprit son cours, mélangée des tropes si familiers aux pensionnaires de Toulon.

— J'ai fait la *toquante* à ce *philistin* de Pansart. As-tu vu comme j'ai *bâclé* la *lourde* d'une drôle de façon, et s'il avait *jaspiné*, je l'aurais *estourbi* de mon *surin* — et la phrase se termina par un sifflement de vipère....

— Oh ! oh ! toi, ajouta l'épouse, t'a toujours le *trac*, toi.

— Un peu, mon neveu, fut le dernier mot de la causerie qui vint mourir sur les lèvres épaisses de cet échappé de la chiourme.

Ces nouveaux compagnons n'étaient guère rassurants, car, grâce à la lecture des *Mystères de Paris*, leur langage n'avait rien d'énigmatique pour mes oreilles, et résonnait d'une façon qui faisait rebrousser chemin au sommeil le plus opiniâtre.

Cependant il aurait été imprudent de leur imposer silence ; nous n'étions que deux contre deux, puisque la femelle pouvait bien compter pour un homme dans l'hypothèse d'une lutte, et nous ne possédions pour armes défensives que nos parapluies, tandis que ces bandits avaient, comme ils le disaient dans leur jargon, dont le dictionnaire s'édite dans les maisons de réclusion, un bon *surin*. Ce mot seul me faisait tressauter au milieu de mon sommeil factice. Mourir d'une balle, d'un coup d'épée, cela ne répugne pas d'une manière absolue à nos idées civilisées; mais tomber sous le couteau, sentir cette lame courte, trapue, froide et bien ou mal aiguisée, vous scier en quelque sorte les chairs, vous trouer la peau en criant comme le couperet du boucher, c'est à vous faire frissonner en dépit du courage le plus énergique. Au fond, ce n'est qu'une prévention de mœurs, ce n'est qu'un détail d'habitudes, car mourir d'une manière ou d'une autre — peu importe en définitive. Pourtant le substantif couteau me faisait horreur, et longtemps cet instrument a éveillé en moi des souvenirs peu agréables.

Tandis que ces bohêmes s'entretenaient joyeusement — c'est le mot vrai, tandis qu'ils s'inquiétaient, ainsi que d'honnêtes gens pourraient le faire, des petits détails de leur affreux ménage avec un calme et un sans-gêne qui démontraient combien était exigue leur conscience, si toutes fois ils en avaient eu une — je m'arrangeai de manière à éviter tout reflet, toute lumière, et sans trop bouger, m'accoutumant peu à peu à l'obscurité, et les yeux à demi fermés, je parvins à voir assez ce couple hideux pour être à même de crayonner tant bien que mal son esquisse.

L'époux, ou prétendu tel, était borgne. Sa chevelure hérissée était recouverte par une casquette informe. Sa face disparaissait sous une barbe sauvage qui devait être rousse, et au milieu de ces poils incultes et d'une longueur démesurée, on n'entrevoyait qu'un œil semblable, par son fauve éclat, à celui d'un hibou. Son nez monstrueux, écrasé, aplati, îlot violacé, était perdu sur cette boule informe que décemment on ne pouvait appeler une tête.

Une blouse sordide, puante, mouillée de sueur et de boue,

à en juger par les diverses émanations qui en sortaient, couvrait des membres qui devaient être ceux d'un Hercule. Le pantalon avait jadis servi à un soldat; il était rouge, et avait une solution de continuité à la hauteur des deux genoux. Les souliers étaient à l'avenant. Quant à la femme, son portrait est indescriptible.

Monstrum horrendum, informe, ingens, cui lumen ademptum!

Pire que le monstre du poète, elle avait deux yeux — deux bons yeux qui passaient nos personnes en revue avec une amoureuse attention.

Un chapeau de paille — je ne sais s'il était né sur les bords de l'Arno — mais en tout cas il avait subi des myriades de transformations, lui enveloppait la figure. Une chiffonnière parisienne, une balayeuse des rues de Londres, derniers degrés de la misère et de la malpropreté humaine, n'en auraient point voulu. Un lambeau de vieux châle en coton se liait autour de son corps, et couvrait un cou de cigogne, et un buste aussi plat que possible. La robe, sur le devant de laquelle s'étalait un tablier presque neuf, de serge rouge, semblait vouloir rivaliser avec le pourpoint d'Arlequin, tant elle offrait de points de suture et de compartiments divers. La chaussure se composait d'une paire de bottes, aux talons rudes et grossiers — qui se posaient sans gêne et d'une façon toute masculine sur nos pieds. Pourtant à un mouvement de douleur que m'occasionna ce contact, l'époux murmura d'une voix basse, qui exhalait une odeur avinée et alcoolique:

— Fais attention la vieille, tu vas les réveiller, et nous ne pourrons voir s'ils ont quelque chose de bon à *grincher*.

Je me pelotonnai, l'esprit toujours préoccupé du *surin*.

Toutefois mon calme apparent, les mit à leur aise, et leur

conversation reprit son cours. D'après leur ignoble langage que je traduisais assez couramment, je compris bientôt le motif qui les avait fait nos compagnons. Au cas probable où ils iraient rendre compte de leur existence devant l'une des cours d'assises de France, je dois tout d'abord déclarer qu'il n'y avait pas préméditation dans leur ascension au sein de la diligence. Tant mieux si cela peut leur valoir les circonstances atténuantes — mais franchement, dans cet instant je n'eus point cette pensée; seulement je me sentis un peu rassuré, en comprenant qu'ils n'étaient à mes côtés que par le simple effet du hasard.

Le hasard est parfois une sotte chose!

Le métier avoué de ce noble couple était celui de saltimbanque. Ils s'appelaient artistes! *Quò usque tandem abutere patientiâ nostrâ, Catilina!* Le mâle avalait des sabres, des étoupes crues ou enflammées — la femelle jouait les femmes sauvages. Quant au *mioche*, comme ils disaient, il fesait la *manche* — il quêtait, il mendiait.

Mais à ce métier s'ajoutaient de très-nombreux accessoires, dont le principal instrument me parut être le *surin*. En ce moment, parce que la saison était mauvaise pour les artistes, ils vendaient des complaintes relatant un assassinat horrible dont le sinistre héros avait été guillotiné à Dijon quelques jours auparavant. Pourtant ils n'avaient pas fait de brillantes recettes, car après une journée dans laquelle ils n'avaient pas *étrenné*, ils avaient dû entrer, sans un centime en poche, dans l'auberge principale du village où ils étaient montés en diligence.

A défaut de monnaie de billon ils avaient un appétit féroce, aggravé par une longue marche; aussi le cabaret, l'auberge sur laquelle ils avaient rapidement jeté leur dévolu, eut-elle à leur fournir un copieux repas. Comme c'est l'habitude de ces artistes de manger bon et beaucoup — comme souvent sous ces vêtements sordides on rencontre maintes pièces blanches — on accueille dans les villages ces bandes de bohémiens avec certaine prédilection. Elles dépensent largement, et puis leur langage bizarre, leurs chansons, leurs lazzis, leurs histoires, tout cela plaît à la curiosité villageoise ; c'est pourquoi on les sert comme des princes, et les domestiques du sexe féminin sont les plus ardentes à s'empresser autour d'elles.

Nos compagnons n'étaient pas seuls pour ce festin, ils avaient en leur société un jeune homme qui remplissait, lors de leurs représentations, le rôle obligé du Jocrisse de la troupe, la cheville ouvrière de la parade. Ce dernier, dont la figure pouvait réellement s'appeler une figure, nom que l'on avait le droit de dénier à la face qui se trouvait placée vis-à-vis de moi — ce dernier avait bientôt amassé autour de lui tous les habitués du cabaret, ainsi que tous les voyageurs rustiques attendant leur souper, en leur débitant depuis l'alpha jusqu'à l'oméga, les joyeusetés peu chastes et peu morales de son répertoire.

A la faveur de cette réunion improvisée, les maîtres, les patrons, comme disait Jocrisse, avaient eu le temps et l'occasion d'exercer sur les poches des habitués leurs talents de prestigiditateurs ; mais la recette avait été maigre. Le paysan qui va au cabaret porte à peine sur lui les quelques sous qui doivent payer la chopine ou la bouteille qu'il a l'intention de boire. Nos artistes avaient donc triste mine quand vint un riche cultivateur d'un village voisin, qui se rendait le lendemain à une foire des environs.

Tandis qu'il écoutait les lazzis de Jocrisse, bouche béante, un gros rire sur les lèvres, pendant que dans sa naïveté il s'applaudissait intérieurement d'assister au spectacle sans bourse délier, les mains de la matrone doucement glissées sous sa blouse avaient reconnu l'existence d'une montre et d'une bourse de cuir qui devait renfermer autre chose que du billon. C'était le butin cherché — on engage notre homme à souper à la même table, et on se met à manger sans inquiétude. Jocrisse tout en remplissant son estomac poursuit la narration de ses histoires; le cercle reste aussi compacte autour de lui, et on rit d'autant plus qu'une ivresse réelle ou simulée, en alourdissant sa langue laisse tomber des mots moins enveloppés de périphrases. Mais à ce moment, il cherche une vraie querelle d'Allemand au campagnard possesseur d'une montre, il veut le battre, et pendant qu'on s'efforce de les séparer, tandis que les artistes s'épuisent en apparence à empêcher toute rixe, la montre passe dans le gousset du pantalon rouge, et la bourse va s'engouffrer dans la vaste poche placée sous le tablier de la femme sauvage. Cela fait, et tandis que Jocrisse revenu à des sentiments plus humains, veut trinquer de force avec le campagnard qu'il n'a pas pu charger de coups, le couple disparaît sous prétexte de prendre l'air, et va dans un sale taudis situé sur la grande route attendre la diligence. Tel était l'incident qui nous avait renforcé de trois voyageurs.

Et ils riaient les honnêtes gens, en racontant ce vol, et ils riaient de manière à me faire courir un frisson mortel jusque dans la moëlle épinière.

Ce n'était pas tout à fait le vol qui occasionnait leur plus grande hilarité: c'était la situation équivoque dans laquelle avait dû se trouver Jocrisse après leur brusque départ. La femme surtout, autant que j'en pouvais juger par le grincement de ses dents, par ses hoquets sauvages et le trépignement dangereux de ses bottes, ne pouvait maîtriser sa gaieté.

L'époux tenait en main la montre et de temps en temps il l'approchait de la portière, l'endroit le moins sombre de la diligence, comme s'il en voulait estimer la valeur.

— Quelle drôle de frimousse doit faire Paillasse ?

— Hi, hi, hi ! répondit la femme.

— Après tout, fit l'homme, c'était un propre à rien.

Paillasse ou Jocrisse, comparativement à ses maîtres, devait être un honnête homme, et pourtant suivant les probabilités, c'était lui qui allait payer pour les autres.

— Il n'y a rien à regretter, glapit la matrone, il était porté sur sa bouche et il avait peur d'un *surin* comme un chien des coups de bâton. Puis cela dit sentencieusement, elle reprit son rire fauve et saccadé qui me donnait des picotements comme si une pelotte d'aiguilles se trouvait dans les coussins, du reste peu moëlleux, de la diligence.

— Mais, j'y pense, murmura l'artiste, si le *philistin* était juché sur l'impériale, ce serait là une drôle de farce.

Il y eut un moment de silence.

— Oh ! bah ! Il n'y a pas de danger, il est toujours à boire.

— Euh ! qui sait, nous serions crânement *pincés*.

— Tu as toujours peur.

— Faut de la prudence !

La matrone ricana de rechef.

— Vas-tu te taire, vieille gueuse, souffla à voix basse

l'époux, j'ai mon idée et je n'ai pas envie d'aller en prison tandis que nous avons un bon magot à *défiler*. Ces coquins de gendarmes boiraient un fameux coup à notre santé. Je ne sais pas qu'est-ce qui me dit que le *philistin* est là haut, et je ne veux pas attendre jusqu'au relai ; s'il nous voyait le *pansart* il hurlerait jusqu'à Pékin.

— Allons donc !

— Non, non, pas de çà Lisette. Tâtes moi un peu si les bourgeois ont quelque chose de trop, et pendant que la diligence montera la côte nous nous *esbignerons* par le petit sentier, tu sais.

En vertu de l'obéissance conjugale, la femme sauvage ne combattit point davantage les objections sensées de l'époux ; elle nous palpa consciencieusement sans rien trouver, et pour cause, puis tandis que la diligence gravissait avec lenteur la montée, les artistes descendirent doucement et disparurent dans le petit sentier dont le mâle avait parlé.

Je respirai bruyamment : mon cauchemar s'était envolé.

Pourtant au relai suivant j'eus la curiosité de savoir si, suivant les prévisions des saltimbanques, le campagnard était juché sur l'impériale. Il n'en était rien, et mes interrogatoires auprès du conducteur n'aboutirent à aucun renseignement plus ample — l'histoire qui avait passé devant mes yeux manquait de dénouement.

En somme je ne le regrettai point le moins du monde, car une minute de réflexion, minute froide et glaciale me convainquit que ma propre personne aurait bien pu en définitive servir à ce dénoûment, que mon imagination effrayée rêvait en concordance avec le jargon de mes anciens compagnons de route.

Cette scène de bandits m'avait tellement impressionnée, cette dégradation de l'espèce humaine m'avait occasionné de si sinistres émotions, le contact de ce rebut de la société m'avait si bien engourdi d'effroi que mes facultés étaient asphyxiées, et à un point tel, que, me trouvant seul dans le compartiment de la voiture, après la disparition subite de ces malandrins, avec lesquels le lecteur a pu faire une peu agréable connaissance, je fus pris d'un sommeil léthargique et que je me trouvai transporté comme dans un songe fantastique jusques à Troyes.

Là, seulement, je pus rassembler mes souvenirs, et l'impression avait été si profonde à l'endroit de la scène de la veille, que je me demandai si je n'avais pas été en proie à quelques hallucinations. Peut-être aurais-je fini par en être persuadé, si au premier relai, en levant les yeux vers l'impériale je n'avais aperçue la vérité encore là debout, sous la forme du malheureux Jocrisse, du complice peut-être involontaire des bohémiens de Châtillon-sur-Seine. Il n'y avait plus à douter, car sans avoir de ma vie contemplé ce nomade acolyte de mes anciens compagnons — mes souvenirs étaient assez vivaces pour le reconnaître. Il n'y avait que lui capable de figurer avec les artistes qui nous avaient si brusquement quittés. Seulement comment se trouvait-il là tandis que je le plaignais, *in petto*, d'avoir à débattre sans argent son écot et celui de ceux qui l'avaient si lâchement abandonné ; c'est ce que j'avais grande peine à m'expliquer. Mais, admettre un instant que ce personnage ne fût pas le Jocrisse en question, ne me vint pas à la pensée. L'association d'idées s'était faite dans ma tête, et rien n'aurait pu me contraindre à supposer autre chose.

C'était un grand garçon, blême, maigre comme une semaine de carême, au nez crochu et enluminé, aux cheveux d'un blond de chanvre : à coup sûr il avait le physique de l'emploi, il était né pour la profession qu'il remplissait. Jettez sur ce corps assez long, une casaque rouge à collet noir et droit ; plantez sur cette tête une espèce de chapeau à claque, où il ne reste plus qu'un tronçon de plumet ; accoutrez le bas de l'individu avec un pantanlon jaune serin en haut, couleur nankin vers les pieds : pour compléter le vestiaire, mettez pour chaussure un soulier à gauche, une botte éculée à droite, et vous aurez un fidèle daguerréotype de l'apparition qui frappa ma vue au sommet de la diligence, lorsque je descendis sur le marche-pieds de la voiture.

Si peu curieux l'on soit, on l'est toujours, à quelque sexe on ait l'honneur d'appartenir. Cette fois la curiosité était mon droit, aussi n'eus-je rien de plus pressé que d'aller m'enquérir auprès du conducteur, de l'histoire du susdit voyageur, et surtout de l'endroit où il avait pris la voiture. La réponse nette et positive de ce fonctionnaire fit envoler jusqu'à l'ombre des soupçons qu'il m'aurait été loisible d'engendrer. François — surnommé Jocrisse — était monté en diligence à une portée de fusil de Châtillon-sur-Seine !

J'appris du conducteur, par la même occasion, que le Jocrisse en question appartenait à une famille honnête des environs d'Epernay, mais que la dissipation l'avait réduit à cet état abject, auquel cependant il paraissait vouloir renoncer. C'était même sur les beaux sentiments, développés à ce sujet par l'ex-Paillasse, que le brave conducteur avait risqué de lui faire l'avance d'une place d'impériale.

Cet incident servit de thème à mes méditations jusqu'à mon entrée à Epernay. Jocrisse m'avait fait oublier Rome !

Depuis, j'ai rencontré dans les rues de notre cité ce héros de la bohême peu scrupuleuse. Il est loin de se douter, qu'il a été plus d'une fois coudoyé par celui qui connaît le dernier épisode de son Odyssée, et qui a, en quelque sorte, assisté au dénouement final de sa vie ambulante. Aujourd'hui il est devenu un homme laborieux — il a passé l'éponge sur sa vie de dissipation et de fainéantise. Il n'est plus artiste!

A tout péché miséricorde! Il doit lui être beaucoup pardonné, car...... il a beaucoup péché.

Si ce n'était la crainte de perpétrer la plus épaisse des banalités, la plus abominable des trivialités, je dirais qu'en fait de voyages rien ne ressemble moins — au départ que le retour. Quoiqu'on en puisse affirmer, et, en dépit de l'opinion généralement reçue et admise, le départ a quelque chose de gai — il y a bien une tristesse de convention, peut-être même une larme versée par hypocrisie — mais tout cela ne saurait empêcher qu'au fond, qu'en réalité, le départ ne soit gai.

Le départ : c'est l'avenir.

Quant au retour, à part la joie de convention aussi que l'on est en quelque sorte tenu d'exprimer devant ceux — ou celles — qui vous reçoivent ; à part le plaisir matérialiste de ne plus avoir à supporter les mille petites fatigues du voyage, ses dérangements sans nombre, ses péripéties qui ne sont pas toutes agréables — à part ces minimes particularités, le retour est triste. Sans adjoindre des commentaires plus ou moins idéologiques :

Le retour : c'est le présent, c'est le passé.

Toutefois, grâce à Dieu, et à sa Très-Sainte Mère, comme ne manquent jamais d'ajouter les Italiens — je n'avais rien à reprocher au présent, et peut-être bien n'avais-je pas grand'chose à envier au passé, même à cette période qui représentait mon voyage, ou pour parler plus correctement — à cette période qui correspondait au laps de temps dévoré par mes nombreux voyages.

Epernay était toujours à sa place, avec son église décrite d'une façon si épigrammatique, par V. Hugo :

> Qui depuis.... mais alors il était pair de France !

Le Cubry coulait toujours dans son enceinte et le long de ses promenades : on s'inquiétait plus que jamais du chemin de fer de Paris à Strasbourg qui devait établir une de ces stations dans l'enceinte de nos murs — enfin on s'entretenait tout doucement de la réforme électorale.

O poétique Italie, Espagne ardente et chevaleresque ! ces mots : rail-way — réforme électorale, n'existaient point encore dans vos vocabulaires — en quittant la poésie pittoresque et amoureuse, les monuments grandioses et les beaux-arts éternels, je retombais dans le prosaïsme de la vie réelle et dans le jargon du positivisme. Et pourtant le soir de mon retour — en méditant sur ce contraste, je me rappelai avec un singulier sentiment de conviction ces mots que j'avais si souvent trouvés ridicules au temps jadis. — Il n'y a de vrai bonheur sur la terre que celui de faire son pot-au-feu.

Ami Desroziers, tu vas crier au blasphème, tu vas incontinent me citer, au sujet de mon épilogue, la fable de la *Montagne qui accouche d'une souris.* — Soit. — La pensée ci-dessus mentionnée n'est pas de moi. Elle appartient à Addisson, un anglais qui compte honorablement parmi les ancêtres du journalisme. Mais au risque de passer pour un pécheur endurci, sans m'inquiéter de mourir dans l'impénitence finale, je te dirai que cette pensée n'est pas dénuée de bon sens et de véritable philosophie, surtout quand on lui donne pour complément ce fragment d'une lettre de Goëthe, écrite après son retour de Paris, fragment qui me servira de péroraison : — On n'est nulle part aussi bien que chez soi.

EPILOGUE.

Notre volume, avant d'endosser le format d'un in-octavo, comme vers les premières gelées de l'hiver on revêt avec un voluptueux plaisir un paletot baptisé de n'importe quel nom, s'était tout d'abord étalé sous la rubrique modeste de : feuilleton, au bas des colonnes d'un journal. C'est l'usage. Or, quelques jours avant que la phrase sacramentelle : la suite au prochain N°! ne fût remplacée par le mot : fin — il nous arriva par la poste, une lettre monstrueuse. Une de ces lettres au ventre rebondi, que la poste met à l'amende à cause de leur obésité, et qui font rarement plaisir à celui qui les reçoit et qui est contraint de payer leurs frais de route. Cette épître dont l'enveloppe était maculée par deux ou trois timbres plus mal imprimés les uns que les autres ne pouvait indiquer sa provenance. Dans le cercle huileux où doivent se trouver le nom du bureau de départ, la date du mois, le mois lui-même et le millésime de l'année, le hasard, ou mieux l'impéritie habituelle et la précipitation des employés de l'administration des postes avaient fait que l'on ne pouvait lire le nom de la ville qui nous avait expédié ce colis. Je consultai quelques savants, membres bienheureux, soit de l'académie de Châlons soit de l'académie de Reims, je leurs soumis mes timbres, et après quarante-huit heures de recherches patientes, d'efforts herculéens, de labeurs prodigieux, ils me déclarèrent à l'unanimité que la première lettre du timbre de départ était un B. Quand aux autres lettres, ils les déclaraient indéchiffrables.

Que faire après cette solennelle déclaration? Fallait-il tenter une découverte à laquelle avait échoué la science départementale? Devais-je m'exposer à une ophtalmie en voulant lire à toute force les hiéroglyphes que n'avaient pas su traduire des yeux habitués à déchiffrer au premier coup-d'œil des médailles grecques, romaines, gauloises, bactriennes, égyptiennes, perses et mèdes? C'eût été folie. J'allai tout bonnement consulter l'administration des postes. On me répondit comme Mahomet : ce qui est écrit est écrit !

La consolation était chétive.

Encore si la lettre prévoyant ce grave incident avait indiqué — comme d'habitude, la localité où elle avait été écrite. Point. Ceci avait été formellement oublié.

Pourquoi?

Franchement nous l'ignorons toujours. En tout cas, d'après le contenu, nous pûmes supposer que ce colis abominable, qui nous revenait à trois francs soixante centimes, — la république n'avait pas encore été créée pour abaisser la taxe des lettres — nous pûmes approximer que cette épître colossale avait pris naissance soit à Bayonne soit à Bordeaux.

Laquelle des deux villes?

Un instant nous eûmes encore la velléité de retourner en consultation auprès des susdits académiciens dont nous venons de parler ; mais...... chatte échaudée craint l'eau froide. Bénignement nous ajournâmes le chapitre trop long des recherches, et sans nous inquiéter davantage — et du lieu de naissance de notre lettre, et de l'auteur mystérieux, et de l'écriture inconnue, et de mille autres choses qu'Homère aurait fait jadis entrer dans ses poétiques énumérations — nous nous décidâmes à mettre au jour le volumineux colis — qui — inspiré par nos *Tablettes d'un Champenois*, nous critique parfois, comble des lacunes que notre mémoire n'avait pas entrevu et nous conte quelques histoires qui ne seront pas déplacées ici, nous l'espérons, et qui — continueront à prouver plus que jamais : que tout chemin conduit à Rome !

Ici, et après cette harangue préparatoire, nous saluons humblement le lecteur — ce qui va suivre n'est pas à nous — ce n'est point notre enfant — c'est un orphelin auquel nous donnons asile jusqu'à ce que le père vienne le réclamer. Rien de plus. Aussi, cela fait, cela dit, nous nous lavons les mains comme jadis Ponce-Pilate.

CHAPITRE PREMIER.

La Critique. — Le Journal du Colonel. — Les Sapins. — La Diligence renversée. — Une Lettre passionnée. — Les deux Pigeons.

Mon cher Victor, je viens de lire ton volume avec autant de conscience que si moi-même je l'avais écrit. C'est là j'espère un superbe compliment. Par le temps qui court on lit peu. Les heures ne valent plus soixante minutes comme autrefois, notre civilisation, a changé tout cela. Je ne dirai pas comme Hamlet : Est-ce un bien, est-ce un mal ? j'accepte le fait en le constatant. Pour être heureux il faut agir de la sorte, et ne pas plus s'inquiéter du nuage qui passe que de la fleur qui se fane. Cependant, en dépit de cette vérité axiomatique, je dois convenir que les *Tablettes d'un Champenois* m'ont fait passer quelques heures heureuses quelques doux instants des souvenirs de jeunesse que je supposais à jamais anéantis sous le faix écrasant des années qui s'accumulent sur mon chef dégarni.

Bon, voilà que je fais des confidences.

Ce néanmoins, il ne faut pas t'enorgueillir prématurément ; il serait malsain — pour ton esprit, de juger que tout est bien, beau et bon, et qu'il ne reste plus qu'un point d'admiration à aligner à la fin de chaque mot. L'orgueil littéraire est comme la boîte de Pandore, tous les vices y sont

renfermés. Par ce fait minime que je te décerne un exorde de panégyrique ne vas point estimer que j'aie jeté au feu les verges d'Aristarque : enveloppé dans mon grand manteau de philosophe cynique, je dis avant d'allumer ma lanterne :
— Ceci est vrai — cela est exact. L'ensemble ne me paraît pas défectueux, il y a de l'intérêt et de la science : la description s'encadre bien avec les épisodes, et les réflexions ne sont pas — ainsi qu'on le dit vulgairement, tirées par les cheveux. Ce qui prouve — soit dit en passant, que la réflexion n'a pas l'occiput chauve. Je pourrais peut-être encore ajouter, tout le temps que je suis sur la grande route de la louange — le style est doux et coulant, il respecte avec une sagesse utile la constitution de la grammaire et la charte du bon goût. Mais après l'exorde vient la narration. — Ici le philosophe cynique, c'est-à-dire, moi, ton ami inconnu, ton compagnon invisible, ton commentateur anonyme — moi qui te tutoyes et dont tu ne saurais reconnaître la voix, dont tu ne peux deviner l'écriture — moi enfin dont le nom commence par une lettre ou par une autre, et tu peux chercher dans la sempiternelle litanie de tous ceux que tu as appellé ou qui t'ont nommé : ami — moi le x algébrique que tu ne peux dégager en déroulant équations sur équations, moi que tu peux formuler savamment de cette manière : $a + b = x$, moi je prends l'allumette chimique et j'allume ma lanterne.

Ah! seigneur Jésus, comme disaient ces belles espagnoles que tes yeux ne me paraissent pas avoir suffisamment considérées. — Ah!!!.... mets en cet endroit autant de lignes pointillées que tu le voudras, et quand tu seras arrivé à cent et une — nombre mystique, tu apprécieras par l'éloquence desdites lignes, combien j'aurais de critiques à insérer sur les *Tablettes d'un Champenois*. Cependant en raison des liens d'une amitié fraternelle, eu égard aux souvenirs d'une jeunesse qui ne reviendra plus, hélas! car nous ne reverdissons pas comme les arbres, je laisse en blanc les lignes pointillées — c'est-à-dire la critique :

Malus absentem qui rodit amicum.

a dit Horace, et dans ce moment tu es pour moi l'ami absent ; or je respecte l'absence autant que Lafayette en cheveux blancs, comme disait autrefois la chanson, et coupant court à la narration de ma harangue, je saute avec brusquerie, ainsi que ces chamois pyrénéens dont tu n'as pas parlé, à la péroraison. Pour ce paragraphe j'ai réservé pieusement tous les oublis que tu as perpétrés, attention délicate, attention qu'un ami seul comme moi, qu'un ami incognito pouvait te présenter sous forme d'appendice. Un membre de la société des gens de lettres n'agirait point de la sorte, je le sais, aussi ne suis-je pas un des affiliés du fameux Bulletin mensuel qui a la prétention d'être l'organe de la littérature française actuelle — je suis..... pardieu! je suis ton ami et c'est assez — ne vas pas confondre avec cétacée, car ce calembourg est vieux plus qu'Hérode. Du reste ne cherches pas mon nom, laisse-le à l'état de mystère, ou sous forme d'une de ces énigmes qui continuent à s'épanouir au bas de toutes les feuilles départementales qui se respectent. — Cela sera le parti le plus sage et le plus sensé — sinon je te chanterai la chanson des enfants, quand le *bernaou* sparnacien pousse avec les bourgeons du saule ou du marronnier :

Cherche, cherche, macaron,
T'es ben arri de ta maison.

Ceci dit, je souffle la lumière de ma lanterne, j'oublie Diogène, mon patron, et en guise de critique je vais te signaler les lacunes, te parler des méfaits que contiennent les tablettes.

D'abord, tu as constamment été peu galant, j'oserai même dire qu'il est bien peu de tes lettres où le genre féminin, où cette variété adorable que l'on nomme femme, n'ait reçu quelques épigrammes. On pouvait pardonner ceci à nos vieux conteurs, mais ajourd'hui c'est un crime de lèse-majesté. On voit bien disait une dame de ma connaissance, que ce monsieur est rémois, il en est toujours à ce fameux concile de Reims dans lequel on débattit si les femmes avaient une âme. Je ne détrompai point la dame, je n'allai point lui raconter que tu étais de la patrie de l'historien Flodoard, dont jamais elle n'a lu la chronique barbare et le latin informe. Je gardai le silence. Pour médire de la beauté des dames Espagnoles et Italiennes, il faut être un grand coupable, aussi je te plaindrais de comparaître devant un jury portant jupons, tu n'obtiendrais pas les circonstances atténuantes.

Ceci peut compter pour un méfait, mais je n'insiste pas : l'homme en général aime à dire plus ou moins de mal du sexe charmant, en représailles de toutes ses peccadilles directes et indirectes, et ensuite, par vengeance des échecs qu'il a pu éprouver auprès de Jeanne ou de Paméla. Cependant, règle générale, quiconque se livre à ces exercices oratoires au sujet de la plus belle moitié du genre humain, imite le brave renard de la fable de Lafontaine qui disait du bout du museau :

Ils sont trop verts et bons pour des goujats.

Comme, en ceci — tout être doué de barbe au menton est

plus ou moins sujet à caution, *quoique* et *parceque* pêcheur, je te donne l'absolution. Si notre hôtelière d'Istiragara m'entendait, elle murmurerait dévotement : — Jésus Maria ! mais où est-elle, ainsi que le vaillant escopettero qui lui chantait les romanceros du Cid, en roulant de gros yeux comme les damnés de Michel-Ange dans sa fresque immortelle du jugement dernier ? Hélas ! autant demander où s'est envolée la fumée des cigares corses, que nous allumions à bord du *Commerce de Bastia*.

En fait d'oubli en voici un. La scène se passe à Marseille, au café des Empereurs. Dans la grande salle du bas, siége ou plutôt trône majestueusement le colonel de Chambrun : tête d'aigle, moustache grisonnante, torse de bronze, homme vraiment né pour commander. Sa boutonnière est ornée de deux ou trois rubans, sur lesquels prédomine la rosette de chevalier de la Légion-d'Honneur. Le brave colonel a pris sa demi-tasse, fumé son panatella, et sa main droite tient le *Constitutionnel*. Tout vaillant qu'il soit, le colonel a la mauvaise habitude de lire un journal, depuis la première lettre de la première page jusqu'à la signature du gérant. Or, cette besogne emploie quatre heures, et durant cette période, ceux qui veulent lire la politique ou le feuilleton du *Constitutionnel*, peuvent attendre à loisir. A l'époque susdite, le feuilleton se nommait le *Juif-Errant* et avait un succès hyperbolique ; on s'en entretenait, c'était la conversation publique, et l'on attendait avec une impatience fébrile chacun des numéros du journal, pour continuer la lecture de ce drame palpitant, d'un intérêt sauvage et contagieux. Lassé d'attendre que le brave colonel eût parachevé sa lecture, après avoir poliment patienté près de deux heures — tu t'adressas à moi et me confias ton ennui.

Moi qui connaissais les usages et les mœurs de M. de Chambrun, je ris de ta désolation, et brusquement, le nez en l'air, je m'adressai au vieux vétéran de notre gloire en disant :

— Le beau temps ! on dirait le soleil des Pyramides !

Le colonel jeta de côté son journal — dont tu te saisis — et se mit à me conter avec une chaleur toute juvénile cette grandiose bataille, où la race européenne démontra une nouvelle fois aux races asiatiques sa prodigieuse supériorité. Des Pyramides, et tandis que tu terminais la lecture du feuilleton, mon interlocuteur me promena sur tous les champs de bataille de l'Empire, me fesant assister en quelque sorte à cette splendide épopée que sa verve toute militaire dessinait avec une énergie sans pareille.

L'épisode qui me frappa le plus au milieu de cette longue et interminable narration, fut celui-ci — petit fait détaché, qui semble la caractéristique du soldat français, et qui résume mieux que toutes les dissertations scientifiques le sentiment de l'Empire et de l'Empereur.

— J'avais l'honneur d'être sergent, me disait le digne vétéran, se servant sans s'en douter, des expressions de Napoléon à la fameuse entrevue d'Erfurth, et nous nous trouvions sur la grande route de Vienne. Le petit caporal venait de prendre au demi-tour dans Ulm, une belle place de guerre, toute l'armée autrichienne, avec le général Mack et des généraux qu'il y en avait comme d'ici à la Cannebière. Nous étions à l'avant-garde, et je commandais en chef une vingtaine de braves lapins qui n'avaient pas froid aux yeux. Voilà que vers les cinq à six heures du matin, après avoir bu une fameuse goutte d'eau-de-vie de France, chez un bourgmestre dont je ne me rappelle plus le nom, nous

nous en allons en avant dans les bois et dans les montagnes, pour éclairer la marche de deux régiments de ligne qui devaient rejoindre dans la soirée le 3ᵐᵉ corps, afin de l'aider à administrer un tremblement de tonnerre à une armée de *kinserliques* qui ne s'en allait pas assez vite.

Çà se fesait comme cela dans ce temps-là.

Au commencement tout allait bien; il y avait une belle plaine, des maisons par-ci, des maisons par-là, un pays civilisé enfin, mais bientôt voici venir des côtes, des bois, des ravins, un pays de sauvages où le diable avait fait son nid ; et puis plus de maisons, et des sifflements comme s'il y avait des brigands derrière chaque tronc de chêne. Ce n'est pas pour dire que cela nous ennuyait considérablement, mais après avoir patiné quatre ou cinq heures là-dedans, on aurait tout autant aimé aller ailleurs; les vieux qui étaient avec moi, tordaient la moustache, et le pas accéléré ne s'emboîtait que tout juste. Par là-dessus on s'aperçoit que notre guide avait roulé au fond d'un fossé et s'y était cassé la jambe. On ne pouvait pas le laisser là décemment, on le met sur un brancard, et on va de l'avant sans trop savoir où, car le coquin qui était douillet comme un *riz-pain-sel*, piaillait des : *mein gott !* toutes les minutes, et ne voulait plus indiquer le chemin. Et pas une baraque pour le planter sur un tas de paille, en attendant que le major lui vienne remettre sa cuisse. Encore une lieue, puis deux, puis trois — et toujours pas de maisons — point de route, rien que du bois; aussi mes lapins me disent que les jambes leur rentrent dans le ventre et qu'ils ne peuvent plus porter le *mein gott*.

Ils avaient raison au fond, mais le soldat ne doit jamais avoir raison contre ses chefs. C'est prouvé. Aussi, sans me gêner je leur dis :

— Pas accéléré, s... n... de D....! et puis je me mets à chanter :

Veillons au salut de l'Empire.

Nous étions dans une petite gorge, noire comme l'enfer; on n'y voyait pas clair pour un sou, et ça allait jusqu'au diable. J'avais beau chanter, quelque chose me disait qu'il ne fesait pas bon dans ce nid; effectivement au moment où nous débouchions dans une plaine large quatre fois comme un mouchoir de poche, pan, piff, paff, voilà les *kinserliques* qui arrivent comme une bande de pigeons blancs. Je crie :

— Halte! et je regarde de quoi il retourne. Pendant ce temps-là on pose mon *mein gott* sur le gazon, derrière un gros bouleau, et je m'avance à trois pas en avant. Un grand bel homme avec une écharpe autour des reins, monté sur un cheval noir, me dit doucement :

— Rendez vous!

Et en français s'il vous plaît. Moi je ne fais ni une ni deux, je lui adresse le plus beau coup de fusil que j'aie jamais tiré, et le cheval se sauve tout seul. Bon, les autres se mettent à nous envoyer deux ou trois feux de peloton que ça fesait plaisir. Pourtant comme j'avais dit à mes lapins de rester au port-d'armes, histoire de ne pas perdre sa poudre aux moineaux, et que ça les embêtait à mourir, j'ordonne de charger. Mais bonsoir. Voilà mes *kinserliques* qui se débandent, et à leur place nous nous trouvons nez à nez avec trois ou quatre canons qui nous saluent, Dieu de Dieu! il fallait voir.

— Bah! que je fais, ils ne nous mangeront pas, en avant!

Et me voilà avec mes lapins à courir sur les gueulards, en

criant : — Vive l'Empereur ! comme si nous fesions une partie de barres. Je ne sais quoi qui prend aux *kinserliques*, après avoir fait semblant de se défendre quelques minutes, ils se sauvent à toutes jambes ; bien sûr ils n'avaient pas fait une dixaine de lieues comme nous, depuis le matin. Mais on sait qu'il faut cinq Autrichiens pour faire un Français. Nous allions toujours ; je saute dans la redoute, j'entends crier derrière moi : Vive l'Empereur ! je réponds en embrochant quelques canonniers qui tenaient encore leurs mèches, et puis plus rien ; pas un petit mot. Bien. Je fais l'appel. Nous étions encore cinq, les autres avaient pris leurs passe-ports pour naviguer dans la royaume des taupes.

Jamais de ma vie je n'ai eu peur comme dans ce moment. Je craignais que les *kinserliques* ne vinssent me reprendre leurs canons, et ça me vexait, Dieu de Dieu ; rien que d'y penser encore maintenant ça me met en colère. Mais bah ! une demi-heure après nous voyons déboucher une nouvelle grand'garde et puis les deux régiments qui arrivaient au pas de course pour voir d'où venait ce tapage, et pas plus d'Allemands que sur ma main.

C'est comme cela que je gagnai les épaulettes de lieutenant et les lapins la croix de la Légion-d'Honneur. Après tout nous ne l'avions pas volée.

— Et le guide ? demandais-je.

— Tiens ! fit avec une exclamation le colonel, ma foi nous n'y avons plus songé. Le pauvre b.....!

Attendu que tu avais finis de parcourir les colonnes du *Constitutionnel*, mon cher Victor, je saluai profondément le colonel qui parut assez contrarié de me voir lui fausser compagnie, et nous nous retirâmes en riant de la ruse qui t'avait permis de lire le *Juif-Errant*.

Ce petit fait que Marco de St-Hilaire, l'intarissable conteur de la gloire impériale envierait, me remet en mémoire une narration presque tout aussi dramatique qui nous fut récitée à bord de la *Maria-Christina*, tandis que tu courais sur les flots, à la recherche du *Périclès*, comme don Japhet courait à la recherche de son père.

Tandis que tu te crevais les yeux, comme on le dit vulgairement, à distinguer au sommet des petites vagues clapotteuses de la Méditerrannée, si par hasard tu n'aviserais point le pavillon de ce *Périclès* qui emportait ta fortune dans sa coque élégamment taillée, tandis que ton digne compagnon, malgré sa résignation chrétienne, voyait un vapeur dans chaque mouette qui nous escortait le long des côtes — les autres passagers qui, après avoir compâti fraternellement à votre infortune, s'évertuaient à la traduire en quolibets et en calembourg, s'amusaient à bavarder comme un sénat.... féminin dans le salon du bord. Vous autres, Jérémies improvisant lamentations sur lamentations, vous étiez restés sur le pont, croyant de la sorte hâter l'heureux moment où notre navire atteindrait le fugitif *Périclès*, qui n'avait pas eu l'exquise politesse d'attendre que le chemin de fer de Pise à Livourne, vous eût ramené au port. Je ris encore, rien que d'y songer. Mais il ne s'agit pas de rire, quoique l'Ecclésiaste recommande cet exercice comme aussi salutaire pour l'esprit que pour le corps.

Dans le salon du bord on causait beaucoup de l'Italie. Il ne pouvait en être autrement; et ceux de nos compagnons qui avaient déjà visité ce beau pays, nous initiaient aux merveilles que nous allions voir, et aux mœurs en contact desquelles nous étions sur le point de nous trouver. Cette conversation variée, accidentée, nous ramena bientôt sur le chapitre des brigands italiens, et sur les tragiques histoires dont ils étaient les héros. La majorité de ceux qui avaient vu la péninsule, et les Italiens en tête, affirmèrent non-seulement qu'on avait prodigieusement exagéré, mais encore ils prétendirent que ces histoires qui obtiennent tant de succès dans les romans, à l'usage des cabinets de lecture, n'avaient plus le moindre fondement, depuis plus de trente ans. Et pour preuve ils racontaient qu'ils avaient traversé les Alpes et les Apennins dans tous les sens, les Calabres et les Abruzzes dans tous leurs sentiers, et que jamais on n'avait menacé leurs bourses ou leurs vies. Pour voir un brigand italien, ils avaient dû aller à Paris assister à une représentation de Fra-Diavolo.

Deux ou trois jolies Albionnaises, gracieuses fées aux cheveux blonds, aux yeux d'azur, aux joues charmantes comme des roses prêtes à s'épanouir — couchées sur un large divan placé du côté opposé où nous bavardions, ricanaient doucement en entendant ces assertions formelles. Quelques Italiens profitaient de cela pour prendre le droit de les dévorer des yeux — quant aux narrateurs français, la haine nationale prédominant sans doute, ou l'irritation de ce silencieux démenti les mettant de mauvaise humeur, ils se disposaient à entamer une polémique en règle, lorsqu'un grand monsieur, encore jeune, mais au chef roux, qui était assis près de nous, et qui nous avait écouté avec le plus parfait mutisme, se leva en souriant et se mettant en quelque sorte comme médiateur entre le camp masculin et le camp féminin, nous pria très courtoisement de l'écouter.

Un oui prononcé par une des jolies bouches roses nous engagea à consentir à la harangue, ou à la polémique qui allait avoir lieu. Les blondes rieuses penchèrent la tête pour mieux entendre : on aurait dit un de ces admirables tableaux de Lawrence, aux formes vaporeuses.

— Je suis gentlemen, dit notre compagnon et capitaine dans la marine royale de S. M. britannique, la gracieuse reine Victoria que Dieu protège !

— *God save the queen !* murmura en signe d'assentiment un gros bonhomme, qui avait saintement ronflé jusqu'alors, et que l'accent national venait de réveiller.

— Il y a deux ans, continua le capitaine, je revenais de Sienne à Florence, avec mes deux cousines — qui sont ici — et qui alors, pas plus que vous, ne croyaient aux brigands. Leur mère qui nous accompagnait en avait au contraire une peur incroyable, et il avait fallu toutes nos prières, et la formelle promesse de ne point voyager la nuit, pour la déterminer à nous accompagner. J'avais une de ces fortes berlines où dix personnes trouveraient confortablement à se loger. J'occupais l'intérieur avec les trois dames, et sur la calèche de derrière se tenaient mon domestique, un brave matelot bien armé, et une femme de chambre irlandaise. A la prière de ma tante, j'avais chargé mes pistolets en quittant Sienne, j'avais passé un long poignard dans ma ceinture, et mon marin avait sa carabine et ses pistolets en tenue de bataille, comme s'il devait aller à l'abordage. Quatre chevaux conduits par deux postillons italiens entraînaient notre berline avec une rapidité merveilleuse. Déjà nous avions fait deux relais, quand entre le deuxième et le troisième, nous dûmes traverser une forêt de sapins. L'obscurité de ces arbres, comparée à la lumière ardente du soleil, dont leur ombrage noir nous privait, inquiéta ma tante, et elle se prit à nous raconter maints et maints chapitres qui auraient figuré avec honneur dans les romans de ma compatriote Anne Rattclife. Chaque tête de sapin lui semblait le chapeau pointu d'un brigand, chaque branche qui frôlait la berline, lui représentait un canon de fusil. En outre, à toute minute, elle prêtait l'oreille avec une attention craintive et nous assurait entendre distinctement des coups de sifflets semblables à des appels ou à des signaux de ralliement. Comme nous étions dans les mêmes dispositions d'incrédulité que celles que vous venez d'énoncer, messieurs — toutes ces remarques nous mettaient de joyeuse humeur, et je ne sais trop si nous ne demandions pas que la réalité se présentât à nos yeux, pour compléter nos impressions de voyage.

Un oui féminin vint encore à cet endroit confirmer gracieusement le récit du gentlemen.

— Mes cousines ne ressentaient pas la moindre crainte, l'année précédente, en revenant de Gibraltar à Southampton elles avaient fait naufrage. Deux fois en Irlande, elles avaient vu la croix rouge allumer l'incendie de leurs demeures, elles étaient par conséquent habituées aux émotions. Et cependant, ces sapins avec leurs formes bizarres et fantasques, avec le bruit singulier que murmurait le vent en glissant entre leurs ramures, me produisaient un certain frisson glacial; aussi la tête penchée à la portière, tout en rassurant ma tante par monosyllabes, je cherchais à voir si nous ne sortirions pas bientôt de cette forêt.

Mais elle semblait interminable. Las de cette observation, je me réintégrais dans la berline, lorsque j'entendis distinctement deux coups de sifflets à proximité, et lorsqu'à travers les lignes formées par les troncs de sapins, je crus distinguer des ombres avançant dans notre direction. Ma tante avait nécessairement poussé quelques cris, et mes cousines se penchaient à la portière, quand nos postillons s'arrêtèrent, et la détonnation d'une arme à feu retentit au milieu des arbres. Cette fois il n'y avait plus de doute.

— En avant! criai-je aux postillons.

— Non mylord! répondirent-ils froidement.

— Et pourquoi?

— Parce que les pieds des chevaux glissent sur les feuilles de sapin, et parce que Giacomo pourrait bien nous envoyer une balle.

Le nom de Giacomo acheva de redoubler les terreurs de ma tante. On avait parlé de ce bandit dans les salons de Florence, et quoique tout le monde déclarât qu'il n'existait point, on en racontait des prouesses de grand chemin, dignes de Schinderannes.

— Maudits soient les sapins! fis-je de mauvaise humeur tout en cherchant ce que je devais faire.

Heureusement que Dick, mon matelot, avait plus de sang-froid. Sans s'inquiéter des lamentations de la femme de chambre, sa compagne, il avait bravement sauté à terre, et la carabine à la main était venu à la portière.

— Ne tire qu'à coup sûr, lui dis-je.

— Oui, votre Honneur, chaque coup un homme.

Je courus alors aux postillons et le pistolet à la main je les forçai à sortir de selle. Puis, appellant Dick, nous nous mîmes tous deux à leurs places, et nous poussâmes les chevaux avec vigueur. Je dois avouer que mon matelot les aiguillonnait avec un stylet qu'il avait rapporté de Rome.

Nous entendîmes encore un coup de feu ou deux, ensuite tout rentra dans le silence ; malheureusement nous avions beau galoper à fond de train, nous ne sortions pas de cette interminable forêt de sapins dont l'avenue monotone, malgré sa parfaite horisontalité, ne me permettait point de distinguer la fin. A droite et à gauche nous entendions bien siffler, mais en calculant la distance franchie, je supposais avoir échappé au mystérieux Giacomo, dont ma tante composait sans doute en ce moment la description physique, lorsque j'aperçus, à un demi-mille, deux ou trois sapins couchés en travers sur la route et formant une barricade que la berline ne pouvait franchir. Je sautai à bas du cheval. Au même moment une balle fracassa la tête de l'animal que je montais et fit cabrer les autres, mais cela me permit de voir une tête se lever derrière les troncs d'arbres, et d'un coup de pistolet je la fis retomber à terre. Nous eûmes alors à subir une fusillade. Heureusement c'étaient des maladroits, et retranchés derrière la berline, nous fîmes feu assez heureusement avec mon matelot, pour abattre tous ceux qui se découvraient juste pour offrir un but. Dick troue à soixante mètres un schelling avec une balle, et moi à force de tuer des mouettes je manque rarement le but que je vise. Cette résistance découragea sans doute les seigneurs de grande route qui nous avaient attaqués, car bientôt nous ne vîmes et nous n'entendîmes plus rien ; mais la position n'en était pas meilleure.

Nous tînmes donc conseil de guerre. Et sur la proposition d'une de ces dames, nous abandonnâmes la berline qui ne pouvait plus nous servir, et après avoir dételé les chevaux nous les montâmes, chacun portant en croupe une dame. L'une de mes cousines, excellente écuyère, prit derrière elle la femme de chambre, et après avoir poussé à pied deux ou trois reconnaissances qui nous permirent de compter trois cadavres, nous tournâmes la barricade qui obstruait la route. Alors nous prîmes le galop tant bien que mal jusqu'au relai, où nous contâmes notre aventure. On nous rit au nez, et on voulut nous faire croire que notre cavalcade était une excentricité anglaise.

J'eus beau insister, multiplier les détails, la même incrédulité nous accueillit. Vainement je priai les magistrats de me donner du monde pour aller chercher ma berline, personne ne voulut m'accompagner — partout on me répondit :

— Votre Excellence plaisante !

Et je faillis même ne pas être reçu dans l'unique auberge du village, tout en montrant une poignée de souverains d'or ! Je suis patient, mais la colère m'était montée au cerveau, je voulus à tout prix avoir ma vengeance. Je fis partir Dick à franc-étrier pour Florence avec une lettre destinée à notre attaché d'ambassade, par laquelle je racontais le guet-à-pens dans lequel j'étais tombé.

J'attendis mon matelot trois jours. Au bout de ce temps je dus ramener ma famille à Florence, dans une mauvaise carriole qui me coûta avec deux misérables chevaux cent livres sterling.

A Florence je me plaignis ; je cherchai à exciter en ma faveur tous les Anglais qui abondent sur les rives de l'Arno ; je m'adressai au Grand-Duc lui-même. On me rit au nez de rechef, on m'accusa de composer des romans, on me refusa justice, on ne fit pas la moindre recherche, la plus petite enquête. Je passai pour un calomniateur !

— Il n'y a plus de bandits ! me disait-on en haussant les épaules.

Ma persévérance dans mes efforts pour obtenir raison de cette attaque et de la disparition de mon matelot, me rendit le point de mire des plaisanteries de messieurs les officiers de l'armée toscane, si bien, qu'après un duel où je fus obligé de tuer un major qui m'avait surnommé : *mylord bandit,* je dus m'enfuir au plus vite à Livourne, à bord d'une frégate de notre nation.

Ce fut là seulement que je compris pourquoi il n'y avait plus de brigands en Italie, et pourquoi on m'avait refusé justice. — Le capitaine du *Firebrand* sur le pont duquel je me trouvais, et à qui j'avais raconté mes longues mésaventures, répondit très-doucement à mes doléances, et à l'éruption de ma colère :

— Ce n'est pas étonnant. Si l'on savait qu'il y a des bandits en Toscane, les touristes prendraient une autre direction, et alors que deviendrait la Toscane ? Voilà pourquoi le Grand-Duc lui-même a dû vous traiter de visionnaire.

—*Very well !* soupira le gros bonhomme, qui avait écouté avec le plus attentif intérêt la narration de son compatriote, l'Italien est plus malicieux que le diable.

— C'est à cause de cette histoire, fit en terminant notre conteur, que je ne vais plus en Italie que par mer, à moins que je ne puisse trouver une caravane, comme dans les déserts de l'Inde ou de l'Asie.

Devant cette formelle déclaration, il devint impossible

de nier l'existence du banditisme dans la péninsule, et les Italiens eux-mêmes montrèrent assez de courtoisie pour ne pas insister sur leurs dénégations. La parole glaciale et ironique du capitaine, son accent énergique à travers lequel on entrevoyait encore des éclairs de colère, avaient-ils amené la conviction, et désarmé cette passion humaine que l'on nomme la polémique, et qui chez nous autres Français semble une fièvre endémique — ou bien le désir de ne point déplaire aux charmantes dames qui venaient de nous être en quelque sorte présentées officiellement — à la mode anglaise — par cette narration, avait-il étouffé la discussion et la critique ? Je ne sais :

Grammatici certant et adhuc sub judice lis est.

Cela fit une heureuse diversion à votre voyage de plaisir en chemin de fer, aux imprécations contre le *Périclès* — et le contre-coup de cet épisode fut qu'on cessa de s'occuper de vos infortunes, partant de vous assaillir de railleries. L'homme, on peut l'avouer ici, est un drôle d'animal — voit-il son semblable tomber, se faire du mal involontairement, tout en prenant les précautions nécessaires pour éviter une chûte ou un coup, immédiatement un éclat de rire inextinguible s'épanouit sur ses lèvres, et plus il fera d'efforts pour se contenir, plus le rire grandit, se développe et finit par éclater bruyamment. Au contraire un fou se sera-t-il jeté volontairement du haut en bas d'une maison, d'un monument, la compassion nous gonfle le cœur, des larmes scintillent sous nos paupières. Pourquoi ?

Toi, mon cher Victor, qui as failli faire une épître sur les pourquoi — sauras-tu me l'expliquer ? Non sans doute parce que..... comme nous autres, tu es homme. Mais à part les commentaires philosophiques, je regrette vivement que tu ne nous aies pas esquissé le gracieux portrait de ces deux Anglaises, adorables camélias roses, sur des tiges sveltes et élégantes, au panache blond, comme ces nuages dorés qui s'envolent vers les marais Pontins au-dessus des zônes purpurines dont se couronne le sommet des Apennins. Cette apparition, par malheur, ne fut pour nous qu'un rêve, qu'une rapide vision. Je ne sais si elles étaient réellement les cousines de notre capitaine, j'ignore même si notre capitaine était des Iles britanniques — mais il devait y avoir encore un mystère dans cette existence — car ce fut la seule fois que nous vîmes ces dames, et jusqu'à notre arrivée, du reste assez prompte, à Civita-Vecchia, il ne nous fut plus permis de jouir de la conversation de ce compagnon, dont le mot bandit avait si miraculeusement dénoué la langue. Pourtant à force de ruses, je parvins à savoir que ces deux fées, se nommaient miss Evelina et miss Arabelle Prescott.

L'anglais, qui s'était réveillé pour entendre l'histoire de son compatriote, m'avait, en grognant, communiqué ce détail.

Etait-ce une consolation ?

A Civita-Vecchia, notre narrateur disparut avec sa suite féminine, et bon nombre de passagers de la *Maria-Christina*, supposèrent devant cette fuite que rien ne motivait — que — c'était tout simplement un Turc voyageant avec son harem.

Tout est possible depuis que l'Empereur Napoléon premier, a déclaré — au dire de tous les chroniqueurs, que le mot impossible n'était pas français. Ce néanmoins les fabricants de dictionnaires, vocabulaires et autres noms sur la même rime, messieurs les académiciens en tête, n'ont pas rayé ce mot de leurs gros livres. A la vérité on m'objectera que l'Empereur n'aimant pas les idéologues, et que — ces messieurs étant des idéologues, ils ont voulu se venger par leur opiniâtreté à conserver une locution interdite par décret. Soit. Encore une fois tout est possible — et quiconque voyage, doit souvent se répéter cette phrase, rien que pour ne pas trop s'affliger des mésaventures qui adviennent aux pauvres êtres contraints de pérégriner.

Ceci est de la morale stoïcienne, mais c'est un meuble utile en voyage. Cela fait que l'on est disposé à recevoir avec résignation tout ce qui peut arriver : comme par exemple — de voir la diligence dans laquelle on est encaissé, verser sur la route la plus unie que l'on puisse rencontrer :

De Paris au Pérou, du Japon jusqu'à Rome.

Boileau l'a dit. Nous pouvons le répéter après lui, car le brave homme a assez pillé les autres pour qu'on le pille un peu à son tour.

Et pourtant cet exemple que je citais tout-à-l'heure, s'est réalisé de Civita-Vecchia à Rome, dans la plaine la moins accidentée, la moins montueuse que puisse désirer un rail-way pour allonger ses grandes lignes de fer.

Tu as oublié, cher ami, ce petit accident. Ainsi que je te le disais il y a quelques minutes, tu as redouté un petit ricanement de la bouche du lecteur inconnu, dont les yeux parcourreront les *Tablettes*, et tu as exilé cette petite anecdote dans le royaume des lacunes.

Pourtant ce trajet monotone qui sépare la Méditerranée de la ville éternelle, s'effectua avec une aimable gaieté et sans trop d'ennui ; car on ne peut pas appliquer ce nom à la préoccupation qui assaille celui qui est sur le point de voir une ville aussi illustre, aussi renommée que Rome. Nos imaginations voletaient ainsi qu'une bande de papillons un jour de soleil, et malgré l'aridité grandiose et terrible des plaines qui conduisent à la cité pontificale, nous avions un mirage perpétuel — chaque monticule, chaque mur en ruines nous semblait de loin un monument de la reine des nations se profilant sur le ciel bleu, à une distance prodigieuse. A chaque relai, et ils étaient nombreux, nos conducteurs venaient bien interrompre nos rêveries, ou nos contes joyeux en nous tendant une main crasseuse ou un chapeau plus squalide encore, sous prétexte de pour-boire, mais après leur avoir donné une première fois — nous avions arrêté qu'on s'abstiendrait dorénavant d'encourager leur mendicité. Un gros professeur allemand qui tenait la quatrième et la cinquième place de notre véhicule, avait doctement déclaré qu'il était sage et humain de faire perdre leurs mauvaises habitudes à ces braves gens, et toi même tu leur avais cité l'arrêté que le préfet de la Marne d'alors — M. Bourlon de Sarty, avait fait écrire à l'entrée et à la sortie de toutes les villes et villages de ton département :

— La mendicité est interdite sous peine d'emprisonnement.

Comprenaient-ils ce langage ? C'est douteux, en tout cas ils ne se décourageaient pas, et comme nous avions deux ou trois postillons pour les deux maigres haridelles qui nous conduisaient dans la capitale des Etats de l'Eglise, c'était à chaque relai un trio inénarrable en patois italien, accompagné par le chœur de tous les mendiants qui ont fait élection de domicile sur les bancs qui décorent l'entrée des maisons de poste. Comme nous avions pris le parti de boucher nos oreilles à l'instar du grand voyageur Ulysse, quand il se trouva au milieu des Sirènes, nous sauvâmes quelques pièces de monnaie au deuxième et au troisième relai. Mais au quatrième, nos postillons avaient conté cette histoire, sans pareille dans leurs annales, et pour ce fait nous avaient déclarés hérétiques, en sorte que nous eûmes à tenir tête à une véritable émeute.

La vue d'une cravache, la présence d'un vieux pistolet très-inoffensif, suffit encore dans cette hôtellerie à nous empêcher de payer le tribut. Nous en fûmes quittes pour des malédictions glapies sur toutes les notes de la gamme, et nous repartîmes, au petit pas. Heureusement nous n'étions pas pressés, et nous profitâmes de cette lente locomotion pour nous livrer aux douceurs du repos.

Nous pratiquions la sieste comme de véritables Italiens.

Seul, veillait notre gros professeur allemand, et quand les postillons ou les mendiants venaient nasiller leur demande incessante à la portière, il gonflait ses joues rubicondes et leur lançait de toute la force de ses poumons un :

— Pouff! formidable qui les fesait sauver comme s'ils eussent vu ou entendu le diable en personne.

Cette petite comédie qui d'abord avait interrompu notre sommeil, finit par ne plus causer la moindre émotion à nos sens assoupis, et notre compagnon put se livrer en toute tranquillité à ce plaisir buccal qui le fesait rire comme ces obèses buveurs de bière que Téniers a disposés sur les premiers plans de ses kermesses; c'est pourquoi malgré notre demi-sommeil nous ne pouvions empêcher nos lèvres de dessiner un sourire, toutes les fois qu'une détonnation de cette artillerie improvisée, mettait en fuite nos persécuteurs.

Jamais notre docte compagnon n'avait remporté semblable triomphe, aussi en était-il si heureux qu'il ne songeait pas à dormir. Enfoncé dans un coin de l'espèce de diligence qui nous cahotait avec la lenteur du char des rois fainéants, il guettait les yeux à demi-fermés les mendiants, et, quand enhardis par sa placidité, par sa figure quasiment endormie, ils recommençaient leur interminable et opiniâtre litanie, en élevant leurs chapeaux ou leur mains jusqu'à la hauteur de la portière, notre Teuton leur envoyait derechef un :

— Pouff ! gigantesque.

Il paraît que cette plaisanterie, qui fait le bonheur des petits enfants, n'est pas du tout du goût des Italiens, et leur est antipathique au suprême degré. C'est pourquoi, tandis que notre vigilante sentinelle s'applaudissait déjà, *in petto*, d'avoir mis en fuite à tout jamais l'ennemi — tandis que nous oublions Rome pour le sommeil — nos postillons qui avaient mis pied à terre afin de ne pas trop fatiguer leurs montures, ou peut être pour se dégourdir les jambes, se concertèrent avec les mendiants dans le but de nous punir de notre avarice — de notre ladrerie — tranchons le mot, car c'est ainsi qu'ils devaient traduire dans leur idiôme notre refus obstiné de les gratifier du moindre centime.

De ce complot il résulta que nos persécuteurs dételèrent doucement les chevaux, et soulevant les roues du véhicule nous renversèrent dans un petit fossé herbeux qui longeait la route.

Notre Allemand n'avait rien vu. Nous, nous dormions. En sorte que ce réveil inopiné, l'un par-dessus l'autre, nous causa la plus étrange sensation qu'un honnête homme de voyageur puisse jamais éprouver. Par miracle, il n'y avait que quelques contusions, en sorte qu'on parvint à sortir de la boîte, tandis que les postillons restés sur le bord du fossé avec leurs chevaux, fesaient mine de se lamenter sans nous venir le moins du monde en aide. Ils nous contèrent une histoire incroyable, pour nous expliquer comme quoi la diligence avait pu rouler dans le fossé sans entraîner avec elle les chevaux, et ils osèrent nous débiter que c'était grâce au grand St-Julien, patron des voyageurs — auquel ils achetaient des cierges avec leurs pour-boires, qu'ils avaient évité d'éprouver le même sort que nous. Notre Allemand qui, en sa qualité de luthérien, ne croyait pas aux miracles, répondit à ces pieuses explications par des coups de cravache; nos postillons se sauvèrent avec leurs chevaux, et nous eûmes une peine infinie à les rattraper. Mais cela ne suffisait pas. Nous dûmes aller au relai voisin chercher nos mendiants pour relever notre voiture, et cela nous coûta aussi cher que si nous nous fussions humblement soumis aux habitudes italiennes, en jetant quelque monnaie à cette race abâtardie qui s'est accoutumée à ne vivre que d'aumône, et qui semble désormais incapable de tout travail honnête.

Enfin nous arrivâmes à remonter sur la route la boîte dans laquelle nous voyagions, et comme nos coquins l'avaient renversée sur l'herbe, il n'y avait aucune pièce importante de brisée; si bien, qu'avec notre bourse un peu allégée, nous pûmes continuer notre course en répétant un peu tard, il est vrai, comme notre brave professeur :

— Il faut hurler avec les loups !

Effectivement, à dater de cette chûte jusqu'à Rome, notre estimable compagnon ne fit plus entendre un de ces : — Pouff ! que ses larges joues fesaient retentir d'une manière si curieuse. Il prit un carnet, et il barbouilla avec son crayon toutes les pages blanches qu'il y put rencontrer. Il avait été vaincu, vaincu par la canaille latine, et son amour-propre germanique en souffrait de telle façon qu'il se condamna au silence, quoique nous pussions faire pour lui prodiguer les consolations. La vue de ces lazzarones déguenillés qui avaient failli à tout jamais interrompre notre voyage, dont la ruse damnable avait été sur le point de nous empêcher de voir Rome à l'instant même où nous devions y faire notre entrée plus ou moins triomphale — lui occasionnait un frisson que l'on voyait distinctement courir dans ses grosses veines frontales.

Alors, dès que la psalmodie dont ces mendiants accompagnent leur demande, arrivait jusqu'à nos oreilles — le docte professeur rabattait sur ses yeux sa casquette d'étudiant d'Iéna — il serrait les poings au risque de broyer son carnet, et il s'enfonçait dans le coin de la diligence, comme jadis Gribouille s'enfonçait dans un baquet rempli d'eau, afin de ne pas être mouillé par l'orage.

Cependant quand il eut supporté avec une vaillance tout allemande, nos bons mots, nos joyeusetés, nos épigrammes, nos lazzis et même nos calembourgs — il était encore de mode d'user de ce genre d'esprit ? — il recouvra la parole dès qu'on eut annoncé que l'on voyait véritablement Rome.

Il se pencha à la portière, bravant la chance de se rencontrer nez-à-nez avec la main toujours tendue de nos postillons — il vérifia le fait annoncé, puis au lieu de nous raconter savamment quelques unes des origines de la grande cité, ainsi qu'il avait fait pour toutes les petites localités historiques que nous venions de traverser, il nous dit gravement comment le mot : coquin — se prononçait dans presque toutes les langues de l'Europe et de l'Asie.

Ce fut sa vengeance, et ce furent en même temps ses adieux, car — à notre regret, nous ne pûmes nous rencontrer avec lui dans la capitale du monde chrétien.

Si nous avions pu profiter de sa compagnie, cher ami, les *Tablettes d'un Champenois* auraient renfermé maintes curiosités archéologiques, qui sans doute orneront plus tard quelques gros bouquin allemand qui sera publié à Leipsick, la patrie de tout livre teuton inintelligible à force de science.

Cependant, le souvenir de ce bon et savant professeur nous suivait souvent dans nos excursions romaines, et ce fut pour ce motif que nous retournâmes au Colysée, espèce de rendez-vous de tous ceux qui aiment les antiquités, et qui savent composer un volume à propos d'une pierre plus ou moins biscornue. Comme nous ne visions — ni l'un ni l'autre — à un siège dans n'importe quelle Académie, fût-ce même à l'Académie de Reims, nos promenades au Colysée avaient un autre but. Quiconque à vécu seulement l'espace d'une semaine dans la ville Sainte, en devinera rapidement le motif. Mais comme tout le monde ne va pas à Rome, nous pouvons dire en abrégeant, que l'absence des fosses à vidanges — absence qui se fait remarquer dans les palais ainsi que dans les taudis, a transformé le Colysée en une espèce de succursale du Montfaucon parisien. La vérité avant tout. Or donc, un soir que — au clair de lune —

je venais d'admirer les gigantesques débris de ce colossal édifice bâti par les Juifs, en expiation de la mort de J.-C., du moins un cicérone me l'a affirmé, et gratis s'il vous plaît — au moment où je fredonnais, en réminiscence des heures de ma jeunesse :

> Au clair de la lune
> Mon ami Pierrot......

j'aperçus sur une pierre quelques feuillets de papier chargés d'écriture ; comme cela me semblait avoir la forme d'une lettre — après m'être assuré que ces dits feuillets ne portaient aucun timbre, je les pris, et m'approchant du cierge d'une madone juchée dans une petite niche pratiquée dans le mur voisin, je pus lire ce qui suit :

(Ceci prouve que la femme n'est pas le seul être qui cultive amoureusement la curiosité ; ceci prouve qu'il est dangereux de se servir de papier écrit quand on va se promener au Colysée ; ceci prouve enfin, comme disait Virgile, que l'on peut quelquefois trouver de l'or dans le fumier d'Ennius — mais revenons à notre lettre qui me causait plus de plaisir qu'une médaille inédite n'en aurait fait naître dans l'âme d'un numismate, dût-il s'appeler J.-J. C.; revenons à ces deux feuillets qui, réunis, formaient un tout complet, et que tu lus par-dessus mes épaules avec une indiscrétion véritablement féminine. Chut ! Arrivons net au texte de ladite lettre, et — fermons cette parenthèse, au sein de laquelle nous avons débité assez de bavarderies.)

— « Vous m'aimez, tout le monde le sait maintenant.
« Mon bonheur, dont je doutais seul peut-être, ingénieux
« à tourmenter mon pauvre cœur, qui vous chérit avec tant

« de délicatesse, avec une si sacrée adoration, mon bon-
« heur est connu de tout Rome!!

« Plus de mystères maintenant;

« Plus d'entretiens innocents pour tout le monde, ar-
« dents et délicieux pour nous seuls;

« Tout est perdu!!!

« Au moins, c'est vous-même — vous — qui l'avez voulu.
« Je ne vous demandais qu'un mot pour vivre, ignoré dans
« ma joie silencieuse et nocturne. Vous n'avez pas voulu
« le dire. Plus barbare que le Dante, vous n'avez même
« pas proféré :

« Lasciate ogni speranza!!!

« J'ai voulu voir si vous m'aimiez comme on le disait.
« Mais mon épreuve douloureuse, épouvantable, infernale,
« a réussi au-delà de mon attente. J'ai compris le para-
« dis, maintenant que m'importe la vallée de misère!....
« ne me reprochez rien; je n'ai pas été cruel plus que
« vous. Avez-vous mis assez de sanglante férocité dans nos
« relations?

« Vous promettiez, vous n'accomplissiez pas :

« Vous disiez un mot pour le retirer :

« Un regard plus doux appelait un fier sourire :

« Vous ne me laissiez entrevoir ni espérance, ni avenir!

« Vous me parliez sans cesse d'obstacles, de chaînes éter-
« nelles, comme s'il y avait des obstacles et des chaînes
« pour deux cœurs qui s'entendent et qui veulent se réu-
« nir devant Dieu, et malgré les hommes!... A cette heure
« solennelle, resplendissante comme le soleil jaune, tout
« est rompu! Vos liens sont tombés. Vous n'êtes plus au

« monde stupide. Il vous repousserait comme indigne,
« comme flétrie !....

« Toi, mon ange aux yeux d'azur, toi qui es pure
« comme le beau ciel de l'Italie, ne les écoute pas. Abrite-
« toi dans mes bras. Cache-toi sur ma poitrine d'homme.
« Viens, fuyons ensemble.

« Tu me l'as dit : si tu étais libre, tu sacrifierais, joyeuse
« comme le poisson sous l'onde, toutes les fêtes du monde
« pour un amour tel que le mien, amour immense autant
« que le firmament. Tu es libre, fuyons ensemble !

« Ce ne sera pas un sacrifice, je te le jure. Je t'aimerai
« tant que tu ne regretteras rien du monde. Ecoute — nous
« nous cacherons, seuls, dans une petite maison solitaire
« et silencieuse, au milieu des grands bois, près d'un étang
« bleuâtre, dont le nom soit harmonieux pour ta bouche de
« rose, dont l'onde reposée réfléchisse la lune et le soleil
« couchant avec son manteau de pourpre. Le matin nous
« nous promènerons dans les forêts, au sein de la suave
« fraîcheur, les pieds dans l'herbe ruisselante de la rosée,
« et nous nous aimerons. Cela nous suffira. Dans la journée
« nous lirons, nous ferons des vers, de la musique, et nous
« nous aimerons. Le soir nous irons voir coucher le soleil
« dans l'étang, se lever la lune et les étoiles dans le ciel,
« et — parmi les vagues senteurs de la vesprée, nous mê-
« lerons nos voix aux soupirs divins de la nature qui s'en-
« dort, nos caresses au bruit voluptueux des feuillages,
« nos pas aux fourmillements infinis des herbes et des buis
« sons pleins d'insectes et d'oiseaux, et nous nous ai-
« merons.

« Ce sera beau et grand de se dévouer ainsi l'un à l'au

« tre. Personne ne saura si nous sommes-là, si nous vivons
« encore. Les couleuvres et les vipères ne ramperont pas
« jusqu'à nous.

« Tout sera perdu pour nous, tout sera conquis. Nous
« n'aurons plus tous deux, devant le monde, rien à espé-
« rer; — je le crois bien, nous aurons tout — oui, tout!
« mon nom, ma fortune, ma réputation, mon avenir, tout
« sera détruit, que m'importe?

« Tu seras à moi!

« Tu m'auras fait le même sacrifice. Nos devoirs seront
« égaux, car notre reconnaissance sera identiquement pa-
« reille.

« Ah! comme nous serons heureux!

« Je ne demanderai plus le paradis du bon Dieu; je le
« posséderai. N'est-ce pas mon amour, ma vie, mon âme?
« Réponds-moi, mais réponds-moi donc :

« Oui !!!!
Alfred de Rospiliosi.

Etait-ce une plaisanterie comique, était-ce au contraire une réalité cocasse? En tout cas, comment ce chef-d'œuvre gisait-il sur une des pierres du Colysée et surtout dans quel but?

Evoque tes souvenirs, cher et digne ami, et souviens-toi un peu quelles mines perplexes et méditatives allongèrent à ce moment nos deux nez. Il y avait matière à réflexion, et dans cette minute nous oubliâmes de penser au Colysée, à l'empereur Vespasien qui l'avait fait construire et aux Juifs infortunés qui furent contraints de le maçonner, pour expier le crime d'avoir résisté aux armes romaines. Tu fredonnais, tout en te creusant la cervelle :

    Quel est donc ce mystère?

Et les conjectures les plus baroques et les plus saugrenues, comme le sont d'ordinaire toutes les conjectures humaines, trottinaient ainsi qu'un troupeau de moutons, quand, en retournant l'un des feuillets, je vis — toujours au clair de la lune, car en devisant nous avions quitté la niche de la madone — quand je remarquai qu'au dos de cette lettre passionnée il y avait une adresse.

Malheureusement le clair de lune ne permettait pas à nos yeux réunis, de lire couramment la suscription, aussi nous nous hâtames de rejoindre la maison où M. Mambor nous vendait l'hospitalité, pour terminer notre découverte.

Là, dans le local que tu as si bien décrit — il faut te rendre justice — nous lûmes à l'aide d'une bougie jaune comme un sequin.

« A miss Evelina Prescott, rue du Corso. »

Et pour attester en quelque sorte que ces dits feuillets avaient bien réellement formé une lettre, nous vîmes une moitié de cachet armorié, qui indiquait que cette prose incandescente avait véritablement été composée pour une épître.

Tu me déclaras mathématiquement et froidement, que telle était ta conviction, et je crois même qu'en parlant de l'auteur, tu murmuras comme un sectateur de Diogène :

— L'imbécile !

Moi, à cette découverte je poussai un cri de surprise : effectivement cette suscription qui ne te disait rien, qui ne te révélait pas le moindre mystère, qui ne t'enseignait pas la plus minuscule des choses — cette suscription luisait pour moi comme le : MANÈ : THECEL : PHARÈS, que vit jadis luire sur les lambris de son palais le roi Balthazar.

Cette suscription avait réveillé mes souvenirs, et me remettait sur la trace d'une curiosité, dont l'absence de dénouement m'avait fort intrigué, et que — grâce à notre fructueuse promenade au Colysée, je pouvais enfin espérer de mener à bon port.

Effectivement cette suscription : « à miss Evelina Prescott » me remettait en mémoire, ma traversée à bord de la *Maria-Christina*, me rappelait ces charmantes et adorables Albionnaises qui nous avaient valu l'histoire des bandits dans les sapins de la Toscane. — C'était une piste pour arriver à découvrir l'Anglais et ses deux gracieuses cousines — car l'une d'elles — la quelle? Hélas! je l'ignorais, le gros bonhomme ne me l'avait point dit — car l'une de ces fées mignonnes et angéliques se nommait : miss Evelina Prescott.

Je fus tenté de crier ainsi qu'autrefois le docte Archimède : *Eureka!* Mais je ne dis rien. Tu m'aurais ri au nez. Comme on connaît les saints on les honore.

Maintenant quel était ce monsieur Alfred de Rospiliosi? Peu m'importait au fond. Pourtant je commençais à en être jaloux, et je l'appelais faquin en autant de langues que notre savant professeur baptisait gratuitement nos postillons. D'un autre côté ces feuillets, cette lettre qui me brûlait déjà les doigts, avaient-ils été réellement remis à miss Evelina? *That ist question?* aurait dit le gros bonhomme — que par une vision de mon imaginative — j'associais involontairement à l'image éthérée de la jolie cousine. Et pourtant à quoi bon une suscription, à quoi bon un cachet, si la lettre n'avait pas été remise? Mais si elle avait été remise, comment expliquer sa présence dans le

Colysée, sur cette pierre peu archéologique, et destinée peut-être........ Non, mille fois non, on ne pouvait admettre cette hypothèse. C'eût été..... monstrueux...... Après avoir repoussé cette supposition, comme inexpressible — il ne me restait qu'à croire pieusement, bonnement, que cette épître passionnée avait été interceptée par le capitaine, le cousin, le n'importe quoi, et que ce monsieur en avait fait l'usage, qu'il avait estimé le meilleur. Ce raisonnement, malgré toute la peine qu'il m'avait coûté à établir, ne me convenait ce néanmoins guère plus que le premier. Il me fesait courir dans les veines le même frisson que m'avait procuré ce nom traîtreusement mélodieux de Rospiliosi. Je détestais cet Anglais. Les contes des passagers, lors de son départ, me revenaient avec abondance à la mémoire, et entre lui et monsieur Alfred, je crois que j'aurais préféré monsieur Alfred. Le style et la formule de la fameuse lettre me rassuraient : je ne pouvais en mon âme et conscience présumer un instant qu'une charmante femme, comme miss Evelina, pût se passionner pour un être capable de produire une lettre semblable.

Cependant............ et les vieilles histoires inventées par la malignité des hommes contre l'inexpugnable vertu des femmes me revenaient par la tête, et.....

Heureusement, bon ami, tu me tiras joyeusement de ces anxieuses perplexités, en me demandant d'une manière assez prosaïque si je ne voulais pas aller me coucher.

— Bonsoir !

— Bonne nuit !

Et nous voilà tous les deux livrés aux insectes romains. Sur ce point tu as été véridique. Tu n'as rien celé. Mais cette insomnie forcée ramena incontinent dans ma cervelle, tous ces noms d'Evelina, d'Alfred, de Prescott et de Rospiliosi, si bien que pour empêcher que les insectes ne fissent de moi un martyr, et en même temps pour chasser les idées qui dansaient un ballet infernal dans ma tête, j'ouvris doucement la fenêtre qui donnait sur la rue, et je m'accoudai au balcon. Là, le front appuyé sur le marbre, je commençais à m'endormir dans cette béatitude qui précède le repos complet du corps, lorsque le bruissement argentin de deux voix féminines me fit rouvrir les yeux.

Le murmure enchanteur provenait de l'étage inférieur de la maison de M. Mambor, ou de la maison voisine. Laquelle des deux ? Hélas dans toutes les affaires qui me sont personnelles, il existe toujours un doute semblable, juste, au point essentiel. C'est ce que les poètes — sottes gens en somme — appellent la destinée. C'est ce que nos romanciers à vingt-cinq volumes, désignent sous le nom de fatalité; quant à moi qui ai l'honneur de n'être ni l'un ni l'autre, je nomme cela tout naïvement du guignon. Donc, ce maudit guignon voulut, qu'il n'y eût pas dans la rue ou dans les maisons avoisinantes la moindre lumière favorable, qui me permît de vérifier ce détail qui ne manquait pas d'importance. Il s'agissait de deux femmes — jeunes — et certainement jolies, le timbre des voix m'avait déjà révélé chacune de ces particularités. J'avais bien la ressource de l'allumette chimique — mais le moindre bruit pouvait faire évanouir le rêve : une lueur pouvait forcer à disparaître les deux jeunes filles dont j'entendais le gazouillement. Le plus sage était d'écouter. Je me penchai assez raisonnablement pour ne point tomber dans la rue, et une fois que j'eus équilibré cette position, j'ouvris largement mes deux oreilles

Tu dormais, cher ami!

Or, voici ce qui se disait au balcon de l'étage inférieur.

— Arthur aimait Lucie, tu le sais, mais Lucie l'aimait plus encore, quoiqu'elle n'osât lui avouer son amour, parce que nous avons le tort de ne dire jamais aux hommes avec franchise ce que nous pensons. Tous les deux devaient prochainement se marier, on en parlait dans Exeter, quand Arthur fit un jour le calcul que Lucie était beaucoup plus riche que lui. Les parents n'avaient pas hazardé cette observation. Mais elle monta à la tête de ce pauvre jeune homme, et soit qu'il se figurât que Lucie l'aimerait davantage avec mille livres sterling de plus, soit — qu'il eût le goût des voyages, ainsi qu'on l'a prétendu, il déclara à la pauvre Lucie qu'il allait passer une année ou deux aux Indes pour recueillir une succession inopinée, et qu'il la priait, si elle l'aimait, de lui garder sa foi jusqu'à cet instant. Sa douleur paraissait si réelle que Lucie ne put croire qu'il mentait.

Elle chercha pourtant à le dissuader. Elle lui demanda doucement ce qu'il allait faire, elle lui représenta les inquiétudes de l'absence, elle parla même de la saison avancée qui rendait périlleux les voyages sur mer — rien n'y fit. Elle avait dit, pensant lui donner une preuve extrême de sa passion qu'elle était assez riche pour deux — et cet argument avait déterminé Arthur à partir. Sans s'en douter, elle lui avait enfoncé un stylet dans sa blessure.

Lucie était la fille d'un marchand — elle ne comprenait point que quand on aime bien, le mot : argent, ne doit jamais être prononcé ou soupçonné.

— Oh! oui! fit la personne qui écoutait.

Ce oui produisit sur moi une impression si soudaine, en rappelant à ma mémoire un oui que j'avais entendu à bord de la *Maria-Christina*, que je faillis tomber dans la rue.

— Je rêve, me dis-je à part, et je n'en tendis pas moins mes oreilles.

— Cependant, poursuivit la voix féminine, Arthur redevint bientôt indécis. Lucie était si gracieuse, si aimante — elle te ressemblait, t'en souviens-tu? — que ses douces prières faillirent durant quelques minutes l'emporter sur les résolutions d'Arthur. Malheureusement le lendemain, ou le surlendemain, il lut dans le *Morning-Post*, la fortune colossale qu'avait faite à Calcutta, en quelques années, un de ses compatriotes qui venait d'arriver à Londres. Ce fut fini. Il fit ses adieux en pleurant à la pauvre Lucie, et il partit.

A cet endroit de la conversation qui se fesait sous moi, je ne sais quelle réminiscence d'écolier me passa dans le cerveau, et je ne pus m'empêcher de soupirer:

A ces mots, en pleurant, ils se dirent adieu.

Où avais-je lu cela? pour le moment point ne sus me le rappeler. Aussi, sans m'évertuer à chercher, je repris ma position d'auditeur.

— Arthur ne fut pas heureux. Le navire qu'il montait faillit faire côte sur les rochers de la Galice, et dut aller se réparer à Oporto. Il hésita s'il ne profiterait pas de ce contre-temps pour retourner à Exeter. L'amour-propre s'y opposa. Il reprit passage à bord d'un vapeur allant au Cap.

Le capitaine qui était un grand partisan des doctrines de Wilberforce, et qui n'ambitionnait rien tant que la gloire de détruire, au moins une fois dans sa vie, un négrier, se mit à serrer la côte dès que l'on fut à la hauteur du Maroc. Arthur commençait à trouver que la traversée était bien longue, et il s'étonnait d'avoir pu quitter Lucie. Cependant il parvint à se consoler en estimant qu'elle l'aimerait encore mieux à son retour. Un voyageur est toujours bien accueilli.

Il achevait de composer ce beau raisonnement, lorsque le capitaine du vapeur fut accosté par une petite barque, dans laquelle était un matelot anglais accompagné de quelques Arabes. Ce matelot raconta au digne capitaine qu'un navire sous pavillon britannique avait fait naufrage sur la plage voisine, et qu'il le suppliait de vouloir bien rapatrier ses compatriotes qui étaient au pouvoir des Arabes. Notre capitaine philantrope n'eut garde de manquer cette bonne fortune; il prend l'Anglais de la barque pour pilote, et pendant la nuit va border la plage. Son pilote lui avait dit que la présence d'un navire en plein jour ferait enfuir les Arabes dans l'intérieur des terres avec leurs prisonniers.

L'explication était plausible. On débarque dans la nuit, on laisse le vapeur sous la garde de quelques hommes, et l'on pénètre dans les terres qui, dans ce pays là, ne sont que des plaines de sables à perte de vue. Puis tout-à-coup, quand l'équipage bien lassé, bien fatigué, exténué par la soif et la chaleur, ne pouvait plus offrir de résistance, voici des bandes innombrables de cavaliers maures qui entourent le capitaine et sa suite. Arthur parvint à s'échapper avec quelques matelots de cet odieux guet à-pens, où le capitaine et la majeure partie de l'équipage avaient perdu la vie, et il s'enfuit avec ses compagnons du côté de la mer. Les hommes laissés à la garde du vapeur avaient aussi été attaqués et dans l'impossibilité de se défendre, en restant près de la côte, ils avaient pris le large.

Durant un mois environ, l'amoureux de Lucie, regrettant ses projets, erra avec ses malheureux compagnons dans les déserts, trouvant à peine de quoi manger, et cherchant à arriver dans une ville où il pût trouver un consul anglais.

Mais je n'ai pas l'intention de te faire une narration de voyages, de te décrire tout ce que des hommes dans une semblable position peuvent éprouver. La moindre relation de nos voyageurs dans le Maroc, t'en apprendrait mille fois davantage sous une forme plus pittoresque. Je coupe court à toutes les infortunes et à tous les périls qui assaillirent Arthur, pour arriver au dénouement. Car, chère belle, le dénouement est la chose essentielle.

— Je te comprends! fit doucement la gracieuse voix, qui déjà m'avait fait tressauter.

— Soit. Tu m'entendras jusqu'au bout. Enfin Arthur parvint à gagner Larache. Il pouvait se croire en sûreté, car l'Angleterre a un consul dans cette cité, mais en entrant dans cette maudite ville, quelques fanatiques persuadèrent à la populace que c'étaient des Français, et comme le prince de Joinville venait de bombarder Mogador, on tomba sur les pauvres compagnons d'Arthur, et on les mit en pièces. Grâce au courage de notre consul, Arthur fut assez heureux pour ne pas perdre la vie, mais les blessures qu'il avait reçues nécessitèrent l'amputation d'une de ses jambes, et après avoir été plus de six mois entre la vie et la mort, il put regagner la vieille terre britannique.

Sans autre fâcheuse aventure.

Murmurai-je encore, moi auditeur, tout en cherchant d'où me venaient ces remémorations classiques. Toute fois il paraît qu'on m'avait un peu entendu car la conversation cessa. J'étais désespéré.

— Je te comprends, dit encore la voix qui m'était sympathique, en laissant échapper un soupir après un instant de silence — et je vais achever. Quand Arthur rejoignit l'Angleterre, avec une jambe de moins, il retrouva Lucie, toujours fidèle, toujours aimante : il l'épousa, et ils furent heureux.

— De combien de plaisirs ils payèrent leurs peines.

bourdonnai-je encore comme un sot. Mais cette fois mes deux fées avaient reconnu qu'on les écoutait, j'entendis bien distinctement fermer les fenêtres.

— Au diable! fis-je en quittant ma position gênante. C'est la fable des *Deux Pigeons* que l'on vient de raconter — et je continuai à me réciter les vers suivants :

> Amants, heureux amants voulez-vous voyager ?
> Que ce soit aux rives prochaines.

J'étais fou, n'est-ce pas, cher ami? Ainsi vas-tu charitablement te l'imaginer. Non. Je n'étais pas fou et je n'avais pas rêvé. La voix mélodieuse qui avait si brièvement raconté avec une douloureuse accentuation le dénouement ; cette voix suave et triste, cette voix qui me rappelait tant de souvenirs, qui me faisait battre au cœur quatre-vingts pulsations à la minute, c'était la voix douce, harmonieuse, divine que j'avais entendue, tandis que tu cherchais le *Périclès*.

C'était elle.

En douter était impossible.

Pour vérifier, je descendis — je voulais éveiller M. Mambor, lui demander si parmi ses locataires il n'avait pas miss....... mais j'eus beau frapper — personne ne répondit.

Je revins sur mon balcon — et là — gravement je conclus que l'histoire qui résonnait encore à mes oreilles, n'était autre chose, qu'une allusion à l'histoire de cette adorable miss Evelina, que le hasard avait si singulièrement jetée en travers de mes pérégrinations. A force de méditer sur ce chapitre, je pris mes hypothèses pour la vérité, et je résolus bravement de voir lever l'aurore sur mon balcon, afin de pouvoir m'informer dès qu'un domestique serait levé, si la blonde Anglaise n'habitait pas sous le même toit que moi.

Ce qui avait été arrêté par ma volonté fut fait. Sans me douter que je ressemblais à l'incomparable chevalier de la Manche, don Quichotte de grotesque mémoire, je passai la nuit à me promener, en rêvant les yeux éveillés à Dulcinée.

Quand vint l'aurore, j'éveillai les domestiques, le digne M. Mambor lui-même — mais tout le monde me répondit avec un désespérante unanimité qu'il n'y avait ni Anglais, ni Anglaise dans la maison.

J'allai dans les habitations voisines, à droite et à gauche ; même réponse. A cela on ajouta même dès que j'eus tourné les talons :

— Ce Français est fou !

C'était possible ; mais enfin avais-je rêvé ?

En tout cas, j'allai prendre une tasse de café et je me gardai bien de te narrer l'aventure. Ton rire m'aurait poignardé.

C'est pour ce motif qu'aujourd'hui je t'excuse de ne pas avoir raconté cet épisode. Pour cela tu avais mille bonnes raisons.

La meilleure, c'est que tu l'ignorais.

CHAPITRE DEUXIÈME.

Lepoittevin fecit. — Ingratitude natale. — Saint-Louis le pendu. — A propos de vin de Champagne. Le nom d'une rue.

Sous la forme de parabole, et en termes un quelque peu hyperboliques, l'Evangile a dit sagement : nous voyons la paille qui est dans l'œil de notre voisin et nous ne remarquons point la poutre qui est dans le nôtre. Sans prendre ceci, comme on le dit, au pied de la lettre, et en me gardant bien de saisir un miroir pour considérer ce qui peut être dans mon œil, avoue-le — très-cher et très-excellent ami, — voilà pas mal de pailles que je suis parvenu à découvrir, sinon dans ton œil, du moins dans tes *Tablettes d'un Champenois*. Hé bien, ce n'est pas tout. J'ai bravement parachevé mon premier chapitre, mais je suis encore loin d'avoir terminé la nomenclature de tout ce que tu as oublié, passé, omis, négligé, gaspillé, effleuré, et cœtera.

Il est vrai que les gens riches ne s'amusent point aux petites économies ; tu as agi comme ferait un Rothschild littéraire, tu as dit sans doute : — il faut laisser quelques glanes pour ces pauvres diables ! Et tu as sauté par-dessus certains souvenirs, comme on saute au-dessus d'un fossé rempli d'eau à l'odeur méphitique.

Pourtant.... mais à quoi bon te quereller ? — Je fais de tes oublis ma proie, je remplis les fonctions de glaneur, de quoi me plaindrais-je ? De la besogne ? mais n'en a pas qui veut.

Seulement, pourquoi avoir négligé ces faits, ces incidents, quand tu en relatais d'autres qui, franchement, ne pesaient pas un hectogramme de plus que ceux-ci ? Pourquoi ? — voilà probablement une question fort délicate. C'est quasiment un point de confession, car sous le paletot masculin comme sous le mantelet féminin, il y a toujours maints et maints péchés mignons — en sorte que, comme je ne porte pas de robe noire, et comme je souhaite ne pas élaborer de déductions révélatrices — je me tais, disant avec la chanson :

> Par respect pour le cotillon
> De Françoise ou de Jeanneton.

Et pour ne pas succomber à des investigations plus ou moins littéraires, je continue mon relevé de tes omissions. Je cours un peu à droite et à gauche, je voltige en zigzag comme les papillons blancs qui nous venaient rendre visite à bord du *Commerce de Bastia*; mais il faut prendre son nez comme il est fait et ne pas l'arracher parce qu'il est trop gros. D'ailleurs — et je me plais à le répéter encore une fois, je ne suis point homme de lettres, et je n'ai pas le droit de mettre sur ma casquette :

> C'est moi qui suis Guillot, berger de ce troupeau.

Sans doute ta perspicacité aura déjà découvert mon nom, en sorte qu'il me semble inutile de te l'épeler, cher ami. Je sais bien que ma présence ici et là, simultanément, à la fois, te semblera impossible et que tu auras peine à concilier les comment avec les pourquoi. Mais j'allais dire mon secret, et ce mot-là ne doit jamais se prononcer qu'à la fin de la comédie, au moment où l'Empereur Auguste, vient dire lui-même :

— *Et nunc plaudite cives!*

Or donc, sans tant de périphrases, je reviens à tes négligences ; il serait sans doute plus strict de dire — à tes réticences, mais on ne pend pas tous les jours pour une parole inexacte. Cependant cela s'est vu.

Un matin que nous étions sortis pour flâner, avant que le soleil n'eût fait de Rome une fournaise ardente, nous rencontrâmes dans le quartier qui comprend l'Académie de France, un attroupement formidable.

Un Français qui ne s'arrêterait point au milieu d'un attroupement, ne serait pas un Français : or, nous étions deux, c'était un motif pour stationner deux fois. Ce groupe tumultueux et bavard, grossissait à vue d'œil. Les femmes — de fort belles Transtévèrines, sur ma foi ! — en composaient la majorité, et leurs costumes pittoresques, leurs cris, leurs gestes, fesaient que cet attroupement avait une physionomie toute particulière, toute spéciale, une apparence qui éloignait ce frisson de fièvre que toujours l'on éprouve lorsqu'on est en contact avec les foules sur la voie publique. De quoi s'agissait-il ? Telle fut la pensée première qui nous monta au cerveau. Malheureusement nous ne comprenions pas assez la langue italienne pour saisir rapidement le sujet et les causes de cette réunion extraordinaire. Mis en déroute de ce côté, nous aidant des coudes et des genoux, nous arrivâmes au centre, et là nous vîmes tous les doigts se tourner avec certaine horreur vers le mur d'un grand couvent de Dominicains, dont la blanche façade resplendissant sous les rayons du soleil levant, était constellée depuis le haut jusqu'au bas de larges taches couleur de bistre. Les femmes surtout, étaient les plus ardentes à désigner le mur, et à force d'écouter, je leur entendis raconter qu'il était tombé, le matin, une pluie de cette couleur sur le lavoir où elles étaient occupées à battre le linge, ainsi que sur le couvent. La veille, semblable pluie était tombée un peu plus loin, et les jours précédents sur des points divers du même quartier. Aussi y avait-il recrudescence de colère, car les belles Transtévèrines ne disaient pas comme moi, que c'était une pluie couleur de bistre ; sans rougir le moins du monde, elles prononçaient le substantif.... propre ; mais :

   Le latin dans ces mots, brave l'honnêteté.

Si cette pluie n'eût tombé que durant une journée, on y aurait fait à peine attention. A Rome on n'est pas d'une susceptibilité exagérée sur ce point.

Mais depuis plus d'un mois, chaque jour, soir et matin, à la même heure — quelque fût l'état du ciel — ainsi qu'une plaie d'Egypte, on sentait cette pluie arriver par les airs. Vainement s'était-on mis en observation, le guet le plus minutieux n'avait pu faire qu'on parvînt à la découverte de ce prodige.

Déjà quelques vieillards, habitués à la lecture des antiques chroniques italiennes, murmuraient que cette rosée couleur de bistre n'était pas ce que les savants indiquaient. De semblables taches sur les murs avaient apparu à Florence, six mois avant cette grande et terrible peste qui dépeupla la péninsule, et que Boccace a décrite.

Cependant, à la louange des progrès de l'instruction romaine, il est juste de déclarer que la majorité — et toutes les femmes sans exception — se raillaient de ces souvenirs historiques et restituaient aux taches susdites leur véritable nom, et le mot : vengeance ! circulait de bouche en bouche. Restait à savoir qui accuser ?

Quoiqu'en général, dans les fortes réunions populaires, il ne manque jamais d'accusateurs publics, habiles avocats qui ont toujours un nom à dévouer aux haines de la multitude, cette fois aucun nom ne sortait. Le fait était patent, l'auteur demeurait inconnu.

Inconnu ? peut-être ? car tous les doigts se portaient de nouveau avec obstination vers une des taches du mur, tache recouverte par un grand dessin estompé, qu'à distance, nous pûmes prendre pour la représentation d'un saint quelconque. Ceci se voit fréquemment en Italie.

Cette découverte bouleversait mes idées, renversait mes hypothèses. Si cette couleur de bistre était ce que je supposais, comment expliquer cette crainte respectueuse qui éloignait la foule du mur du couvent. Comment admettre qu'on n'aurait pas encore enlevé ce dessin estompé ? — en guise de pièce de conviction.

Il y avait donc perplexité dans mon âme, quand je me souvins, mon cher Victor, que tu possédais un lorgnon. Je m'en saisis, et à peine l'eus-je fixé sur ledit dessin, que je distinguai parfaitement : 1° que cette image, prise par moi pour la portraiture d'un saint, n'était qu'une simple *académie* représentant un lutteur ; 2° que cette *académie* était signée en toutes lettres : LEPOITTEVIN FECIT.

Je ne pus retenir un léger cri, que je me hâtai toutefois

de réprimer, car les Transtévérines avaient fixé sur nous leurs grands yeux noirs ardents, non plus d'amour, mais bien de colère, et j'observais qu'un nouveau geste pouvait nous désigner à cette populace ignorante pour les auteurs du badigeonnage des murs du couvent. Or, au milieu de la plèbe romaine, ainsi que de la plèbe de toutes nations, la moindre suspicion peut devenir cause de mort. Je me retirai donc, t'entraînant à la remorque, et une fois hors du danger, je te dis.

— Ce pauvre Lepoittevin !

— Qu'est-ce cela ? me demandas-tu assez surpris de ma phrase et du soupir qui l'accompagnait.

— Tu n'as donc pas vu ; cette image était signée : LEPOITTEVIN FECIT ?

— Je comprends bien, cela veut dire que c'est ton monsieur Lepoittevin qui est l'auteur de tout cela ; par ma foi ton monsieur Lepoittevin est un sale monsieur.

— Mais....

— Tout ce que tu voudras ; je le répète : c'est un sale monsieur.

— Mais malheureux, c'est un compatriote, c'est un grand prix de Rome, c'est un pensionnaire de l'Académie, c'est un de mes amis.

— Peu importe, c'est un sale monsieur.

— Encore une fois, il ne s'agit point de cela. Je ne comprends rien à cette espèce d'énigme ; mais si l'on vient à voir son nom, comme il doit être connu dans le quartier, puisqu'il demeure non loin d'ici, cela pourrait lui attirer une très-mauvaise affaire : la populace se fait souvent justice, en sorte qu'il serait bon de le prévenir, car il doit tout ignorer.

Sans plus de réflexion, car tu avais compris la gravité de la chose, nous nous rendîmes chez Lepoittevin en escaladant les nombreux étages qui le rapprochaient du ciel. Il était dans un petit atelier encombré de toiles, donnant sur une terrasse d'où l'on découvrait le panorama de Rome ; il nous tendit des cigarettes, nous offrit un tabouret et écouta avec un sang-froid imperturbable notre narration.

— Diable ! fit-il, j'avais pourtant dit à Beppo, de tourner la bascule.

— Comment la bascule ?

— Oui pardieu ! c'est une nouvelle machine de mon invention que j'ai envie de dédier aux autorités de cette ville. Mais venez voir, elle est sur la terrasse.

Et gravement il nous conduisit vers une petite machine établie à l'un des angles de la terrasse. C'était effectivement une bascule dominée par un haut pilier, qui passait par son milieu, et que faisait manœuvrer une corde enroulée autour du pilier, exactement comme ce jouet que les enfants font avec un noyau de pêche. A coup sûr, c'était une réminiscence. Les deux extrémités de la bascule se terminaient en larges palettes et semblaient des ailes de moulin à vent.

— La machine est simple, nous dit-il, et d'un usage qui ne laisse rien à désirer. Vous connaissez déjà Rome : vous savez ses inconvénients : ma machine y remédie, et en même temps nous ôte l'obligation de descendre chaque matin les immondices de la journée. La palette remplace tous les vases possibles : dès qu'elle est chargée, on tire la corde, aussitôt cette dernière imprime aux palettes un mouvement de rotation qui expédie à distance tout ce qui peut gêner. Comme je craignais qu'en envoyant cela sans précaution, on ne finît par s'en lasser, j'avais partagé le jeu de rotation de ma bascule en quatre parties, une pour chaque tour de cadran — et je vois d'après votre discours, que cet animal de Beppo, que j'ai nommé mécanicien-chef, a oublié depuis quelques jours de changer le cran. Je lui ferai une retenue sur ses appointements.

Il était impossible de conserver son sang-froid devant le calme railleur avec lequel Lepoittevin nous débita cette harangue, en faisant jouer la corde de la bascule.

— Voyez, cet imbécile, déchargeait nos palettes dans la direction des lavoirs où je trouve mes plus jolis et mes plus gracieux modèles. Cet homme n'a pas le sentiment du beau ; aussi je ne pense pas que jamais il puisse faire un artiste. C'est pourquoi je lui retiendrai cinq bayoques par chaque jour de délit. L'amende sera suffisante, n'est-ce pas ?

Nous éclatâmes de rire, et toi tout le premier, cher et digne ami, car Lepoittevin, à cette époque, possédait un talent de mimique admirable.

— Mais, fis-tu, ce fameux dessin, ce LEPOITTEVIN FECIT ?

Notre pensionnaire baissa la tête :

— Toujours Beppo ! Ceci me révèle de plus en plus que ce malheureux est à jamais incapable d'être artiste. Prendre mes chefs-d'œuvres du premier âge ; des dessins qui — si je deviens célèbre — se vendront à ma mort un prix fou ? Comme on a de la peine à se faire servir ! Je suis certain qu'il aura dépeuplé mes cartons. Plus je vais, plus j'acquiers la conviction qu'Italien rime avec ………

Nous avions la fièvre de rire ; nous ne nous arrêtâmes point pour plaindre notre compatriote du vol dont il avait été la victime. En ce moment tu ne songeais plus à le surnommer un sale monsieur. Tout était oublié et il nous montra avec une complaisance inimaginable ses cartons, ses esquisses, ses études, où brillaient déjà ce talent spirituel et railleur qui lui a fait si rapidement un nom illustre parmi les illustres.

Ce que devint le groupe ameuté par les Transtévérines devant les murs du couvent des Dominicains, nous n'en entendîmes plus parler ; il se dissipa sans doute, où il alla éclater sur un autre point.

Quant à la machine, elle continua de fonctionner quotidiennement jusqu'à l'époque où notre compatriote quitta Rome pour venir chercher à Paris la renommée, la fortune et la croix d'officier de la Légion-d'Honneur ; toutes choses qui ne sont certes pas à dédaigner, quoi qu'en disent certains humoristes, gens fâcheux, constamment occupés à dénigrer ce qu'ils ne posséderont jamais.

Cet incident faillit me faire oublier miss Evelina.

Mais je m'aperçois que tout en ayant manifesté la prétention licite de critiquer, cher ami, ton livre, — de combler les lacunes par toi commises, et les réticences précédemment combinées — j'arrive, sinon à faire un volume aussi gros que le tien, ce qui m'est bien loisible puisque j'ai partagé tes voyages — mais encore à éditer en quelque sorte mes confessions ainsi que mes souvenirs de touriste. Ce n'est point là mon compte non plus que le tien.

Nous pouvons laisser ce chapitre de côté, ainsi que la gentille Anglaise dont tu t'es refusé sans doute à parler, crainte de raviver des blessures que le temps a cependant cicatrisées. C'est une amicale délicatesse dont je te sais gré. Le siècle est dur ; et, pour une épigramme souvent hazardée, les neuf dixièmes de la population masculine ne reculeraient point devant le sacrifice d'une amitié. C'est un noble trait : une belle action, et franchement si les êtres barbus pouvaient concourir au prix Monthyon, j'userais de toute l'influence que je suis capable de posséder pour te faire octroyer une récompense académique.

Me voilà encore en déroute, et toujours par suite de réflexions philosophiques. Décidément Rome républicaine avait bien raison de bannir ces animaux bipèdes surnommés philosophes, comme inutiles et hostiles à la société ; il est vrai d'ajouter que Rome pontificale n'en possède guère et qu'elle n'en est pas plus florissante pour cela. Ceci n'empêche pas mon argumentation.

J'avais cependant un thème tout préparé, un texte qui devait figurer avec honneur dans mon commentaire. Au fond, c'était un reproche, une critique ; mais enfin — en passant par-dessus ton dos — elle devait servir à flageller tous ceux qui vivent cinquante ans dans leur pays, le plus beau pays du monde ! et qui ne trouvent rien à en dire, tandis qu'ils entassent volume sur volume, à décrire les contrées par eux traversées en diligence ou en wagon.

Puisque tout chemin conduit à Rome, ainsi que tu nous l'as très-spirituellement démontré, — tu aurais pu, ce me semble, commencer ton voyage.... par le commencement, c'est-à-dire par Epernay. Que de bonnes histoires tu devais avoir à glaner sur ces côteaux connus de tout l'univers qui sait boire ; que de gentilles anecdotes écloses sous la mousse pétillante du champagne. Dans ce coin de terre favorisé de Dieu, où la mythologie, si elle n'était pas si vieille, aurait placé le berceau de Bacchus, — que de bavardes et interminables épopées au milieu de ces vignes plus renommées que la Californie, et qui courent de collines en collines, d'Epernay à Hautvillers, à Ay, à Mareuil, à Avenay, à Avize et à mille autres localités dont les noms sont inscrits en lettres d'or sur ces bouteilles à forme spéciale, que le commerce baptise — même quand elles sont vides — du glorieux surnom du vin qu'elles sont destinées à renfermer.

Si l'histoire moderne t'avait semblé un sujet trop scabreux à traiter, et je comprends cette excuse lorsqu'on est connu de ses contemporains et lorsqu'on les connaît tous, ainsi que cela arrive dans les petites villes, n'avais-tu pas les vieilles légendes de la Marne, dont tu pouvais faire ton bien ; les drames du passé dont tu devais enrichir ton itinéraire ? Dans notre société déjà si vieille, il n'est pas une pierre qui ne puisse raconter un fait, un évènement dont elle a été le témoin impassible. Chaque rue, chaque maison ont leurs annales, leurs tragédies et leurs comédies : il n'est si mince monticule qui n'ait servi de théâtre à un incident souvent très-grave, toujours pittoresque. Mais on n'est jamais content de ce que l'on a : on veut toujours chasser sur le terrain des autres : pomme volée vaut mieux que pomme donnée, c'est l'éternel travers de l'esprit humain.

Aussi, pour te prêcher d'exemple, pour te démontrer combien l'ingratitude natale est parfois chose mauvaise, je te laisse, marchant, courant, soufflant, suant par toutes les rues de la ville éternelle ; inspectant les monuments ; appréciant les camées, les mosaïques, les médailles et les chapelets, et d'un seul bond — de madame mon imagination — je reviens à ton point de départ, c'est-à-dire à Epernay. Ceci n'est pas une histoire romanesque, inventée à plaisir, c'est la vérité vraie, Louis XV, le bien-aimé, régnait toujours en France et au Parc aux cerfs.

Heureusement on s'en préoccupait peu à Epernay — et moins encore au faubourg Saint-Laurent. On ne parlait guère du roi que lors de l'arrestation des pauvres gens impuissants à payer l'impôt ; alors quand la Maréchaussée leur mettait la main sur le collet : Au nom du roi ! cet acte apprenait seulement aux très-humbles sujets de S. M. très-chrétienne qu'ils étaient sous la domination du roi de France et de Navarre, taillables et corvéables à merci. Mais encore une fois, on ne s'inquiétait pas de cela, durant cette soirée — dans le faubourg Saint-Laurent.

L'impôt était payé — peut-être ? — En tout cas, on n'y songeait point.

Sous la haute porte cochère d'une des plus vieilles maisons de ce vénérable faubourg, s'ébaudissait une douzaine de jeunes filles et de jeunes garçons, non plus de la première jeunesse, car ils comptaient de quinze à dix-huit années, et partant ils s'amusaient à des jeux plus sérieux que la cachette. Ce néanmoins, on venait de quitter une joyeuse partie de main-chaude dont les bruyants et rustiques incidents avaient rougi plus d'une main, et empourpré plus d'un gracieux visage. Mais les plus belles choses du monde finissent par amener l'ennui, et la bande lutine et folâtre passant sans la moindre logique d'une série d'idées à une autre, semblait ne plus trouver de plaisir qu'à crier sur toutes les notes possibles, et avec une brillante vigueur de poumons :

— La mère Pitanchon ! la mère Pitanchon !

Ce n'était pas un jeu nouveau que l'on voulait inaugurer. La mère Pitanchon était une vieille qui pouvait atteindre à son soixantième printemps. Cheveux gris, chef branlant, yeux rougis, joues éraillées, dos voûté par l'âge, tel était le personnage dont cette folle jeunesse réclamait la présence à grands cris.

Il est vrai qu'alors la mère Pitanchon était l'une des célébrités d'Epernay.

La mère Pitanchon disait la bonne aventure.

Or, à cette époque, encore peu avancée dans les sciences occultes, dans ce siècle où le baquet de Mesmer qui révolutionnait déjà tout Paris, était un mythe inconnu à la province, la qualité de diseuse de bonne aventure, n'était pas de médiocre importance — on pendait bien quelquefois ceux ou celles qui exerçaient cet art divin, — mais on n'avait point pris l'habitude de les conduire sur les bancs de la police correctionnelle, sous prétexte de filouterie.

Il est vrai que la police correctionnelle n'était pas encore inventée. A force de crier, de piailler, de beugler et de glapir, en chœur plus ou moins harmonieux :

— La mère Pitanchon ! la mère Pitanchon !

Ce docte représentant de la science divinatoire apparut sur le seuil d'une porte basse, ouvrant sur l'espèce de cour placée immédiatement après la porte cochère. Nous avons dessiné son portrait. Ajoutons-y que la vieille s'appuyait sur un bâton, et que son torse, dévié, enveloppé dans un ample casaquin jaune, finissait par une cotte en serge rouge.

— Eh! bien, eh! bien, fit-elle, d'une voix chevrotante, que voulez-vous à la mère Pitanchon, mes enfants?

Rien que le son fêlé de cette voix, suffit à ramener la gravité sur la physionomie mobile et souriante de tous ces jeunes gens. Les causeries s'envolèrent ainsi qu'une bande de moucherons devant un souffle glacial, et on se groupa, jeunes filles avec jeunes garçons, pour se donner en quelque sorte, un peu de courage, ce qui commençait à manquer principalement aux plus folles et aux plus espiègles. Il ne s'agissait plus d'aventurer la main à l'aveuglette sur son dos.

— Eh! bien, que voulez-vous? répéta encore la vieille en promenant ses yeux vitrés sur la joyeuse bande.

— Dites-nous la bonne aventure, la mère, dit en sortant des rangs un beau garçon bien découplé, à la mine rose et hardie, qui semblait l'aîné et par conséquent le chef de toute la troupe.

— Tu chantes aussi haut qu'un coq aujourd'hui, Saint-Louis, dit la bonne femme en ricanant. Est-ce que la petite Colette est par-là?

— Allez, allez, toujours, la vieille. Tirez-nous la bonne aventure.

— Hé! hé! mon garçon, tu es plus fier que tu n'es gros. Mais là, c'est pas défendu d'aimer la petite Colette, c'est un beau brin de fille.

La petite Colette, qui était effectivement là avec ses compagnes, se cacha la figure avec son tablier; elle était plus rouge qu'un coquelicot.

— La bonne aventure! la bonne aventure! dirent quelques jeunes filles qui étaient plus braves que les autres, parce qu'elles se trouvaient par derrière.

— Et si je vous dis la mauvaise aventure, mes enfants ? grogna encore la vieille.

— Dites toujours ! répliqua avec fermeté Saint-Louis.

— C'est bien, c'est bien — on va vous conter l'avenir, attendez. Mes vieilles jambes ne peuvent me soutenir comme les vôtres, et je vais m'asseoir là, sur le banc de pierre qui est devant la porte.

— Oui, oui, la mère Pitanchon.

On aida la bonne femme à se rendre à l'endroit qu'elle avait désigné, et lorsqu'elle se fut soigneusement assise, on fit cercle autour d'elle avec un empressement qui dénotait toute l'immense curiosité des jeunes filles de ce temps-là.

— Voyons, qu'est-ce que vous me donnerez ? fit la vieille en parcourant du regard son auditoire.

La jeunesse n'est jamais riche. Les garçons n'avaient point de monnaie, et un silence général accueillit cette demande préliminaire.

Cependant il fallait aviser. La vieille, inspectant avec un sourire railleur chaque visage, attendait et paraissait fermement résolue à ne pas ouvrir la bouche.

Saint-Louis enleva la boucle d'argent qui attachait le devant de sa chemise, et la mit dans la main de la mère Pitanchon.

— Est-ce assez ? dit-il.

La vieille examina la boucle, la mit dans sa poche, et murmura un : oui strangulé qui ramena sur toutes les figures une vive expression de contentement.

— Allons, viens Saint-Louis, puisque tu fais le généreux, tu passeras le premier. Donne-moi ta main, mon garçon. Non pas la droite, la main du cœur, la gauche! Voyons ce qu'il y a. Ne trembles point comme une poule à qui on va couper le cou. Je ne veux pas te faire de mal.

— Voilà tout ce que vous savez dire? murmura le jeune homme.

— Hé! hé! attendez, attendez, mon garçon.

Et prenant la main gauche de Saint-Louis, elle l'étendit et l'étudia quelques minutes, passant ses doigts osseux sur les lignes dessinées dans l'ouverture de la paume.

— Tu ne travailleras pas aux vignes, toi. Tu entreras bientôt en condition chez des gens en robe noire. Tu auras une bonne place à ne rien faire. Attends un peu. Mais le père de celle que tu recherches ne voudra pas te donner sa fille, parce que tu aimes trop à faire le glorieux.

— Allez donc la vieille, c'est le père Caquoin qui vous a dit cela.

Colette se cacha encore le visage dans son tablier.

— Eh bien, fit la vieille avec colère, si le père Caquoin m'a dit cela — voici ce qu'il y a écrit dans ta main pour ceux qui savent lire, — on te refusera Colette, quoiqu'elle t'aime bien, tu iras demeurer dans le clocher du père Caquoin, et toujours à cause de Colette, tu seras pendu.

La jeune fille se prit à sangloter.

— Pendu! s'écria Saint-Louis.

— Oui, mon bel ami, bien pendu sur le cou, sur la place du Marché, devant tout le monde. On viendra de Reims pour te voir, et tu auras beau faire, cela t'arrivera. Allons les autres, venez, venez, mes enfants, que je vous dise aussi la bonne aventure.

Mais les prédictions faites à Saint-Louis étaient trop sinistres pour engager le reste de la bande à confier ses mains à la mère Pitanchon, aussi le cercle recula-t-il avec un visible effroi, et sans mot dire, chacun se dispersa. Saint-Louis suivait doucement Colette, et tout bas derrière elle, il lui murmurait à l'oreille :

— Ce n'est pas vrai, allez, ne craignez rien. C'est que la vieille sorcière était en colère !

Mais Colette sanglotait toujours et ne répondait pas une seule syllabe. Cependant lorsqu'ils arrivèrent auprès de la petite maison où demeurait maître Caquoin, le père de la jeune fille, Colette essuya doucement ses yeux et se retournant vers Saint-Louis, lui dit avec gracieuseté et de la main :

— Partez, si mon père nous voyait ensemble, il nous gronderait fort. Partez....

Saint-Louis l'embrassa, un peu malgré elle, car la mutine semblait ne pas le vouloir et il disparut lestement par une des petites rues qui débouchaient sur la place Notre-Dame, en répétant encore :

— Ce n'est pas vrai ! ce n'est pas vrai ! le père Caquoin n'est pas si dur qu'il en a l'air.

Pourtant, maître Caquoin, le sonneur de ville, avait la réputation de parler haut et de frapper ferme.

Qu'arriva-t-il à Colette lorsqu'elle rentra au manoir redouté, l'histoire ne le raconte pas. Ce néanmoins, soit à cause de la sinistre et redoutable prédiction de la mère Pitanchon, soit pour éviter une correction paternelle, la jeune fille cessa d'aller où Saint-Louis pouvait se trouver. On avait parlé en ville de la destinée annoncée au pauvre vigneron, et cela seul suffisait à motiver la réserve de Colette, et le soin extrême qu'elle prenait d'éviter son ancien amoureux. Pour être juste, il faut pourtant avouer que l'ébruitement des paroles de la sorcière ne provenait pas du fait de la fille du sonneur. Elle soutenait même n'avoir rien entendu. Mais toutes celles qui avaient été dédaignées par Saint-Louis, et le nombre en était grand, toutes celles qu'il avait négligé de faire danser aux fêtes des villages avoisinants, tandis qu'il était avec Colette le plus ardent et le plus beau dans les quadrilles, avaient été heureuses de saisir cet incident fortuit pour tirer vengeance du délaissement dont elles avaient été les victimes. Ce n'est pas qu'Epernay manquât alors de jeunes gars bien tournés et aimant le noble jeu de la danse — il y en avait peut-être plus dans ce bon vieux temps qu'aujourd'hui ; — mais encore une fois, Saint-Louis était beau, bien cambré, toujours gai, accoutré à merveille, et nul plus que lui, n'était l'âme d'un bal ou d'une réunion champêtre. Il excellait à tous les jeux, il était vif, indomptable, aussi avait-il autant d'amoureuses qu'il y avait de beaux yeux dans la bonne ville.

Heureusement il était aussi sage que Saint-Joseph. Ou mieux il n'aimait que la gentille Colette ; il n'avait de regards que pour elle, il ne voyait qu'elle, et sa plus grande ambition était de l'avoir pour femme en tout bien et tout honneur.

Les mœurs de sa majesté Louis XV n'avaient pas débordé au-delà des nobles châteaux.

Malheureusement Saint-Louis était pauvre, pauvre comme Job.

Dans ce temps-là, on était à peu près en 1781, le conseil de ville d'Epernay qui trouvait que la démolition des portes et des vieilles murailles de la cité, œuvre qui avait traîné en longueur depuis l'an 1772, où le pic s'était abattu pour la première fois sur les vénérables débris de l'antique châtellenie gênait considérablement la circulation publique — le conseil qui trouvait que ces ruines permanentes ne faisaient point l'ornement de la ville, avait résolu d'utiliser ces matériaux, C'était comme une véritable carrière de pierres de roche que la Providence mettait à la disposition des notables et ils s'ingénièrent tant, qu'ils finirent par trouver un moyen de l'utiliser.

Sur l'emplacement des anciennes portes, le conseil de ville avait donc arrêté qu'on replacerait quelque chose d'analogue, mais dans un goût moins massif, et surtout dans une architecture qui ne permît pas à ces nouvelles constructions de devenir plus tard de petites forteresses.

Les gens du roi tenaient beaucoup à cela, et comme on connaissait l'humeur belliqueuse des Sparnaciens, leur facilité à prendre part à toutes les querelles et à toutes les émotions, on avait méticuleusement examiné le plan des nouveaux embellissements.

Les temps sont bien changés, et avec eux les mœurs. Mais ceci se passait en l'an de grâce 1781.

Or donc, il avait été décidé qu'on ferait bâtir à la Porte-Lucas des casernes pour loger la Maréchaussée, qui avait constamment fort à faire, qu'aux deux côtés de cette porte on élèverait deux tourelles de vingt pieds de haut, fort étroites—

toujours par crainte des émotions populaires, et bâties en forme de cône. Au-dessus devaient briller les armes de France ; semblable décision avait été prise pour la porte de Châlons. Seulement ces dernières tourelles qui existent encore, ainsi que celles de la Porte-Lucas, et qui composent les uniques ornements de la ville — ces dernières tourelles devaient avoir une hauteur de vingt-cinq pieds et être couronnées par une fleur-de-lys.

Quoique ces constructions, qui coûtèrent beaucoup d'argent à la ville, beaucoup de peine et de fatigue au conseil — et qui attestent le goût le plus déplorable et le plus barbare que l'on puisse imaginer — fussent en quelque sorte parachevées en l'année 1781, il restait encore à y mettre la dernière main. Les portes et les fenêtres n'étaient pas posées, on y entrait comme on voulait : les petits garçons allaient y jouer lorsqu'il fesait mauvais temps, ce qui arrive fréquemment à Epernay, et les vagabonds ou les mendiants y trouvaient pendant la nuit un gîte moins humide et plus sain que le gazon des champs ou la feuillée des forêts.

Un soir donc, plusieurs mois après la lugubre prédiction de la mère Pitanchon, on aurait pu voir la fille du père Caquoin se diriger à petits pas, en tournant fréquemment la tête derrière elle — vers la caserne de la Maréchaussée. Elle paraissait assez tremblante, assez peureuse, mais lorsqu'elle fut entre les deux tourelles, rassurée sans doute, ou peut-être mieux épouvantée par la solitude qui régnait dans ces lieux, elle se prit à tousser d'une manière suffisant à indiquer que le rhume n'était pour rien dans le bruit qu'elle fesait.

Une toux qui partait de l'intérieur de la caserne lui répondit immédiatement. Comme un écho et presqu'aussitôt, Colette doubla le pas et courut pour ainsi dire vers l'entrée principale, où deux piliers dessinaient déjà une porte cochère.

— Etes-vous là ?

Point de réponse. La jeune fille hésita. Elle regarda derrière elle d'abord, puis au loin en avant vers le faubourg Saint-Laurent ; enfin elle prit courageusement son parti et elle franchit l'entrée de la caserne, non sans répéter une seconde fois, et toujours à mi-voix :

— Etes-vous là ?

Un : oui ! vigoureusement accentué lui répondit, et du milieu des constructions sortit un grand garçon dont les bras enlacèrent aussitôt la taille svelte de Colette, dont la bouche appliqua sur ses joues un bon baiser retentissant qui aurait éveillé la Maréchaussée, si déjà elle avait habité cette demeure que le conseil de ville avait eu tant de peine à édifier.

— Oh ! vous m'avez fait peur ! fit la jeune fille.

— Vous saviez bien que je vous attendais.

— C'est que mon père n'était pas couché, et....

— Peu importe maintenant le temps que j'ai passé à vous attendre. Vous êtes venue, c'est l'essentiel. Merci, merci, vous êtes gentille comme un ange.

Et un nouveau baiser résonna sur la joue potelée de Colette.

— Si vous continuez je vais m'en aller.

— Vous ne serez pas si méchante ?

— Oh! si, bien vrai. D'ailleurs.... et ici elle s'arrêta un moment, puis elle continua d'une voix mouillée de larmes : D'ailleurs, ma mère ne veut plus que je vous voie. Elle a parlé tantôt à mon père, et, comme de coutume, il a dit qu'il aimerait mieux me jeter à la Marne, que de sonner les cloches pour notre mariage.

— Ah! fit avec désespoir et colère le grand garçon.

— Oui. Ma mère vous aime bien, mais elle dit que mon père n'a pas tort.

— Ah! elle dit comme cela. Et pourquoi?

— Elle dit que rien avec rien ça fait misère en ménage, et qu'il faut mieux se mettre une pierre au cou et se jeter à l'eau que de se marier quand on n'a rien.

— Ah!

— Oui!

Et la pauvre enfant sanglotait.

— Comment donc faire! murmurait avec un accent douloureux le jeune homme. Est-ce que c'est ma faute si je n'ai rien? Est-ce que je ne suis pas fort? Est-ce que je ne sais pas travailler? Est-ce que je suis un paresseux? Est-ce qu'avec cela on ne peut pas gagner de l'argent?

— Oui, mais mon père dit qu'on n'a qu'à tomber malade, qu'il n'y a qu'à venir une mauvaise année — et il y en a souvent — et puis il dit encore.....

— Que dit-il? fit avec hésitation l'amoureux de Colette.

— Il dit... il dit, fit la jeune fille en donnant un libre cours à ses larmes, que vous finirez mal.

— Oh! je tordrai le cou à la mère Pitanchon! Ah! vieille sorcière, tu me le paieras.

— Non, non, Saint-Louis, il ne faut pas faire çà !

— Vous ne m'aimez plus Colette ?

— Est-ce que je serais venue, sans cela ? Et elle sanglotait toujours.

— Hé bien ! je me ferai soldat.

— Oh ! non, non.

Et leurs bras s'enlaçaient plus fort que jamais : mais il y avait trop de deuil au fond de leurs cœurs pour qu'ils songeassent seulement une minute qu'ils étaient jeunes et qu'ils s'aimaient plus que tout au monde. Ils s'assirent donc silencieux sur une grosse pièce de bois que les charpentiers avaient équarrie pendant la journée, et ils restèrent ainsi quelques instants dans une douloureuse et amère méditation.

— Il faut m'en aller, dit Colette.

— Déjà, ah ! mon Dieu ! mais j'en mourrai.

— Ma mère me gronderait et le dirait peut-être demain à mon père, et alors, pour sûr, je serais battue.

— Mais que faire ? que faire ? Colette, dites-moi donc quelque chose ?

— Si vous entriez en condition, vous gagneriez de bons gages, et alors.... peut-être.....

— Oui, fit avec ironie le jeune homme, et quand je serais parti, votre père vous marierait, et vous, vous auriez bientôt fini de m'oublier. Oh ! mon Dieu ! que c'est donc malheureux d'être pauvre.

— Je ne me marierai pas ! fit avec résolution la jeune fille.

— Bien vrai ?

— Aussi vrai qu'il n'y a qu'un Dieu ! Du reste, vous le savez bien.

Cette fois les larmes étaient séchées, les sanglots s'étaient envolés, Saint-Louis embrassa de nouveau Colette. Mais elle s'en défendit et fit mine de lui quitter le bras.

— Non, finissez — sans cela je ne vous verrais plus.

— Eh ! bien, je ferai ce que vous voulez, Colette, je chercherai bientôt à entrer en condition.

— Cherchez de suite.

— Je chercherais bien demain, mais où ? on ne trouve pas encore facilement ; on n'aime pas beaucoup prendre un vigneron. Mais je chercherai demain, je vous le promets, vous le direz à votre mère.

— Allez voir M. Rollet, curé et prieur d'Epernay ; c'est un bien honnête homme.

— Je ferai ce que vous voudrez.

— Hâtez-vous — et maintenant bonsoir.

— Je vous reconduirai.

— Non. Je ne veux pas.

— Oh ! si, on ne nous verra pas. Nous passerons par les petites rues.

— Oui, pour m'embrasser, non, non, adieu !

Et ce disant, elle se sauva vers les tourelles de la porte Lucas. Mais en deux ou trois bonds, Saint-Louis l'atteignit et lui prit de nouveau le bras sans qu'elle osât trop cette fois lui résister. De la porte Lucas à la place Notre-Dame, en prenant le chemin le plus long, par les petites rues détournées, ils continuèrent à bâtir des châteaux en Espagne comme on a coutume de le faire quand on est jeune, et leur douleur mutuelle était, grâce à ces merveilleux projets, complètement évanouie quand on vit la petite maison du père Caquoin, rue Chocatelle. Une lumière qui brillait encore aux vitrages annonça de suite à Colette que sa mère l'attendait.

— Pas plus loin, fit-elle, il ne faut pas me faire gronder. Allez vous-en, Saint-Louis, allez vous-en, je vous prie.

— Allons, adieu ! Et en même temps il voulut l'embrasser ; mais la malicieuse jeune fille, qui se doutait de l'intention de son amoureux, lui avait doucement quitté le bras, et en deux ou trois rapides et folâtres enjambées avait gagné le seuil de la demeure paternelle.

Saint-Louis hésitait s'il ne la poursuivrait pas jusque-là. Mais craignant la colère du vieux sonneur de ville, il tourna les talons en envoyant de loin un baiser enfantin avec la main et en murmurant :

— Adieu ! adieu !

— Psitt ! psitt ! fit Colette.

Il accourut et l'embrassa, toujours un peu malgré elle.

— Ce n'est pas pour cela que je vous appelle, dit-elle avec une gracieuse petite moue. Voici où habite M. Rollet, il faut que vous y alliez demain, ne l'oubliez pas et bonsoir.

En même temps elle leva doucement le loquet et referma la porte presque sur le nez de Saint-Louis qui s'éloigna enfin, en chantonnant, et la tête levée vers les étoiles. Il était plus heureux qu'un roi.

Le lendemain, ainsi qu'il l'avait promis à Colette, il alla se présenter chez le prieur. Comme c'était un garçon de bonne mine, robuste, adroit, qui n'avait aucune peccadille à se reprocher, dont on vantait l'honnêteté et qui n'était point sot, le prieur le trouva de son goût et le prit immédiatement à son service.

La domesticité, à cette époque, n'était pas encore tout-à-fait un métier, c'était presqu'un état ; aussi cette nouvelle position augmenta-t-elle l'estime qu'avaient toutes les jeunes filles pour Saint-Louis, et pas une d'elles ne parut se souvenir des prédictions de la mère Pitanchon. Grâce aussi à son entrée dans la maison du prieur, il put se faire tolérer par le père Caquoin, et en peu de temps ce dernier, oubliant ses préventions, le laissa venir chez lui, au grand contentement de Colette, et le considéra en quelque sorte ainsi que le fiancé de son unique héritière.

La jalousie des jeunes filles remit encore en avant la maudite prédiction, mais cette fois le père Caquoin n'y fit plus attention, et malmena ceux qui venaient lui rappeler ce souvenir. Toutefois quand Saint-Louis abordait en tremblant le chapitre du mariage, il lui répondait en clignant les yeux :

— Pas encore, pas encore, mon garçon, nous sommes toujours trop jeune, il faut amasser, il faut mettre de côté. Quand tu auras cinquante louis d'or dans un beau sac, nous verrons, il sera temps alors de faire la noce.

Cinquante louis d'or ! c'était là l'enfer de Saint-Louis.

Comment gagner cinquante louis d'or et acheter des rubans à Colette ?

Un jour que le père Caquoin lui avait répété, peut-être pour la millième fois, ses recommandations d'économie, et lui avait derechef désigné la somme maudite à laquelle il fallait atteindre, Saint-Louis courut s'enfermer dans le petit cabinet où il couchait — et comme il avait été aux écoles, qu'il savait lire et écrire — il se mit à calculer combien de temps il lui faudrait, avec ses gages, pour amasser ces cinquante louis qui, dans ses rêves, dansaient toute la nuit de frénétiques sarabandes devant ses yeux, et qui disparaissaient aussitôt que sa main voulait avidement les saisir.

Le prieur était convenu avec lui de cinq louis d'or par an. C'était donc une attente de dix années. Mais avec cela il fallait se vêtir, faire quelques petites dépenses, donner de temps en temps un joyau à Colette, si bien qu'en additionnant tout ensemble, et les gages et les cadeaux qu'il pouvait recevoir, puis en opérant la soustraction, il se convainquit qu'il ne saurait mettre de côté plus de trois louis par an.

Trois louis par an, à ce compte il fallait patienter durant dix-sept années ! Le pauvre garçon poussa un cri de terreur lorsque sa science lui eut révélé ce chiffre effrayant.

Dix-sept années : mais il serait vieux alors, et Colette ? Colette ne voudrait pas attendre aussi longtemps.

Il pleura, il s'arracha les cheveux, renversa tout, maugréa et jura — lui qui ne jurait jamais, surtout depuis qu'il était dans la sainte maison du prieur — puis, épuisé par cet accès de désespoir, il se jeta sur son lit, sans s'inquiéter le moins du monde si son maître pouvait avoir besoin de ses services. La prostration où l'avait mis la violence de sa douleur l'endormit bientôt, et dès que le sommeil eut clos ses paupières, il se mit à rêver, comme c'était son habitude — et toujours à rêver des louis d'or qui lui manquaient pour obtenir la main de Colette.

Au milieu de ce rêve qui l'oppressait, ainsi que s'il avait eu le cauchemar, il aperçut dans la chambre voisine de son cabinet, chambre où couchait le prieur, de grosses piles jaunes de louis qui voletaient à droite et à gauche, comme si une pluie du précieux métal eût tombée sur le plancher. Et toujours, dans son rêve, il tendait les bras, il criait ; mais les louis semblables à des papillons lui échappaient des mains, et semblaient s'enfuir à tire d'aile en lui effleurant les doigts. Vainement s'efforçait-il de courir à leur poursuite, ils fuyaient plus vite que lui, et au moment de poser la main sur leurs effigies resplendissantes, ses poignets se raidissaient, ses jambes s'arrêtaient, et il restait paralysé au milieu de la chambre, contemplant avec une rage inexprimable les gracieuses et rapides évolutions de la monnaie royale.

Il agonisait — et les louis dansaient toujours devant lui, voltigeaient autour de ses tempes et produisaient en se heurtant cette musique métallique qui donne la fièvre de la possession. Et lui — lui — il ne pouvait remuer. On aurait coulé du plomb dans ses veines qu'il ne serait pas resté plus immobile. Il haletait comme si un soleil de quarante à cinquante degrés fût tombé d'aplomb sur son corps, et il se sentait lentement mourir.

Enfin, au moment où il était sur le point d'expirer, le sang circula de nouveau dans ses artères, il put s'élancer, il put recommencer la chasse à laquelle il s'était livré auparavant; mais à la minute même où il venait de s'emparer d'un groupe épais qui voletait plus bas que les autres, il lui coula dans les doigts, et remontant doucement vers le plafond, il sautilla encore un menuet au-dessus de sa tête, puis il vint s'enfoncer comme par enchantement dans la bibliothèque soigneusement fermée, où le prieur tenait ses livres et ses papiers. En s'enfonçant dans ce meuble massif, en chêne noir et solide, garni de ferrures formidables, chaque louis sembla s'empiler sur le premier qui s'était enfoncé dans la bibliothèque, et produisit de la sorte un bruissement qui dura pendant une demi-heure. Lorsque le tintement, causé par cette chûte, se fut en quelque sorte évanoui d'une manière complète, Saint-Louis se réveilla, meurtri, brisé, fatigué, souffrant comme s'il était tombé du haut d'une maison.

Il sauta à bas du lit, se frotta les yeux et tendit l'oreille — il écoutait toujours ce son joyeux de l'or, ce son qui fait bondir et palpiter l'homme sauvage comme l'homme civilisé.

— Quel beau rêve! fit-il avec douleur. Si j'avais seulement la moitié.... le quart de tous ces beaux louis... demain j'épouserais Colette.

Il resta encore quelques minutes à réfléchir : puis, cédant à son désespoir, il murmura cette suprême imprécation du mauvais pauvre :

— Non, Dieu n'est pas juste!

La voix du prieur, qui l'appelait pour son service, le tira avec brusquerie de ces méditations sacriléges. Mais huit jours après son front n'avait pas encore dépouillé la tristesse souveraine que ce rêve lui avait imprimé. Il ne répondait plus que par monosyllabes, il contredisait le père Caquoin, il n'entendait plus ce que lui disait Colette, enfin il s'attirait plusieurs fois par jour les reproches de M. Rollet pour son inadvertance ou sa maladresse. Il avait maigri, ce n'était plus ce beau Saint-Louis, l'orgueil du faubourg Saint-Laurent, l'aimant qui attirait à lui les cœurs de toutes les jeunes filles de Grand'Pierre, du Haut-Pavé et même d'Epernay.

— Bien sûr il est malade ! disait Colette au père Caquoin quand ce dernier grommelait contre lui — il change à vue d'œil.

— Bah ! disait le sonneur, on verra bien, il n'est pas encore mort !

Et la pauvre enfant soupirait.

Sur ces entrefaites, M. Rollet eut à aller voir le prieur des Bénédictins à Hautvillers, et Saint-Louis resté seul à la maison, toujours obsédé du rêve maudit qui tournoyait devant ses yeux comme une vision fantastique — Saint-Louis entra dans la chambre du prieur et alla examiner la bibliothèque. Cette inspection terminée, sans pouvoir se rendre compte de sa superstition, il alla prendre une échelle et grimpa jusqu'au haut de la bibliothèque pour voir le trou par lequel — suivant son rêve — les louis s'étaient enfoncés dans ce meuble antique, qu'il avait maintes fois épousseté sans songer à lui faire subir un examen aussi minutieux.

Il n'y avait pas de trou !

Mais en descendant de son échelle, la bibliothèque était ouverte ; le haut de l'échelle en appuyant sur l'un des volets avait fait en quelque sorte levier, et soit qu'on eût oublié de fermer, soit que le pêne de la serrure jouât facilement, un des volets s'était entr'ouvert. Saint-Louis se préparait à le pousser, et regrettait déjà sa curiosité, quand un regard involontaire jeté à travers l'entrebâillement fit étinceler des piles de louis d'or.

Il recula, puis saisit le volet. Il ne voulut pas se fermer. Le pauvre serviteur tremblait, il alla reporter son échelle espérant que l'éblouissement qui le fesait tournoyer sur lui-même se passerait, mais à peine avait-il déposé l'échelle dans le fournil qu'une volonté plus puissante que sa raison le ramena, haletant et essoufflé, dans la chambre du prieur.

Si les louis s'étaient envolés?

Non, — ils étaient plus brillants, plus jaunes, plus joyeux que jamais. Il en prit une pile pour les compter — il y en avait cent cinquante de plus qu'il ne lui fallait pour épouser Colette. Ils lui brûlaient la main, il les replaça soigneusement à côté des piles voisines.

— Mon Dieu! fit-il, que M. le prieur est heureux!

Et il poussa de nouveau le volet. Mais cette fois encore le pène de la serrure ne voulut point rentrer dans son alvéole, et l'effort qu'il fit, occasionna la chûte d'une des piles.

Le bruit qui retentit sembla lui monter au cerveau, un nuage passa sur ses yeux, et d'une main avide il saisit la pile écroulée, puis la voisine, et les enfouit dans la poche de son haut de chausses. Ensuite claquant le volet avec violence sans s'inquiéter si cette fois il se fermait, il s'élança dans son cabinet et cacha les louis dans sa paillasse.

Là le remords l'aiguillonna. Il reprit une à une les pièces éblouissantes, et chancelant, il retourna dans la chambre de son maître. La bibliothèque était refermée!

Une joie indicible lui traversa le cœur. Cependant il essaya à deux ou trois reprises d'ouvrir le meuble; il y échoua.

Aussitôt il retourna à son lit, y cacha de nouveau l'or du prieur, et lorsqu'il crut avoir placé ces louis d'une manière introuvable pour tout autre que pour lui, il répondit tout haut aux secrets reproches de sa conscience.

— Est-ce que M. le curé n'est pas assez riche ?

La vertu et l'honneur avaient capitulé.

Il alla passer la soirée chez le père Caquoin — mais quoique désormais il fût certain de posséder Colette, il fut triste et chagrin plus encore que les jours précédents.

Toute la nuit et le lendemain, il chercha à combiner un prétexte capable de justifier, non pas la possession de tout ce qu'il avait pris, mais seulement la présence des cinquante louis qu'il voulait montrer au sonneur pour le sommer de tenir sa parole.

Le prieur était toujours à Hautvillers.

Mais Saint-Louis eut beau creuser sa cervelle, faire les combinaisons les plus ingénieuses, les romans les plus habiles, il lui fut impossible d'arriver à la confection d'une histoire vraisemblable.

La fièvre commença à le prendre. M. Rollet venait de rentrer de son voyage.

Soit par méfiance, et parce que souvent il avait déjà été trompé, soit par le simple effet du hasard qui, en toutes choses, joue constamment un plus grand rôle que celui que nous voulons bien lui assigner — soit par suite de quelques remarques matérielles faites sur les volets de sa bibliothèque — le prieur vit de suite le vol commis à son préjudice. Il serra précieusement dans un autre meuble les dernières piles de louis que l'on avait respectées, puis sans appeler Saint-Louis, sans le questionner, sans qu'aucun fait antérieur eût pu motiver ses soupçons, obéissant à une idée subite, et dans la première colère de son indignation, il alla dénoncer son domestique. L'accusation suffisait jusqu'à preuve du contraire, et moins d'une heure après que la plainte avait été déposée, la Maréchaussée arrivait au couvent, où elle saisissait le malheureux fiancé de Colette, malgré la résistance la plus énergique et la plus désespérée.

La rapidité de la démarche de M. Rollot, et le secret absolu qu'il avait gardé sur ses intentions avaient fait que Saint-Louis avait été surpris au moment où il s'y attendait le moins, à l'heure où il ne pouvait encore supposer que le prieur eût regardé dans sa bibliothèque. Mais une fois ce premier accablement qu'éprouve tout homme innocent ou coupable, lorsqu'il se trouve entre les mains de la justice, complètement passé, — quand il se fut laissé lier les mains en pleurant, la colère et la rage le saisirent; il brisa comme il eût fait des toiles d'araignée, les cordes qui lui gonflaient déjà les poignets, et il fallut une lutte violente pour lui faire abandonner ce pauvre cabinet où il avait fait des rêves si splendides, où il pensait avoir enfin trouvé le bonheur. Toute l'horreur de sa position, peut-être aussi toute l'énormité de sa faute lui apparurent alors d'une manière distincte sous les yeux, et il essaya de fuir. Mais il était solidement garotté, et les coups de plat de sabre qui tombaient sur ses épaules le forcèrent à sortir du couvent, pour traverser une foule nombreuse qu'avait fait accourir des rues avoisinantes, l'apparition de la Maréchaussée, et le mot de vol qui circulait déjà de bouche en bouche, commenté et exagéré, selon l'habitude populaire.

Il avait beau baisser la tête, il voyait cette multitude, il entendait les accusations, il reconnaissait chacun. C'était à mourir. Mais quand au milieu de ces têtes béantes rangées sur son passage, il distingua celle du père Caquoin, il s'aflaissa sur lui-même; la honte le brisait; le souvenir de tout ce qu'il perdait l'asphyxiait. L'Exempt le meurtrit à coups de plat de sabre pour le forcer à se relever; il n'y put parvenir — et l'indignation native de la foule fesant place avec brusquerie à la pitié, ainsi que cela arrive si fréquemment, les clameurs des femmes obligèrent les gardes à le porter à bras jusqu'à la prison. Et alors on se prit à le plaindre, personne ne songeait plus à l'accuser, et les plus vigoureuses formules de blâme se fesaient entendre contre le prieur.

— Tout de même la mère Pitanchon avait raison! fit le père Caquoin en se retirant des groupes où il était jusqu'alors resté silencieux, la vieille sorcière a dit juste — il sera pendu.

Et grommelant toujours quelques malédictions entre ses dents ébréchées, il regagna lestement la rue Chocatelle, où la sinistre nouvelle fesait sangloter Colette et sa mère.

— Allons, allons taisez-vous, fit-il de sa plus rude voix, sinon nous nous fâcherons. Je ne veux pas qu'on pleure pour un gueux comme ça, et comme on pourrait jaser parce qu'il venait ici, la mère, tu conduiras Colette à Château-Thierry, chez mon frère, jusqu'à ce que tout soit fini.

— C'est donc bien vrai? fit la mère avec stupeur.

— Il sera pendu! répartit le sonneur. Mais allons, qu'on se dépêche, vous partirez au point du jour, apprêtez vos hardes.

Les paroles du père Caquoin étaient des ordres. On obéit. Le lendemain Colette et sa mère prenaient le chemin de Château-Thierry, et le sonneur s'enferma dans son clocher.

Dans toute la ville, comme au milieu des groupes qui avaient assisté à l'arrestation de Saint-Louis, on fut unanime pour vitupérer la conduite du prieur. Tout le monde lui témoigna avec vivacité son étonnement qu'un ecclésiastique eût agi de la sorte, et surtout avec une aussi grande précipitation. Lui-même reconnut immédiatement combien il avait manqué à la charité, il s'efforça aussitôt de vouloir réparer le mal qu'il avait fait. Mais, comme toujours, il n'était plus temps.

Du reste, Saint-Louis qui avait repris connaissance dès qu'il avait été sur la paille du cachot, avoua naïvement son vol, et raconta le motif qui l'avait poussé à cette action, ainsi que les circonstances qui l'avaient précédé. Cette explication ne servit point à le disculper. Le fait existait. Comme il l'avait dit lui-même, on avait retrouvé dans sa paillasse les deux cents louis d'or, l'instruction était parachevée, il n'y avait pas besoin de témoins, il confessait librement son crime, aussi le jugement ne se fit pas attendre.

Il fut condamné à être pendu sur la principale place d'Epernay.

C'était la loi !

Cependant, suivant les formes ordinaires, on l'envoya à Paris pour y faire reviser son jugement. Quelques personnes notables voulurent bien supplier en sa faveur; mais rien n'y fit; à Paris encore il fut condamné à être pendu.

La jurisprudence ne variait pas à cet égard, il n'y avait de haute exception que pour le voleur de race. Or Saint-Louis était d'extraction plébéienne. La fatale issue de ce drame consterna toute la population — encore une fois le malheureux condamné était aimé, et il avait bonne mine. Aussi n'y eut-il que la mère Pitanchon qui osa applaudir à cet évènement qui venait confirmer sa science, et doubler l'autorité déjà passablement étendue de ses prédictions. C'est pourquoi elle ne cessait de répéter avec son hideux ricanement :

— Je l'avais bien dit.

Quelques jours après que son jugement eut été ratifié à Paris, comme le prieur n'avait pas songé, ainsi que cela se fesait, à invoquer pour son ancien serviteur la grâce du roi — on ramena Saint-Louis à Epernay, attaché sur une voiture découverte, pour le pendre sur la place du Marché.

C'était la coutume.

A l'entrée de Château-Thierry, les quatre cavaliers de la Maréchaussée qui escortaient la voiture, entrèrent dans un cabaret pour prendre leur repas, laissant sur la route le condamné. Seulement ils prirent le soin d'attacher à un poteau le cheval qui le conduisait, et, après avoir vérifié si les chaînes dont Saint-Louis était chargé se trouvaient en bon état, ils allèrent gaiement et joyeusement vider quelques bouteilles, non sans engager le malheureux prisonnier à prendre patience.

C'était toujours la coutume.

Quelques femmes attirées par la curiosité, et profitant de la disparition des cavaliers, vinrent alors autour de la voiture. On savait le sort réservé au prisonnier, et la pitié qui n'abandonne jamais la femme, surtout quand l'objet sur lequel elle s'exerce est jeune et beau, fit qu'on apporta à Saint-Louis ce qu'il lui fallait pour manger. Mais il refusa tout sans répondre. Il espérait avoir le courage de se laisser mourir de faim avant le jour où l'on devait l'exécuter. Ce mutisme obstiné, ces refus qu'on ne pouvait comprendre, firent que le petit groupe féminin se dispersa en murmurant :

— Tout de même c'est dommage, un si beau garçon !

Lorsque Saint-Louis estima que toutes les personnes qui entouraient la voiture avaient disparu, il releva sa tête que la honte lui avait fait baisser, et son premier regard tomba sur une jeune fille qui était restée auprès du timon de la voiture et qui sanglotait.

Un sourd gémissement sortit de la poitrine du condamné :

— Colette ! fit-il avec désespoir. Est-ce vous Colette ?

La pauvre enfant sanglotait plus fort.

Il y eut quelques minutes de silence, aussi anxieux, aussi mortel pour l'un que pour l'autre ; cependant la fille du sonneur s'était rapprochée de l'endroit de la voiture où était attaché le prisonnier.

— Colette, murmura-t-il à voix basse, Colette, si vous pouviez me sauver le feriez-vous ?

— Oh ! oui, mon Dieu.

— Si j'avais une lime, je serais sauvé avant que les cavaliers n'aient fini de manger.

— Une lime ? fit-elle avec surprise.

— Oh ! pour Dieu ! une lime.

La fréquentation des prisons avait appris à Saint-Louis les moyens dont on pouvait se servir pour s'évader. Colette le regarda encore avec une naïve expression de tendresse, ensuite elle s'enfuit vers la ville. Il la suivit des yeux jusqu'à ce qu'elle eût complètement disparu ; puis il appuya sa tête contre les barreaux de la voiture ; son cœur palpitait à briser les artères.

— Non, non, c'est impossible ! murmurait-il de temps en temps, elle ne reviendra pas.

Au bout de quelques minutes la jeune fille était de retour auprès du prisonnier, lui mettait dans la main la lime qu'il avait demandée, et s'enfuyait encore plus vite.

— Merci ! fit-il en respirant avec ampleur.

Les cavaliers de la Maréchaussée qui ne soupçonnaient pas que le condamné eût la moindre velléité de s'échapper, car jusqu'alors il était resté morne et abattu, couché sur la botte de paille qui garnissait le fond de la voiture, les cavaliers ne songeaient qu'à fêter joyeusement le vin du cabaret, et à travers les vitrages on pouvait entendre leurs bruyantes chansons :

> Elle aime à rire, elle aime à boire,
> Elle aime à chanter comme nous !

Armé de sa lime, Saint-Louis mit précieusement à profit le temps que lui livrait l'intempérance de ses gardiens, et en moins d'une heure il avait scié la chaîne qui lui tenait les pieds rivés au plancher de la voiture, et sautant avec l'agilité d'un chevreuil, il courait se cacher dans les bois situés à peu de distance de la route. Ainsi qu'il l'avait dit à Colette, il était sauvé : mais pour combien de temps, car il devait bien s'attendre à ce qu'on allait le pourchasser comme un loup ou comme un chien enragé, qu'on allait peut-être même mettre sa tête à prix. Cette idée qui devait tout d'abord le préoccuper, fut précisément celle qui ne se présenta point à son esprit. A peine se fut-il complètement débarrassé de ses fers, qu'il se prit à ajuster son costume, et à en réparer le désordre ; puis il chercha une mare où il se lava, où il termina sa toilette, où, de même que dans un miroir, il put se convaincre qu'il n'avait rien perdu de sa bonne mine. Seulement la barbe qu'il avait laissée pousser depuis qu'il était dans les prisons le vieillissait un peu, lui donnait une physionomie plus mâle ; mais somme toute, parce que cela servait à le déguiser aux yeux de ceux qui le connaissaient, il ne s'effraya point de ce changement, et il ne songea plus qu'à ce qu'il devait faire. Il était bien habillé : les aumônes qu'il avait recueillies, depuis Paris jusqu'à Château-Thierry, ainsi que c'était encore la pieuse habitude dans les campagnes et même dans les villes, lui avaient garni la bourse : il pouvait faire à peu près ce qu'il voulait, sans avoir à s'inquiéter le moins du monde des premiers besoins matériels. Par conséquent, il s'assit à proximité d'un petit hallier où il pouvait voir de tous les côtés, et tout en cueillant les fruits violets de la ronce des bois, il se prit à méditer sérieusement sur son avenir. C'était la première fois qu'il se livrait à cet exercice depuis le jour néfaste où il avait rêvé qu'il voyait des louis d'or danser le menuet. — Le laps de temps qui s'était écoulé, depuis son arrestation jusqu'au moment où il avait pu s'évader, avait en quelque sorte été occupé par les larmes, la rage ou le délire. Saint-Louis n'était pas né voleur. La monomanie de vouloir épouser la fille du sonneur de ville — car l'amour n'est en réalité qu'une monomanie — avait occasionné tout son malheur qu'il était le premier à déplorer.

Mais les circonstances atténuantes n'étaient pas inventées, et l'on n'avait point encore découvert cette subtile théorie de la monomanie qui ne prit guère naissance qu'en 1820 ou 1822. C'est pourquoi, en dépit de toutes ces considérations, Saint-Louis devait être pendu par le cou jusqu'à ce que mort s'en suivît! Pourtant ce n'était point sur cet avenir peu flatteur qu'il méditait. Depuis qu'il avait quitté la charrette fatale, il lui semblait impossible que le drame terrible qu'il venait de traverser pût recommencer, aussi ses méditations ne portèrent-elles que sur ses deux objets :

Colette — et le prieur ?

L'amour — et la haine !

Les deux seules passions typiques qui existent au fond du cœur de tout homme, en admettant ce néanmoins que ces passions ne soient par elles aussi des folies.

Attendu qu'il ne savait comment Colette était à Château-Thierry, et qu'il supposait qu'elle était seulement venue passer quelques jours chez son oncle — il arrêta immédiatement qu'il retournerait à Epernay — à Epernay effectivement il devait rencontrer, et la fille du sonneur et M. Rollet, la cause involontaire de tous les maux qu'il avait soufferts. Ces deux points bien combinés, sans penser à toutes les fâcheuses circonstances qui pouvaient le saisir dans cette direction et dans cette entreprise, Saint-Louis acheva son repas avec quelques fruits sauvages qu'il trouva facilement en abondance dans la forêt, et toujours en suivant la ligne des bois, il marcha vers Epernay. C'était son but.

Pour le prieur, il savait parfaitement à quelle peine il voulait le condamner — cet homme avait brisé pour ainsi dire sa vie, il avait broyé sans pitié ses espérances et son amour — cet homme devait mourir. Comment? peu importait au fiancé de la fille du sonneur.

Mais Colette? Ici les prévisions de Saint-Louis tombaient dans le vague : ici ses plans et ses projets se bifurquaient, il n'avait plus d'idées nettement délimitées. Cependant comme en allant à Epernay, il espérait revoir celle qui continuait à occuper toutes ses pensées, il marchait toujours avec courage, supposant qu'une fois arrivé il finirait bien par inventer une solution. En tout cas il évitait avec assez de précautions les grandes routes, ce en quoi il avait tort, car les recherches faites, dès que l'on s'était aperçu de son évasion, ne s'étendaient point du côté d'Epernay. On ne devait jamais estimer qu'il dût se rendre dans cette ville; c'était une hypothèse tellement invraisemblable qu'on eût été stupide de l'admettre. La police et la Maréchaussée des environs de Paris étaient sur pied à cause de lui, quand il s'arrêta à la nuit, à Dormans, avant de rentrer à Epernay.

Il pénétra tranquillement dans une auberge — la première qu'il rencontra, comme aurait pu faire un honnête voyageur. Il soupa tranquillement, puis il allait se coucher quand le bruit d'une voiture qui entrait dans la cour de l'auberge, l'engagea à aller regarder à la porte, qui arrivait. Involontairement il se souvenait de son ancienne position. La prison l'avait rendu méfiant.

Mais à peine eut-il entrevu les nouveaux arrivés qu'il revint brusquement se cacher en quelque sorte sous le manteau de la grande cheminée qui, suivant la mode de ce temps-là, occupait près d'un tiers de la salle.

— Donnez l'avoine au cheval, dame Champion, et servez nous un verre de vin et un morceau de pain pour aller jusqu'à Epernay.

— Comment seigneur Jésus, vous ne couchez pas ici, père Caquoin, fit l'hôtelière, çà n'a pas de bon sens de voyager la nuit, avec çà que la route n'est pas sûre à ce qu'on dit.

— J'ai un mort à sonner demain matin, dame Champion, et Colette et moi nous ne mourrons pas pour nous promener au clair de la lune.

Saint-Louis ne bougeait pas plus qu'un bloc de pierre. Mais cependant il ne put résister à la tentation de regarder sa fiancée. Leurs regards se rencontrèrent, la jeune fille le reconnut et poussa un cri.

— Eh! bien quoi? fit le père Caquoin.

— Je crois que je me suis cassé une dent, répondit la jouvencelle en balbutiant et en rougissant.

— Notre pain est pourtant cuit d'aujourd'hui, fit l'hôtelière.

— Bah! bah! fit le père Caquoin — voyons si le cheval a mangé l'avoine, et en route.

Et il sortit avec dame Champion.

— Colette, murmura Saint-Louis, sans se tourner vers elle, je serai demain soir à la Porte-Lucas, y viendrez-vous?

— Mon Dieu! soupira la pauvre fille, en portant instinctivement la main à son cœur comme pour en comprimer les violentes palpitations.

— En route, en route, fit le père Caquoin en reparaissant à la porte de l'auberge, je suis sûr que Jean Legrain, ton fiancé, nous attend au coin du feu de la mère Caquoin, dans la rue Chocatelle. En route, mauvaise troupe !

A ces mots qui lui révélaient le dernier malheur qui pût l'accabler, Saint-Louis s'était levé et avait fait un pas vers Colette.

— Viendrez-vous ?

— Oui ! murmura-t-elle.

— Allons donc ! criait le père Caquoin.

Mais Colette redoutant qu'il ne vît Saint-Louis, s'était hâtée de sortir et bientôt le bruit de la voiture annonça que le digne sonneur de ville était sorti. Un instant le condamné eut la pensée de courir après la voiture, de l'arrêter, d'enlever Colette et de s'enfuir avec elle dans les bois. Mais il réfléchit que ce moyen ne servirait en rien ses projets, —Il ajourna ses déterminations au lendemain, après l'heure où il aurait vu Colette, et il alla se coucher.

Le lendemain, il était à Epernay à la nuit tombante et pour ainsi dire à l'ombre des constructions de la caserne de la Maréchaussée ; il se promenait en attendant sa fiancée, sans se préoccuper le moins du monde de ce qui pouvait lui arriver. On aurait pu supposer qu'il avait oublié le passé, et le plus riche des notables ne se serait point promené avec plus de calme et de tranquillité, qu'il ne le faisait. Dix heures du soir venaient de sonner, et personne n'était encore venu. La jalousie et l'impatience le saisirent, et, sortant de la caserne, il se trouvait déjà entre les deux tourelles de la Porte-Lucas, lorsqu'il avisa une jeune fille, que malgré l'obscurité de la nuit, il reconnut immédiatement pour être Colette. Il la prit par le bras et remonta avec elle le faubourg Saint-Laurent malgré ses craintes et ses supplications.

— Je n'ai peur de rien autre chose que de vous perdre, disait-il — et alors il exigea impérieusement, lui, autrefois si humble, si soumis, si timide, la narration de tout ce qui s'était passé depuis son absence. Il voulut surtout savoir ce qu'était Jean Legrain et ce que fesait le prieur. Son amour se mêlait à la haine. Tremblante comme la perdrix qui voit planer un épervier au-dessus d'elle, Colette raconta aussitôt la série banale des évènements qui s'étaient accomplis depuis l'arrestation du pauvre vigneron ; elle lui parla longuement de son voyage à Château-Thierry, pour faire taire les mauvaises langues, et elle termina en disant comme quoi son père venait d'aller la chercher afin de la marier à Jean Legrain, un vigneron de Grand'Pierre, qui avait au moins dix-sept arpents de vignes. Et, la malheureuse enfant pleurait et sanglotait à faire pitié au cœur le plus endurci. Mais Saint-Louis qui avait combiné son plan depuis qu'il avait quitté Dormans, Saint-Louis qui n'était plus le naïf jeune homme prêt à tout entreprendre pour complaire aux plus petites volontés de sa fiancée, Saint-Louis écoutait sans rien répondre. Ils étaient arrivés hors de la ville. Il s'arrêta.

— Ne pleurez pas Colette, fit-il, tout cela n'est rien si vous m'aimez toujours. M'aimez-vous ?

L'accentuation de cette demande avait quelque chose de si farouche, que la pauvrette se hâta de répondre :

— Oui !

— Eh ! bien, voulez-vous me donner ce soir les clefs du clocher qui sont chez vous. Je resterai huit jours ici pour achever ce que j'ai à y faire, et puis nous irons à Paris.

Vainement essaya-t-elle de combattre ces projets, vainement se refusa-t-elle à prendre à son père les clefs du clocher, Saint-Louis réfuta une à une ses objections, et la tenant par le bras, la menaça d'aller prendre lui-même les clefs dans le cas où elle continuerait à les lui refuser ; et en même temps, redescendant le faubourg Saint-Laurent, il prenait la direction de la rue Chocatelle. Colette était fascinée et par son amour et par sa terreur — elle céda aux suggestions de son amoureux, et onze heures n'avaient pas encore tinté à l'église, qu'elle lui avait apporté les clefs demandées avec tant d'instance.

— C'est bien, fit-il en les recevant, vous viendrez demain me voir.

— Au clocher ?

— Oui.

— Mais mon père ?

— Vous viendrez quand il ne sera plus là, et je sais une cachette où il serait dix ans à me découvrir. Vous viendrez demain, après l'angelus, par l'échelle de la flèche.

— Oh ! Saint-Louis ! fit-elle en s'affaissant sur son bras.

— Vous viendrez ?

— Mon Dieu !

— Sans cela......

— Je viendrai !

Il l'embrassa avec une passion frénétique et la reconduisit à la porte de sa demeure. Puis il tourna l'église, escalada avec l'agilité d'un chat le mur du jardin du prieur, et par-là, il parvint à la porte de la sacristie qu'on ne fermait jamais à clef ; ensuite, pénétrant dans l'église, il alla se réfugier au clocher. La grande connaissance qu'il avait de l'architecture intérieure de l'église, avait facilité toutes ces opérations, si bien que moins d'une heure après avoir quitté Colette, il se trouva installé dans la flèche qui dominait alors le chœur et qui communiquait avec le clocher dans lequel se trouvaient les cloches, par une espèce de vaste galerie, formant voûte et recouvrant toute l'ampleur du vaisseau. Quoique le père Caquoin ne fût pas très-curieux, quoique jamais il ne s'avisât trop de courir dans ce dédale que la vétusté de la charpente rendait assez périlleux à parcourir, — Saint-Louis avec la défiance que lui avait donnée son contact avec la justice et les prisons, barricada de son mieux, au moyen de vieilles planches, le couloir allant de la flèche au clocher, puis il étaya cette clôture avec des bouts de poutre, et cela fait, il put songer au moyen de s'arranger une habitation.

Comme il était peu amoureux du confortable, comme en outre il supposait ne point faire longtemps élection de domicile dans cette demeure, son aménagement fut très-rapidement achevé. Mais cela ne suffisait point. Son estomac grondait, et la faim chassait le sommeil. De plus, il lui semblait un peu dur de coucher sur la planche nue. Dans la prison au moins il avait de la paille. Cette fois il ne réfléchit pas longuement, et ricanant à pleins poumons, il descendit rapidement l'escalier, reprenant le chemin qu'il avait suivi d'abord, puis, plus furtivement et avec autant de précaution qu'un renard rôdant autour d'une basse-cour, il s'approcha des cuisines du couvent. Ainsi qu'il l'avait jugé, il n'y avait personne, et de plus, aucune porte n'était fermée. Il était maître absolu d'agir comme bon lui semblerait ; aussi ne se gêna-t-il pas. C'était le commencement de la vengeance contre le prieur ; c'est pourquoi tous les emprunts qu'il faisait à la cuisine n'étaient pas pour lui des vols, mais bien simplement des représailles du traitement qu'il admettait que le prieur lui avait infligé. L'esprit humain s'amnistie avec une facilité extraordinaire.

Durant l'espace de toute cette première nuit, il ne discontinua point ses voyages du clocher à la cuisine. Il fit toutes les provisions dont il pensait avoir besoin, s'empara des clefs de la dépense, des caves, des celliers, emporta pain, vin, viande, et même tout ce qu'il fallait pour faire un lit, et il ne s'arrêta qu'à l'instant où l'aube lui annonça qu'il y aurait danger pour sa liberté à plus longtemps s'attarder dans ces acquisitions. Le lendemain il attendit patiemment jusqu'à minuit, que la fille du sonneur vînt selon sa promesse ; — mais Colette ne parut point. Ce fait qui l'aurait grandement désolé autrefois, le trouva ce néanmoins assez calme et assez résigné. Sa haine l'emportait en ce moment sur son amour, et ces deux passions ont habituellement tant de peine à s'équilibrer, qu'il faut que tantôt l'une prédomine sur l'autre. Il ne s'occupa donc plus qu'à préparer le moyen de punir le prieur sans s'exposer à tomber de nouveau entre les mains de la Maréchaussée. Mais cette vengeance, que tout d'abord il avait supposée pouvoir s'accomplir avec facilité, lui parut en quelque sorte impossible dès qu'il voulut arriver à la réalisation. Effectivement M. Rollet logeait au centre des bâtiments et sa chambre qui s'adossait aux constructions de l'église, était précédée de toutes parts de plusieurs pièces qu'habitaient diverses personnes appartenant soit à l'église, soit au couvent.

De plus, M. Rollet rentrait avant que la nuit vînt à tomber, et il évitait en quelque sorte, même en plein jour, de sortir seul ; depuis qu'il avait appris l'évasion de Saint-Louis, de sombres pressentiments l'agitaient, et il avait peur du moindre bruit comme de la moindre personne dont la figure lui était étrangère.

Il fallait donc guetter le moment où on le trouverait seul ; et d'après ce que nous venons de dire, ce moment ne devait probablement jamais arriver. Aussi Saint-Louis chercha-t-il aussitôt à combiner autrement ses préparatifs de vengeance ; mais à l'heure où il était sur le point de descendre, pour étudier sur les lieux mêmes de quelle façon il parviendrait à accomplir ses sinistres projets, il entendit monter à l'échelle qu'il venait de descendre pour aller dans les dépendances du couvent.

Il se coucha à plat-ventre sur le plancher, à l'entrée du gouffre, au milieu duquel se dressait l'échelle, il posa ses mains sur les deux extrémités des montants et avant de renverser l'échelle, il darda ses yeux dans les ténèbres pour distinguer si c'était un ami ou un ennemi. Mais la personne qui arrivait s'arrêta à peu près au milieu, et au tressaillement qui agita les montants, le condamné sentit battre son cœur avec violence.

— Est-ce vous, Colette? murmura-t-il.

— Oh! mon Dieu, je suis sauvée !

— Ne craignez rien, fit-il d'une voix joyeuse, et tenez-vous bien aux échelons.

Quelques minutes après, ses yeux qui s'étaient habitués à distinguer dans l'obscurité, virent Colette. Il la saisit dans ses bras nerveux et la transporta demi-morte de frayeur au milieu de l'espèce d'appartement qu'il s'était arrangé. Puis il battit le briquet, alluma une chandelle et fit admirer à sa fiancée son nouveau domicile. Remise de sa terreur, Colette l'écouta complaisamment, s'émerveilla même de ce qu'en aussi peu de temps il était parvenu à faire, puis elle aborda le chapitre de l'avenir. Saint-Louis auquel son séjour dans les prisons, avait fait perdre sa naïveté honnête, Saint-Louis qui avait appris la science de la civilisation, et qui savait qu'il pouvait aimer Colette autrement que jusqu'alors il n'avait songé à l'aimer, le timide amoureux voulut prendre avec la fille du sonneur les manières des grands seigneurs. Le mot avenir sonnait mal à ses oreilles, il lui ouvrait des perspectives inconnues qui l'effrayaient, tandis que le présent lui était acquis, il n'avait qu'à en profiter. Saint-Louis était bien changé. Mais Colette avait l'opiniâtreté de son père, et en même temps la vertu que donne l'exemple précieux de la famille, et le rigoureux accomplissement des devoirs religieux.

Elle esquiva ses ardents baisers — puis lui posant avec douceur la main sur le bras.

— Vous ne m'aimez plus, Saint-Louis, dit-elle. Autrefois vous n'auriez osé me parler de choses semblables, vous m'obéissiez, vous étiez mon vrai fiancé. C'est à cause de cela que je suis venue aujourd'hui — vous voulez me perdre et me damner — vous ne m'aimez plus ! Mais quoique je ne puisse partir si vous vous y opposez, je vous préviens que si vous m'embrassez encore une fois je me jette en bas du clocher.

Le condamné sourit, et l'enlaçant de ses bras, lui appliqua un baiser sur la joue. La jeune fille bondit comme si on lui avait appliqué un fer rouge, et s'élança vers le gouffre. Déjà elle était au-dessus, quand Saint-Louis, au risque de tomber avec elle, la retint par les jupes, et tremblant, le corps inondé d'une sueur froide, la rapporta dans l'enceinte qu'il avait appropriée à son usage. Il la posa sur son lit et il se mit à genoux auprès d'elle. Mais déjà elle était debout, la figure irritée.

— Grâce, fit-il, grâce, Colette ! ne me parlez plus ainsi ou j'aimerais mieux mourir. Si je ne vous aimais, vous le savez, je ne serais pas ici, mon Dieu !

Il y avait de la vérité dans ces prières, aussi Colette ne crut pas devoir persévérer dans sa colère, et la conversation reprit son cours à l'endroit précis où elle avait été interrompue. Mais quelques objections sa fiancée pût lui adresser, de quelques questions elle l'interrogeât relativement à l'obstination qui le fesait rester à Epernay, où sa vie était si cruellement en danger, il éluda constamment une réponse précise, et ne put qu'inventer des mensonges que la perspicacité de la jeune fille mit immédiatement à jour.

La bouderie recommença. Colette se prit à pleurer.

— Hé bien, fit-il, je quitterai Epernay, le jour où vous consentirez à me suivre pour nous marier en pays étranger.

— Quitter mon père et ma mère ? — M'enfuir avec vous ?

Il ne répondit point.

Elle resta silencieuse quelques minutes, puis elle se leva calme et sérieuse.

— C'est impossible ! dit-elle, c'est impossible Saint-Louis.

— Alors, je resterai ici.

— Oh! mon Dieu, vous ne m'aimez pas? murmura-t-elle en sanglotant.

— C'est plutôt vous?

— Moi!

— Oui. Suivez-moi — je quitte Epernay.

— Je ne le puis, Saint-Louis. Mais fuyez, je vous en supplie, fuyez.

— Pour que vous épousiez Jean Legrain.

— Jean Legrain, dit-elle avec simplicité, je jure devant Dieu, que si vous partez je ne serai la femme de personne. Mais si vous restez, eh bien!......

— Eh bien?

— J'obéirai à mon père. Les larmes voilaient sa voix.

— Je resterai.

— Adieu, Saint-Louis, adieu!

Et le quittant elle descendit l'échelle et disparut par l'église.

Le condamné, écrasé par les émotions diverses qui l'agitaient, ne bougea pas de sa place. Il méditait les yeux enflammés, la poitrine haletante — il luttait avec cet avenir terrible dont la conséquence immédiate était pour lui la perte de Colette.

— Oui je resterai! hurla-t-il. Oui, et maintenant à nous deux mon maître le prieur. Et si Colette épouse Jean Legrain, eh! bien je tuerai Jean Legrain, comme le prieur. On pourra me pendre après.

Il délirait.

Cet atroce souffrance le tortura une partie de la nuit. Cependant il revint à lui, et il descendit dans les dépendances du couvent. Cette fois il se convainquit de la manière la plus évidente qu'il ne pourrait arriver à M. Rollet. Mais comme sa conversation avec Colette l'avait déterminé à l'attente, en lui enlevant le seul espoir qui le soutînt encore, il s'occupa de s'installer au clocher, comme s'il eût dû y demeurer toute sa vie ; braise, charbon, plats, linge, jusqu'à des rasoirs, de la poudre et un miroir, il transporta tout ce qui lui tomba sous la main dans la pièce qu'il s'était réservée sous la voûte. Pour être exact, il faut ajouter, qu'en vrai Champenois, il avait pris un grand broc qu'il remplissait quotidiennement de vin blanc, et encore de première qualité.

Mais Colette ainsi qu'il n'osait le supposer, ne revint plus. Le désespoir lui monta à la tête, et pendant deux jours il courut dans Epernay sans s'inquiéter s'il serait reconnu ou non. Par un hasard véritablement extraordinaire personne ne se douta que ce pût être lui, et il eut le loisir de rentrer dans sa retraite après avoir appris que, malgré les menaces et les coups du père Caquoin, Colette avait refusé énergiquement d'épouser Jean Legrain.

Par conséquent elle l'aimait encore, par conséquent il devait vivre ; aussi reprit-il ses projets contre le prieur, pour s'en défaire avant que sa fiancée consentît à quitter Epernay. Il était maintenant certain qu'elle acquiescerait à ses volontés. Après avoir bien examiné les détails intérieurs de l'architecture de l'église, il se convainquit qu'il ne pourrait arriver à la chambre de M. Rollet qu'en fesant un trou au toit. Pour cela faire il fallait profiter des rares instants où le prieur ne demeurait pas chez lui — mais Colette n'était pas encore venue.

Il se mit à l'œuvre et sa besogne avançait tellement qu'il

pouvait préciser le jour où il atteindrait son ennemi. Cette certitude le calma.

Enfin quinze jours après la visite qui avait failli se dénouer d'une manière si tragique, Colette monta de nouveau l'échelle du clocher. Elle était pâle, et bien changée. Elle n'avait plus ses brillantes couleurs, et elle tremblait plus encore que la première fois.

— Ecoutez-moi Saint-Louis, fit-elle, tout ce que vous avez pris dans le couvent a fait du bruit, la police et la Maréchaussée sont en course après ceux qui peuvent avoir commis ces soustractions, on visitera probablement le clocher, et vous savez quel sort vous attend. Je ne veux pas que vous mouriez, je vous aime plus que tout. Mon Dieu si vous voulez quitter Epernay, je vous suivrai.

— Demain à la même heure? répondit Saint-Louis.

— De suite. Cela vaudra mieux.

— Rien n'est prêt, fit-il avec certain embarras, car il ne voulait pas avouer à sa douce fiancée le véritable motif qui lui fesait refuser le bonheur inespéré qu'on lui offrait.

— Alors à demain! dit-elle avec solennité, où vous attendrai-je.

— A Dizy — nous gagnerons Reims et les Pays-Bas.

— Adieu! murmura-t-elle.

Cette fois il l'accompagna. Mais il se refusa à aller faire une prière devant l'autel ainsi qu'elle le souhaitait, sans doute pour demander pardon à Dieu de sa résolution.

— Et maintenant à votre tour, M. Rollet, fredonna-t-il en rentrant dans le clocher.

Le lendemain, pendant la journée, à l'heure où il supposait que tout le monde était à table dans le couvent, il alla sur le toit s'assurer si son trou était suffisamment élargi pour qu'il pût passer. Il s'en fallait encore de quelque chose, en sorte qu'il se mit à l'agrandir avec une ardeur qu'excitait sa haine, et sans prendre les précautions que d'ordinaire il savait employer. Malheureusement il ignorait que M. Rollet ayant été invité à dîner en ville était resté à sa chambre ce jour-là. Le prieur entendit donc au-dessus de sa tête plusieurs coups sourds, et il se rappela que depuis quelques jours en rentrant, semblable bruit l'avait effrayé. Il prêta l'oreille et il distingua parfaitement qu'on perçait le toit. Quoiqu'il ne fût pas naturel de soupçonner que ce fût Saint-Louis, il le soupçonna cependant, car c'était sa terreur perpétuelle depuis qu'il savait son évasion ; aussi, épouvanté et pouvant à peine se soutenir, il se hâta de descendre et informa la communauté du bruit qu'il avait entendu ainsi que des soupçons qu'il avait conçus.

Il y avait alors au couvent, un religieux peu timide nommé Colardeau ; ce religieux demanda au prieur la permission de monter au clocher du côté d'où venait le bruit. Il s'arma de deux pistolets, et sans hésitation monta à l'échelle, que, par une inexplicable oubli, le condamné avait négligé de retirer après lui. On peut juger quelle fut sa stupéfaction en voyant sous la voûte, de la vaisselle, un lit, et même du feu dans une espèce de cheminée ; il déchargea en tremblant ses deux pistolets au milieu du clocher, et descendit promptement annoncer tout ce qu'il avait vu.

Cédant à un mouvement de panique, le condamné au lieu de rester en haut de l'échelle, s'était caché dans les pièces de charpente qui soutenaient la flèche.

Cependant le rapport du religieux Colardeau s'était ébruité ; en moins de quelques minutes la ville entière en fut informée; une foule immense de curieux de toute qualité se rendit au couvent ou dans les rues, tandis que la Maréchaussée arrivait bien armée et les mousquets chargés. On monta sans difficulté au clocher où l'on vit, ainsi que l'avait raconté le religieux, un bon brasier et un pot plein de viande qui bouillait devant le feu. Mais on eut beau chercher, on ne parvint à rien découvrir — vainement avait-on fouillé la voûte, pièce de bois par pièce de bois, le coupable restait invisible, et la nuit venait. Déjà le capitaine, ennuyé de l'inutilité de cette infructueuse recherche, avait donné l'ordre de descendre en laissant une sentinelle dans le clocher, lorsqu'un petit garçon qui avait monté avec l'agilité d'un écureuil au plus haut de la flèche, aperçut des pieds.

— Le voilà ! le voilà ! s'écria-t-il.

Le capitaine revint avec les gardes de la Maréchaussée.

— Tais-toi ! fit à voix basse Saint-Louis, tais-toi, je te donnerai quelque chose.

Mais l'enfant avait reconnu à la voix l'ancien serviteur du prieur.

— C'est Saint-Louis ! cria-t-il de nouveau.

Un sourd murmure de colère et d'indignation courut dans la foule qui encombrait le clocher. Le capitaine imposa silence et dit :

— J'engage le coupable à descendre et à se constituer immédiatement prisonnier. Sinon je le fais fusiller.

Saint-Louis ne bougea point. Le capitaine répéta de nouveau sa phrase. Même silence.

— Apprêtez — armes!

Saint-Louis resta immobile.

— En joue!

A la vue des canons de mousquets dirigés contre lui, obéissant à l'instinct animal de la conservation, le condamné, avant que le capitaine n'eût prononcé : feu! cria de tous ses poumons !

— Grâce! je me rends!

— En voilà un sans cœur, fit l'un des gardes, moi j'aurais mieux aimé être fusillé que pendu.

— Ça n'a pas eu l'honneur d'être soldat! grommela le brigadier en retroussant sa moustache.

A peine fut-il descendu, qu'on le garrota, malgré la résistance qu'il voulut opposer à ce moment, et on le conduisit de nouveau à la prison.

Colette apprit cela immédiatement : elle ne dit rien — mais le lendemain on la trouva morte dans son lit.

— Cela vaut mieux pour elle que d'avoir épousé ce gibier de galères! fit brutalement le père Caquoin, tout en essuyant deux grosses larmes qui sillonnaient ses joues.

Cependant, quoique très peureux, M. Rollet était au fond un excellent homme et un digne prêtre. Il s'accusait d'avoir été involontairement la cause de la perte de Saint-Louis; aussi dès qu'il fut en prison, le prieur courut à Louvois, village situé à trois lieues d'Epernay, dont le château appartenait à mesdames de France, tantes du roi. Elles s'y trouvaient dans ce moment. Il les supplia avec tant de chaleur et d'éloquence, d'employer leur bienveillante protection en faveur de Saint-Louis, qu'elles envoyèrent sans tarder un courrier à Paris. La réponse ne se fit pas attendre. Le roi ne voulait pas faire grâce ; toutefois il permettait au condamné d'opter entre la déportation aux îles Caraïbes ou la pendaison. M. Rollet se hâta de lui porter cette bonne nouvelle.

Le prisonnier était agonisant : son geôlier lui avait annoncé la mort de Colette.

— Merci, M. le prieur, fit-il d'une voix caverneuse — merci. Mais il est trop tard. J'aime mieux mourir maintenant.

Pardonnez-moi seulement ce que je vous ai fait, et pour preuve que je n'ai plus de haine contre vous — prenez ce couteau avec lequel j'avais juré de vous tuer.

En même temps, il tira de sa manche et jeta sur le sol un couteau, dont la vue faillit faire évanouir le pauvre prieur.

Alors le condamné se confessa, se réconcilia avec Dieu, et après avoir fait promettre à M. Rollet de dire cinq messes pour le repos de son âme et de celle de Colette, il se laissa transporter sans résistance au lieu du supplice, sur la place du Marché.

Il y avait comme de coutume une foule immense. Au premier rang figuraient le père Caquoin et la mère Pitanchon.

— Je le lui avais bien dit ! murmurait l'horrible vieille avec un sourire de satisfaction.

Le père Caquoin ne répondait pas. Mais lorsque le patient passa devant lui, il lui montra le poing et cria :

— Etranglez-le, celui qui a tué ma fille !

Saint-Louis baissa la tête : une dernière larme roula sous ses paupières, puis il se livra au bourreau en soupirant :

— Colette !... mon Dieu !...

Quelques minutes après, la justice des hommes était satisfaite, et la foule s'écoulait silencieuse, sans commentaires, sans murmures. La pitié avait pour ainsi dire remplacé l'indignation.

Il ne resta que le père Caquoin et la mère Pitanchon, ainsi qu'une bande de jeunes garçons, parmi lesquels était celui qui avait découvert le pauvre prisonnier dans le clocher. Ils dansaient au rond autour de la potence avec la férocité ou l'insouciance ignorante du premier âge, et les plus hardis tiraient les pieds du pendu.

— Hé! hé! fit la mère Pitanchon, voyez donc père Caquoin, les voilà qui le font encore danser.

— Taisez-vous, vieille gueuse, gronda ce dernier en s'en allant le front plus chargé de rides que jamais, si le roi était juste il vous ferait pendre aussi.

Ceci se passait le 17 janvier 1783.

— Hé bien, cher et digne ami, crois-tu que cette vieille chronique sparnacienne n'est pas aussi palpitante d'émotions que la chronique corse, que nous contait l'abbé à bord du *Commerce de Bastia*. D'abord elle est le récit d'un fait local, ensuite elle est véridique, et — j'ai d'autant plus été surpris de ne point t'en voir faire ton butin, que toi, plus que tout autre — tu avais des droits incontestables à écrire cette narration, dont il existe encore des témoins.

Effectivement, tu es le seul sparnacien qui possède encore quelques débris de la succession du malheureux Saint-Louis. Sa tête, sa vraie tête, figure comme pièce phrénologique dans ton cabinet; cela devait te tracer tes devoirs, t'indiquer tes droits. Il fallait une oraison funèbre, une réhabilitation sociale à cet homme qui serait peut-être devenu un héros, un maréchal de France, s'il avait vécu vingt années de plus, qui sait? Les circonstances sont tout dans l'existence des nations, comme dans la vie des pauvres mortels.

Suivant le système du fameux docteur Gall, revu, corrigé et augmenté par le docteur Spurzheim — tout le monde est docteur de l'autre côté du Rhin — cette tête indique d'une manière formelle que cet homme avait tous les instincts guerriers développés au plus haut degré; à ces prédispositions il joignait une certaine dose de ruse, ce qui n'est pas inutile à la guerre — par conséquent il avait tout ce qu'il fallait pour réussir dans la gigantesque révolution qui — quelques années après sa mort, bouleversa la France et incendia le monde entier.

L'amour qu'il conçut pour la fille du sonneur, l'arrêta court dans son essor, et donna pour dénouement à sa carrière la corde du bourreau. Combien n'y a-t-il point de semblables drames dans les milliers de biographies que nous coudoyons quotidiennement au milieu des rues?

Mais après mon appréciation personnelle, qui doit au fond peu t'importer — puisque je suis toujours pour toi le mystérieux ami inconnu :

> Qui voit tout,
> Entend tout.

je laisserai donc de côté mes méditations phrénologiques, en adjoignant néanmoins à ma description du crâne de ce pauvre amoureux — qu'il ne laisse voir aucune des bosses génératrices de l'harmonie et de l'alimentivité — ce qui veut dire, en simple français, qu'il ne devait être ni musicien ni gastronome. Ces deux nobles passions, si grandement à la mode aujourd'hui, lui fesaient défaut, c'est pourquoi j'estime qu'il a tout aussi bien fait de mourir sur la place du Marché à Epernay. Chose bizarre et qui tendrait à démentir sa fin tragique, la bosse de l'appropriation — c'est-à-dire, et toujours en simple français — la bosse du vol n'offrait pas une protubérance bien prononcée. — Aussi faut-il admettre que la cause pour laquelle il fut pendu, cause incidente ou plutôt, résultante directe de l'amour et de la haine, n'était pas chez lui l'indice du crime qui porte à s'emparer du bien d'autrui.

Un moraliste trouverait là ample matière à composer au moins un petit volume. On pourrait longuement disserter sur le vol et sur son appréciation aux diverses périodes sociales. Mais ce profond sujet philosophique n'embellirait point les *Tablettes*, et il n'est point donné à un humble critique de ma taille, de s'écrier comme autrefois Virgile :

...... paulò majora canamus!

Cependant, pour continuer les choses sérieuses et pour finir mon chapitre sans courir à la recherche d'une transition plus ou moins heureuse, permets moi de te citer quelques lignes pittoresque que le digne abbé H.-M. Garnesson, auteur de l'*Histoire de la ville d'Epernai*, a consacrées, en l'an VIII, à son compatriote Saint-Louis. Je prends le passage où il raconte sa retraite et son existence dans le clocher.

....
....

« Alors, pensant à s'établir dans quelque endroit inha-
« bité de la maison, ou dans quelques lieux voisins, afin
« d'être plus à même d'égorger le Prieur quand il en trou-
« veroit l'occasion favorable, il pense à profiter du temps

« qui lui reste, avant que personne n'arrive, pour faire
« les provisions dont il a besoin ; prend les clefs de la dé-
« pense, des caves et celliers; emporte pain, vin, viande
« et lits, et va bien vite se loger dans un vaste clocher au-
« dessus des voûtes du chœur.

« C'est là que livré aux réflexions les plus terribles, il
« s'engraisse encore, malgré les craintes et les remords que
« tout autre moins scélérat que lui, auroit dû nécessaire-
« rement avoir en pareille circonstance. Mais rien ne l'in-
« quiète, et comme si en volant au couvent tout ce dont il
« avoit besoin, il eût dû demeurer toute sa vie dans ce clo-
« cher, il en descendoit tranquillement chaque nuit, pour
« aller se promener ; revenoit ensuite roder autour des ap-
« partements de l'Abbaye, en enlevant tout ce qu'il croyoit
« lui convenir, braise, charbon, plats, serviettes, rasoirs,
« poudre et miroir, aimant sans doute, le malheureux qu'il
« étoit, à se parer encore. Il n'oublioit pas non plus ce
« qui pouvoit satisfaire sa gourmandise et son intempérance.
« Il avoit un grand broc qu'il emplissoit exactement tous
« les jours de vin blanc de première qualité, il avoit mê-
« me emporté dans son affreuse retraite, jusqu'à une mar-
« mite dans laquelle il fesoit son potage. »

....
....

Vois-tu cher et digne ami, ce coquin de Saint-Louis
s'engraisser dans le clocher ? Et ne partages-tu point la
vertueuse indignation du bon abbé qui semble — outre mesure — se préoccuper du *grand* broc de vin blanc de *première qualité*. Ce mot : première qualité, révèle le Sparnacien,
l'appréciateur de cette divine liqueur que les invasions de

1814 et de 1815 ont fait connaître du monde entier et ont popularisé dans toutes les grandes villes de l'Europe.

Il y avait là aussi quelque chose à dire ; et il était assez piquant de raconter comme quoi la Champagne, qui avait soutenu d'une manière si héroïque la cause de l'Empereur à la douloureuse époque de nos revers, avait pourtant dû — exclusivement — à ces mêmes revers, qui avaient fait visiter ses caves par nos amis les ennemis, la prospérité inouïe de son industrie vinicole. Peut-être as-tu pensé que toute vérité n'était pas bonne à dire — peut-être ce fait qui est désormais historique ne t'a-t-il point frappé, en tout cas je te le signale le plus laconiquement que je puis, en en laissant toute la responsabilité à l'abbé Garnesson — qui n'en a point parlé, il est vrai, mais qui est la cause directe de ma narration.

Du reste le vénérable historien, auquel la ville d'Epernay devrait plus de reconnaissance — si les villes avaient cette vertu — qu'à l'antique Flodoard, dont pas un Sparnacien n'a lu la chronique; le digne abbé n'était pas un bon phrénologue. Il cherche à nous démontrer que le triste et malheureux amant de la fille du sonneur était gourmand — les bosses de son crâne ne le disent point. Comme la majeure partie des humains il pouvait aimer ce qui était bon — mais encore une fois il n'était pas gastronome : Gall et Spurzheim le déclarent.

En tout cas, bon ami, si jamais tu deviens membre du Conseil municipal de ton excellente cité, je t'engagerai à prier tes collègues de débaptiser la rue Flodoard — pour la nommer : rue Garnesson.

Cela fera au moins que la plupart des étrangers, qui ne connaissent pas le vieil historien — ne s'épuiseront plus à dire : rue St-Flodoard. Mais me voilà bien loin de mes projets, heureusement je puis me consoler de ce détour en songeant que : *tout chemin conduit à Rome !* Reprenons donc la route de l'Italie.

CHAPITRE TROISIÈME.

**Les chameaux. — Miss Evelina. — Histoire d'un Zouave.
Le lingot d'Or.**

Quand nous étions ensemble au collége, mon cher Victor, pour apprendre un tas de choses que nous nous sommes pieusement hâtés d'oublier, ce qui se fait depuis que Charlemagne inventa cette institution — nous avions, je ne sais plus dans quelle classe, un brave homme de professeur, long comme un jour sans pain et barbu comme un sapeur. A ces avantages, ce digne régent adjoignait une paresse capable de l'emporter sur celle de la marmotte, de sorte que tous les samedis, jour anxieux où l'on donnait les places obtenues dans les compositions — pour s'éviter la peine de corriger les *copies*, ce qui doit être réellement une besogne peu agréable — il les prenait en bloc, les lançait de toutes ses forces contre le mur, et numérotait par 1, 2, 3 et cœtera, celles qui avaient le plus approché du but.

Cependant ce jeu naïf de notre professeur, cette leçon d'égalité par le sort, qu'il nous donnait une fois par semaine, nous blessait d'une singulière façon — car l'enfance aime la justice, et bientôt l'un de nous : lequel ?

Entre les deux mon cœur balance.

l'un de nous décerna au régent sus-mentionné l'épithète arabe de :

— Chameau !

Le surnom fit fortune. Au bout de vingt-quatre heures on aurait pu croire que c'était un nom patronymique; si si bien que le malheureux professeur n'eut plus d'autre désignation et qu'il la conserva jusqu'à la mort.

Ce mot chameau m'était sorti de la mémoire, quand à Paris, je le retrouvai grandement en honneur dans les bals publics, appliqué spécialement à cet être charmant, délicat, aimable et adorable que nos pères, gens galants et courtois nommaient : — femme.

Mais comme tout change de générations en générations— lors de ma vie parisienne on disait : un joli petit chameau, comme nous dirions bonnement : une délicieuse petite femme. Heureusement que des goûts et des couleurs il ne faut disputer. Et pour en finir sur ce sujet, disons de suite que Champavert le *Lycantrophe*, un poète de mes amis qui s'est suicidé deux ou trois fois, dans le but de faire vendre ses ouvrages, et qui se porte aujourd'hui très-bien, avait ainsi défini ce quadrupède:

« Chameau, créature à deux bosses, que Dieu donne à
« l'homme pour traverser le désert de la vie.

« Nota. — Le chameau n'est pas sobre. Ceux qui l'ont dit
« ont induit en erreur les braves gens assez stupides pour
« les croire sans y voir. »

Tout cela, digne ami, me revint immédiatement à la mémoire dans les immenses prairies de la ferme de San-Rossore, auprès de Pise, lors de notre mémorable excursion en chemin de fer dans cette ville de la Toscane.

Encore un de tes oublis. Quand je serai à cent je ferai une croix.

Tout-à-coup, au détour d'un pan de mur en ruines, car tous les murs de ce pays sont construits de la sorte, nous aperçûmes de vrais chameaux, avec des bosses, de grands cous et des visages mélancoliques. Ces animaux sous un ciel bleu-mât, au milieu d'un paysage assez aride, à l'ombre de ces grands pins d'Italie qui ressemblent à une galette piquée au bout d'un bâton — transportèrent nos imaginations en Afrique. C'était une échappée de l'Orient, un tableau biblique où il ne manquait que les patriarches.

— Mais, bon Dieu! que fait-on de chameaux ici? m'écriai-je.

— On s'en sert pour la culture, signor, dit un cicérone qui venait de pousser subitement entre deux mottes de terre, comme ces soldats de Cadmus dont parle la Mythologie — c'est une colonie qui prospère à souhait, et qui rend de grands services à l'exploitation rurale, et aux artistes auxquels on les loue deux lyres par heure.

Je comprenais enfin le mot exploitation — d'ailleurs le cicérone avait la main tendue. Je m'abstins de donner.

— Voulez-vous dessiner les chameaux, signor?

— Eh! je ne suis pas peintre! répliquai-je.

— Oh! peu importe.

— Comment peu importe?

— Oui vous ferez comme un peintre anglais, qui est venu ici la semaine dernière.

Nous étions un peu las, nous nous hissâmes sur la brèche du mur, et gravement assis nous demandâmes au cicérone la recette pour peindre des chameaux. A notre instar il s'assit sur un quartier de pierre, et il nous conta l'historiette que voici :

— Trois jours par semaine, j'exerce les fonctions de cicérone à la fameuse tour penchée de Pise, le reste du temps je séjourne à la ferme pour poser en Arabe avec les chameaux de San-Rossore. Un de ces jours-là, je venais de faire monter deux mylords au sommet de la tour, et je leur décrivais le panorama que bornent au nord les montagnes des Apennins, et qui s'étend au sud jusqu'à la mer, en cultures variées de bois et de prairies, dont l'ensemble forme ce qu'on appelle le jardin de la Toscane.

— Voit-on d'ici la ferme où sont les chameaux ? me demanda l'un des mylords.

Je lui répondis que oui, en indiquant avec la main le point où elle était, mais sans attendre mes explications, le voilà qui entraîne son compagnon, qui s'élance par les escaliers, puis ils se précipitent tous deux dans la voiture qui les attendait en bas, et ils crient en italien :

— La ferme de San-Rossore !

Moi je n'avais pas été payé. Par conséquent je les avais suivis ; mais ne voulant pas être importun, et sachant où ils allaient, je fis signe de l'œil à Agostino, leur cocher, le plus digne garçon qui ait jamais conduit une voiture, et je me mis sur le marche-pieds de derrière. C'était une occasion pour retourner sans fatigue à la ferme, et un moyen que le bon Dieu me fournissait pour ne pas être volé par des hérétiques.

Nous arrivâmes bientôt par les *Cascine* de Pise — là-bas de l'autre côté — c'est une campagne délicieuse, arrosée de nombreux cours d'eau. Des troupeaux innombrables de vaches sauvages et de chevaux libres paissaient alors dans des prairies à perte de vue. Il fesait un beau soleil. La terre devait avoir cet aspect de richesse et de bonheur au premier jour de la création.

Ici, mon digne ami tu baillas avec une énergie qui fit rentrer les descriptions dans la gorge du cicérone. Mais il n'en poursuivit pas moins.

— Voici les chameaux, dit Agostino, en montrant du doigt sur la lisière d'une prairie ces animaux qui, vu leur éloignement, paraissaient gros comme des rats.

— Prenez vos pinceaux et marchons vers eux, dit le compagnon du peintre en descendant de voiture.

Vous comprenez, signor, que j'étais déjà en bas du marche-pieds.

— Plaisantez-vous, mon ami, répondit le mylord qui fesait des tableaux, par une chaleur pareille et à une telle distance? Ne faut-il pas d'ailleurs que nous soupions ce soir à Livourne?

— Pourquoi sommes-nous venus alors?

— Vous m'affligez, Patrik! Depuis deux ans que je me tue à vous faire comprendre les voyages, vous n'en êtes toujours qu'à l'A. B. C. Quel palais, quel musée, quelle cathédrale, nous a jamais plus enchantés que cette promenade? Quand fûmes-nous plus heureux? Pour ce qui est des chameaux je les ai vus. Cocher, ce sont bien des chameaux?

— Assurément, signor! me hâtai-je de répondre.

— Il suffit : qu'importe à présent que je les dessine ici d'après nature, ou à Londres d'après les cartons du Muséum-British, personne ne pourra m'en contester la propriété. Je puis désormais composer des tableaux du plus pur Orient. J'ai vu des Arabes à Sainte-Marguerite, des palmiers à Bordighera et des chameaux à Pise. En route, cocher !

Le compagnon du peintre me donna un florin, remonta en voiture, et Agostino les reconduisit à Pise.

Voilà pourquoi on peut dessiner les chameaux de San-Rossore, sans être peintre, puisque les peintres anglais les dessinent sans les voir.

La plaisanterie était bonne et contée à la manière française, aussi le cicérone n'eut pas à se plaindre de notre générosité. Il nous avait fait rire, et cette excentricité Albionnaise était un conte précieux qui valait une récompense.

Aujourd'hui, en me remémorant ce souvenir, ce mot Albionnais me remet en mémoire — et malgré moi — miss Evelina Prescott.

Et ceci est encore de ta faute.

Car — si narrateur fidèle — tu avais décrit avec exactitude, chacun des épisodes de notre voyage — tu ne m'aurais pas donné la démangeaison de prendre la plume pour suppléer à tes lacunes, et par conséquent tu n'aurais pas forcé cet adjectif : Albionnais, à se dresser de rechef devant moi de toute sa hauteur.

Evelina ! C'était un joli nom, conviens-en ? Une de ces appellations que l'on ne rencontre pas souvent, et qui éveillent à l'âme et à l'oreille une foule de sensations délicieuses. Pourtant un jour nous faillîmes nous fâcher parce que tu voulais à toute force traduire cette gracieuse désinence par le substantif : aveline, vulgairement noisette. C'était un jeu de mots par à-peu-près — cependant je consentis à le le pardonner, parce que tu n'avais pas vu la charmante miss, alors tu n'avais d'yeux que pour le *Périclès*, navire dont je suis certain que de ta vie tu n'oublieras le nom héllénique. Mais puisqu'incidemment — par ricochets — me voilà rentré dans le chapitre de la jolie cousine, permets-moi d'abandonner pour quelques minutes le relevé des lacunes et omissions des *Tablettes d'un Champenois*. Laisse-moi mettre de côté, pendant quelques pages, l'erratum ou l'errata que je compose laborieusement à ton intention, je vais te dévoiler tout ce que j'ai appris de ma belle insulaire, de cette vision séraphique, entrevue à bord de la *Maria-Christina* et peut-être bien à l'un des balcons de l'hôtel Mambor, quoique la suscription de la lettre de M. Alfred de Rospiliosi, portât: rue du Corso.

Miss Evelina, on le comprend, était parfaitement en droit d'exciter ma curiosité. Je n'avais rien de mieux à faire. Aussi perdre mes heures à regarder une vieille pierre, à considérer la fumée s'échappant d'un cigarre, à contempler le cou tendu, un morceau de toile enduit de couleur, à courir dans les rues par une chaleur de trente à trente-cinq degrés, à manger des mets inconnus qui me fesaient regretter la soupe au lard, à écouter des balivernes que je me fendais inutilement les oreilles pour saisir approximativement — tout cela me semblait peu agréable à côté de la charmante vision qui suffisait à occuper ma vie entière. Je le croyais, du moins en cet instant; mais avec une naïveté qui prouvait combien peu j'avais marché dans les sentiers fleuris de Paphos et d'Amathonte, j'aurais préféré subir l'amputation de la langue plutôt que d'avouer ma passion, et comme ce fameux consul Romain, j'aurais été capable de brûler mon casque.... à mèche, s'il avait pu savoir mon secret.

Donc, tandis que tu poursuivais avec un amour scientifique à nul autre pareil, chaque palais, chaque statue, chaque tableau, pendant que pour satisfaire aux insatiables exigences des mendiants, connus sous le nom de cicérones, tu troquais avec désavantage nos belles pièces de cinq francs contre les infâmes bayoques papalines — moi — suivant un autre itinéraire, je m'élançais comme un vrai fou à la recherche de l'Idéal. Les Allemands, et Schiller en tête, ont jadis eu cette monomanie : il est vrai qu'il n'y a pas de sottises qui n'aient traversé les cervelles germaniques, — en tous cas je voulais savoir les noms des deux adorables sylphides qui avaient si bien raconté la fable des Deux Pigeons sous mes fenêtres, à l'ombre de mon balcon, dans la demeure de M. Mambor. Ces noms je les connaissais par prescience. Ces noms je me figurais bien que probablement ils devaient correspondre à ceux de miss Arabelle et Evelina Prescott, mais il restait à découvrir sous quel voile ils s'abritaient. Comme aurait pu le faire un inquisiteur du Saint-Office, j'avais fouillé, au moyen de mille et un prétextes, non-seulement la maison Mambor, mais bien encore toutes celles de la rue Ste-Apollinaire, dans laquelle était sise ladite habitation. Pas plus de Prescott que de chiens verts. Delà j'avais couru rue du Corso, dans cette rue maudite où était adressée la fameuse lettre trouvée au Colysée, l'épître passionnée, signée par monsignor Alfred de Rospiliosi. Le Corso est bien long : une quantité infinie d'Anglais l'habitent, mais aucun, pas le plus petit — ne s'intitulait Prescott. Encore s'il y avait eu une Préfecture de police dans la ville Sainte ? Mais ce luxe raffiné de notre civilisation française n'existait pas du tout à cette époque. L'Inquisition qui n'a jamais pu mourir à Rome, remplaçait seule cet instrument à recherches; mais outre qu'il était très-douteux que l'on voulût convenablement me répondre, il pouvait bien advenir quelque chose de fâcheux en allant m'informer de l'adresse d'une hérétique. Quoique l'on redoute peu le Saint-Office, de mauvais et méchants bruits courent toujours sur son compte : on parle tout bas de maints moyens employés par cette institution pour se débarrasser des gens qui auraient eu la velléité de la gêner ou de ne pas se conformer à ses prescriptions; en sorte que je ne m'arrêtai pas une minute sur cette idée. Miss Evelina entre les mains d'un Inquisiteur? Rien que ce tableau me fesait courir un frisson depuis l'extrêmité des cheveux jusqu'à la plante des pieds. Je renonçai donc à mes perquisitions, à mon grand regret, et pendant une des plus brûlantes journées que tu passais, cher et digne ami, à arpenter de la longueur de tes jambes les rues éternelles de la ville pontificale, j'allai méditer — à l'ombre au café *Nuovo*.

Là, bien à mon aise, à l'abri du cicérone, du mendiant, de la chaleur, et des insectes, en face d'un sorbet digne d'éloges sans restrictions, les doigts appuyés sur un excellent cigarre anglais, qu'un contrebandier m'avait vendu pas plus cher qu'il n'aurait pu le faire à Epernay — Là, dans cette bienheureuse nonchalance qui est l'un des plus voluptueux agréments des pays méridionaux, je me mis à résumer mentalement toute mon histoire amoureuse.

.... *Trahit sua quemque voluptas!*

Pour commencer par le commencement, ainsi que cela devrait toujours se pratiquer, et ainsi que cela se fait rarement — j'établis tout d'abord que ma passion ne s'était révélée à mes sens agités qu'à bord du *Maria-Christina*.

Là seulement j'avais vu deux anges britanniques ;

Pendant une à deux heures il m'avait été loisible de les contempler ;

J'avais largement profité de la circonstance, j'avais même abusé de l'occasion, car tandis que le capitaine nous racontait son histoire de bandits, je n'avais pas une minute détaché mes yeux du charmant tableau qui m'était offert, et si j'avais eu la moindre notion du dessin, j'aurais pu facilement, sans modèle, reproduire la copie de ce tableau. Rien ne m'était échappé.

Maintenant, lequel de ses deux anges se nommait Evelina ? C'était là un point anxieux, car le gros bonhomme auquel je devais l'indication de ces noms propres, avait formellement oublié de me dire : l'ange de droite s'intitule Evelina ; l'ange de gauche a pour prénom, Arabelle.

Mais comme l'ange de droite était moins maigre que l'ange de gauche — comme ses yeux étaient d'un bleu divin — comme c'était lui qui avait dit : Oui ! avec une accentuation aussi gracieuse qu'adorable — comme en outre le nom d'Evelina sonnait mieux à mon oreille que celui d'Arabelle — comme c'était à Evelina qu'était adressée la fameuse lettre de monsieur Alfred — comme enfin c'était cette même voix que j'avais entendue sous mon balcon :

A l'heure où tous les chats sont gris !

je voulais que l'ange de droite se nommât : Evelina. Pourquoi se serait-il autrement intitulé ? De même que l'abbé de Vertot, j'avais composé mon siège, et si la vérité eût été autre que ce que j'imaginais, j'en aurais été désolé.

Une fois que j'eus élaboré ce résumé complet et minutieux de mes observations, je trouvai que ces renseignements étaient.... maigres, et que ma passion s'étayait sur des bases bien étroites, et par-dessus tout bien hypothétiques. J'avalai un second sorbet pour fortifier mes méditations par ce réfrigérant, puis j'aspirai quelques bouffées de fumée de mon cigarre.

Malheureusement, ainsi que je l'ai dit, c'était un cigarre anglais ; c'est pourquoi mes méditations au lieu d'aboutir à une démonstration de l'absurdité évidente qui bouleversait mon cerveau, mes méditations en dépit du sorbet ingurgité, ne firent que me convaincre qu'une chance heureuse couronnerait mes efforts et le labeur de mes recherches. L'esprit de l'homme est très-mal fait en général ; et, à l'appui de ce raisonnement fou, je calculai qu'après avoir trouvé par hasard une lettre adressée à miss Evelina, qu'après avoir entendu par hasard miss Evelina causer sous mon balcon, je pouvais bien — toujours par hasard, — me rencontrer réellement une bonne fois avec elle, et alors........ Eh ! bien alors j'aviserais à ce que je ferais ou à ce que je dirais. Il est vrai que jusqu'à cette minute je n'avais pas encore envisagé cette probabilité, qui pourtant valait la peine d'une réflexion.

Comme de raison, je me gardai bien de te confier, cher ami, la moindre parcelle des élucubrations de mon chef ; tu n'aurais rien compris à la chose, tu aurais été capable de rougir d'avoir un compagnon tel que moi. On a bien vu des choses plus extraordinaires.

Dans le cours de mes expéditions solitaires et toujours consacrées à la recherche de l'inconnu, expéditions qui pour être couronnées de succès ont besoin d'être dirigées par une tête jeune et aventureuse, je finis enfin par trouver, par découvrir, non loin du tombeau de Cécilia Métella, mon compagnon obèse de la *Maria-Christina*, le brave et digne homme qui m'avait révélé ce que je savais. Mon premier mouvement fut de courir à sa rencontre et de l'embrasser — la joie me suffoquait, et ce fut un bonheur pour moi, car je ne puis trop m'imaginer quelle figure aurait pu faire mon digne Anglais en me voyant me précipiter dans ses bras. Pour ce motif, et en vertu de la réflexion qui corrige toujours l'initiative humaine, je m'abstins de toute démonstration osculatrice, et je fus assez maître de mes jambes pour ne point les lancer à bride abattue contre les tibias de mon ex-compagnon. Je l'abordai donc en vrai gentlemen ; mais il était tellement préoccupé à déchiffrer un fragment d'inscription, superposé sur un fragment de colonne corinthienne dont le soleil couchant dorait les feuilles d'acanthe, — il était si vivement absorbé par sa contemplation archéologique qu'il n'aperçut point mes humbles salutations. Au fond peu m'importait. Je n'étais pas dans le quart-d'heure de la susceptibilité — mon Anglais pouvait être Anglais à son aise. Cependant à force de tourner autour de lui et de l'éventer pour ainsi dire avec mon chapeau, il finit par voir que j'avais intention de lui parler. Ses gros yeux quittèrent incontinent l'inscription : un soupir bourdonna entre ses lèvres, et avec une gracieuseté de boule-dogue, il finit par me demander, ce que je voulais à lui.

Je m'expliquai alors avec toute la volubilité que pouvait encore activer une impatience longtemps contenue ; je lui rappelai notre vie en commun, à bord du navire napolitain, toutes les particularités de lui à moi, que ma mémoire pouvait me fournir, en un mot je m'efforçai de lui persuader que nous étions amis intimes. En même temps, par une finesse diplomatique dont je m'énorgueillissais, je ne lui glissai pas un mot, concernant miss Evelina. Je voulais voir, si de lui-même il entamerait ce chapitre qui était pourtant le seul qui pût m'intéresser : les amoureux n'ont pas deux espèces de raisonnement.

Après m'avoir écouté avec ce calme qui semble la caractéristique nationale de tout Grand-Breton, après avoir prêté une méticuleuse attention à mes myriades de paroles, mon compagnon poussa un nouveau soupir, et finit par me dire qu'il me reconnaissait et qu'il était bien content de me voir..... parce qu'il supposait que je pourrais l'aider à déchiffrer l'inscription devant laquelle nous nous trouvions.

Un pot de fleurs qui vous tomberait sur la tête, quand du milieu de la rue vous envoyez un dernier baiser à votre bien-aimée, qui penchée à la fenêtre veut vous suivre du regard jusqu'à ce que vous ayez disparu, ne peut produire plus d'impression que ne m'en causa la demande du mylord avec lequel je me trouvais. Une inscription à déchiffrer, grand Dieu, ce n'était certes pas pour cela que la fatalité m'avait remorqué dans les environs du tombeau de Cécilia Métella ! Une inscription ? Je regardai fixément mon interlocuteur ; il ne plaisantait point — il parlait sérieusement — il tenait à son inscription. Mais comme cet exercice de l'esprit me déplaisait infiniment, j'essayai d'éluder la question, et de la tourner avec toute l'adresse dont je me sentais capable — toutefois je m'arrangeai de manière à ne pas lui rire au nez, ou à lui adresser quelque épigramme qui aurait pu le blesser. Je tenais à le ménager, sans lui déchiffrer son inscription. Malheureusement c'était son idée fixe. J'eus beau semer incidents sur incidents, évoquer le passé — le mylord revenait toujours à son inscription. Par hasard il m'avait entendu faire, à bord, deux ou trois citations latines, et cela lui suffisait pour avoir une très-haute opinion de mon érudition. Maudite, soit l'Université qui nous fourre dans la tête des lambeaux de vers latins, ou des phrases cicéroniennes qui ne servent en définitive....... qu'à vous exposer bon gré malgré à traduire des fragments d'inscription.

Encore si j'avais acheté ce petit volume : *Rome vue en huit jours!* dont tu as déploré, cher ami, la perte avec une si véritable éloquence. Peut-être aurais-je lu l'explication de cette inscription qui venait contre-carrer ma joie et mes espérances d'une manière aussi inopinée qu'importune. Mais je n'avais acheté ni lu aucun ouvrage contenant la description de Rome ; et, bien plus, de ma vie je ne m'étais amusé à traduire la moindre inscription. Cependant il n'y avait pas à dire, mon Anglais semblait déterminé à ne pas quitter le sol sur lequel il semblait cloué, sans avoir le mot de l'énigme que le hasard avait fait sautiller sous ses yeux. Moi qui cherchais un sphinx, je tombais sur un homme qui en cherchait un comme moi, et qui voulait en dépit de toutes les plus plausibles dénégations que je lui expliquasse, à l'instar d'un membre de l'Académie des Inscriptions et Belles-lettres, ce que signifiaient une douzaine de lettres plus baroques les unes que les autres. L'envie me prit d'appliquer ma canne sur les omoplates de mon compagnon — mais, outre qu'il me semblait vigoureusement constitué et en état de me rendre avec usure ce que j'aurais pu lui donner, je calculai immédiatement que c'était un très-mauvais moyen d'atteindre au but que je m'étais imposé. Je me résignai donc au rôle de traducteur, fesant un énergique appel à tous mes souvenirs de collége. Cette détermination causa un plaisir incroyable au gentlemen, et dès qu'il me vit courbé en deux, examiner la pierre, épeler les lettres, il me nomma son cher ami. J'avais commencé à capter sa confiance, il fallait pour couronner l'œuvre expliquer nettement ladite inscription : la voici, car elle est restée gravée dans ma mémoire aussi solidement qu'elle l'était sur la pierre.

P. P.
FIL. SUO. H.
P. DED.

Mon Anglais suivait, la sueur sur le front, chacun de mes mouvements, sans impatience cependant — mais les mains étendues, tout comme si me supposant, papillon, il voulût empêcher que je ne m'envolasse. Enfin je me relevai, j'avais improvisé ma traduction. Peu m'importait qu'elle fût exacte; mon compagnon ne me semblait pas un rude latiniste.

— Eh bien! fit-il en me voyant me relever.

— Je la tiens, répondis-je toujours machinalement, toujours au hasard et toujours préoccupé de la solution de mon énigme qui — après tout, valait mieux que la traduction hiéroglyphique qui béait sous mes yeux.

— Ah! fit l'Anglais avec un accent qui épouvanta pour quelques minutes ma science.

Car la position était perplexe. Si mon compagnon avait jadis étudié le latin, ce qui pouvait advenir — s'il s'était occupé d'archéologie, ce qui pouvait être — immédiatement, il allait reconnaître que mon érudition était de mauvais aloi — et alors, adieu toutes les espérances que j'échafaudais sur ma docte complaisance. Il allait se fâcher, et peut-être me proposer une partie de boxe, exercice pour lequel ma répugnance est très-vive. Mais il n'y avait pas deux sentiers ; je relevai la tête en triomphateur et en murmurant dans mon for intérieur : au petit bonheur ! exclamation enfantine qui se retrouvait je ne sais comment dans mes souvenirs — et je lui débitai l'explication que voici. Par exemple, je prie les archéologues, antiquaires et numismates champenois de ne pas m'écorcher vif pour cet empiètement commis sur leurs domaines.

— Vous voyez, lui dis-je en désignant du doigt chaque lettre, ceci ne peut se traduire que de cette manière : *Pius pater, filio suo, hanc petram dedicavit.*

— *Hao !* souffla le gentlemen, merveilleux, splendide, admirable, *beatiful !*

Le bon homme ne raillait point — il était naïvement enchanté — donc il ne savait pas le latin. J'étais sauvé ; aussi je continuai gravement : — Cela veut dire, ainsi que vous le savez sans doute : un bon père a élevé ce monument à la mémoire de son fils.

L'anglais ne me répondit point. Il prit son carnet, il nota l'inscription et ma traduction, remit le tout dans la poche de son habit noir, puis il me serra la main à me la broyer. Nous étions amis. Je pouvais enfin tout exiger de lui. O miss Evelina, à quelles épreuves vous m'exposiez !

En revenant vers l'intérieur de Rome, enhardi par mon succès archéologique, j'abordai bravement la délicate question qui me brûlait le cœur. Au nom de miss Evelina, mon compagnon soupira, sa large face s'empourpra et je craignis un instant que son abdomen n'amenât par son gonflement une solution de continuité à la ceinture du vêtement que les Anglaises nomment : inexpressible. Je me heurtais décidément à un nouveau mystère.

— Oh! fit-il, miss Evelina! vous connaissez miss Evelina?

Et là-dessus, à la manière française, me voilà à raconter, depuis l'alpha jusqu'à l'oméga, toutes mes rencontres plus ou moins réelles avec la belle Albionnaise, et sans avouer directemement que j'en étais éperduement amoureux, je le laissai voir assez, pour qu'un myope eût pu nettement le distinguer. Le gentlemen m'écouta sans m'interrompre une seule fois, avec le calme et la politesse qui distinguent spécialement la haute classe de la Grande-Bretagne. Puis quand, faute d'haleine, je m'arrêtai, il me posa doucement la main sur l'épaule.

— Moi, soupira-t-il, j'ai été le mari de miss Evelina Prescott.

Je faillis tomber à la renverse. J'examinai avec jalousie mon gros bonhomme, prêt à l'étrangler s'il plaisantait; mais il était plus sérieux qu'un président de la cour de cassation. Mes deux mains tombèrent le long de mon corps.

— Mais alors vous êtes l'Arthur de miss Evelina?

Autant de mots je disais, autant de bêtises! mais je ne voyais plus clair, je me noyais — je confondais, je mélangeais tout ce que j'avais appris directement ou indirectement de la charmante Anglaise, en un mot j'extravaguais. Il n'y fit pas attention.

— Je ne m'appelle pas Arthur, mais bien Harry, continua-t-il sérieusement, et je ne suis plus le mari de miss Prescott.

En même temps il soupira. Décidément mon sphinx était un vrai sphinx, et de la colère, de l'envie et de la jalousie je passai à la stupéfaction muette, de telle façon que mon brave et digne interlocuteur prit pitié de la décomposition de mon visage et me dit toujours avec son calme inaltérable.

— Venez dîner avec moi — je vous conterai cette histoire.

Il m'aurait dit : venez en enfer ! que je l'aurais suivi pour savoir ce qu'il connaissait de miss Evelina, à plus forte raison devais-je accepter son amicale invitation. J'attendis donc avec patience, et j'écoutai une dissertation sur l'inscription placée près du tombeau de Cecilia Metella. Cette pierre lui tenait au cœur, et il me raconta comme quoi il comptait l'acheter pour la transporter dans la vieille Angleterre et en faire don au Muséum British. Toute autre causerie m'eût été plus agréable, mais en brusquant les habitudes de mon compagnon, je courais risque de ne point entendre son histoire, aussi je fus presque aussi patient que l'éternité.

Nous dînâmes à merveille dans la rue du Corso, chez un restaurateur anglais. Franchement je ne sais trop ce que nous mangeâmes ; j'attendais. Mon compagnon, Harry, pour le désigner par son prénom, dévorait. C'était plaisir de le voir manger — malheureusement je n'avais pas le loisir de m'égayer à cette contemplation ; encore une fois j'attendais. Quand il eut englouti de quoi nourrir cinq ou six Italiens durant une journée entière, quand pour faciliter la digestion il eut ingurgité un demi-litre de Porto, il croisa les mains sur son abdomen, et il renversa la tête en arrière. J'eus peur qu'il ne voulût faire la sieste. Mais non, le brave homme mettait en ordre ses souvenirs. Cela dura plus de quinze minutes. J'attendais toujours.

— Ah! vous connaissez, miss Evelina? fit-il brusquement en reprenant sa position normale — vous avez tort mon cher ami.

— Tort? m'écriai-je.

— Oui — et de plus vous en êtes amoureux — vaudrait tout autant être mort. Je puis vous dire cela, moi, puisque j'ai été son mari.

Et il soupira. Décidément j'avais affaire à un fou ou à un mystificateur; pourtant la tournure de mon compagnon ne pouvait faire pressentir une de ces qualifications, c'est pourquoi je lui dis avec le plus de révérence possible:

— Mais vous n'êtes pas mort, vous?

— Non, fit-il gravement, mais c'est que je ne suis plus son mari.

Et il soupira de nouveau, tandis que ses doigts battaient une marche sur la rotondité de son ventre.

— Voyons, dis-je impatienté, racontez-moi cette histoire qui me semble aussi attrayante qu'un roman de Dickens, votre charmant romancier.

Sir Harry grogna.

— Il y a quelques années — je pourrais vous donner la date, si vous la souhaitiez, elle est sur mon carnet — j'allais en Italie pour des affaires commerciales. Ma fortune n'était pas encore faite. Je ne songeais point à voyager pour mon plaisir, comme aujourd'hui par exemple, et alors il s'agissait de gagner un million ou deux sur l'importation des toiles de coton. Aussi j'allais rapidement. Je venais de traverser la France et je me trouvais à Arles : mon itinéraire était tracé. Je devais gagner Gênes par la voie de terre, puis de Gênes aller à Livourne par mer. Mes journées étaient comptées et le moindre retard pouvait me coûter un ou deux millions; la maison Hutchinson avait vent de l'affaire, et je savais qu'elle ne reculerait devant aucun sacrifice pour me devancer, quoique j'eusse près de trois semaines sur ses premiers renseignements. A Arles je pris la diligence qui mène à Toulon : j'avais à toucher quelques points de la côte pour échelonner nos caboteurs, pour organiser tout ce qui était nécessaire à mon entreprise.

Il était nuit quand je quittai Arles. Je me plaçai dans le coupé sans regarder mes compagnons, et je coiffai mon chef d'un bonnet de soie noire que j'abattis sur mes yeux, pour dormir plus pacifiquement. Cependant si grande envie j'eusse de me livrer au sommeil, si peu d'attention je voulusse apporter à mes compagnons, je distinguai au frôlement, au parfum, à je ne sais quoi, que j'étais assis à côté d'une dame. Du reste, cette remarque ne m'empêcha pas de continuer mes préparatifs, et bientôt je dormis aussi tranquillement que si j'avais été dans ma chambre. Je ne sais ce qui arriva durant mon sommeil, mais bientôt — trop tôt certainement, je fus réveillé par ma compagne qui m'enlaçait de ses bras et me disait en anglais : — Sauvez-moi, monsieur, sauvez-moi!

Je me réveillai brusquement, et je saisis les deux mains de ma voisine.

— Qu'y a-t-il? lui demandai-je dans ma langue natale.

— Dites que vous êtes mon mari! répliqua-t-elle. Je crus un instant que je rêvais. Mais comme il fesait un peu moins noir qu'au moment où j'étais monté en voiture, je pus distinguer à côté de la jeune dame un monsieur qui avait l'air d'un gentlemen et qui était aussi bien éveillé que j'étais encore engourdi.

— Dites donc que vous êtes mon mari! me fit de la voix la plus douce et la plus suppliante que j'aie jamais entendue, ma voisine. Il le faut.

— Qu'y a-t-il ma chère femme? murmurai-je toujours en anglais.

— Parlez français, au nom de Dieu! et ses bras me serraient avec une vivacité qui me réveilla complètement. C'est pourquoi j'obéis, et je dis assez rudement cette phrase, pour qu'on pût croire que je savais ce qui sans doute s'était passé durant mon sommeil. A mon exclamation, le gentlemen français poussa une espèce de rugissement et je l'entendis grommeler entre ses dents.

— Ah! nous verrons bien.

J'offris ma place à ma compagne, mais elle me refusa avec une sécheresse d'intonation qui ne m'encouragea pas à insister, seulement elle me dit à mi-voix :

— Maintenant il n'y a plus de danger, mon cher mari.

Et comme une gazelle fatiguée d'une longue course, elle appuya sa tête sur mon épaule, me laissa ses mains dans les miennes, et elle s'endormit. Peut-être? mais enfin je dus le supposer; je sentais sa respiration sur mes joues, et ses cheveux parfumés effleuraient mes tempes. Un instant je me figurai que c'était un rêve. Non, c'était la vérité.

Je n'avais pas l'âge que j'ai aujourd'hui, mon cher ami!

Cette dernière réflexion avait quelque chose de strident — l'accentuation était pénible, elle accusait un souvenir douloureux.

— Quand le jour vint, continua sir Harry, je regardai la personne avec laquelle j'étais aussi brusquement entré en relations — ma femme enfin. Elle était charmante, bien mise, telle enfin que jamais mes rêves les plus ardents n'avaient pu m'esquisser l'idéalité. J'eus peur, car rien que d'avoir vu cette femme je l'aimais beaucoup ; et d'un autre côté, il répugnait déjà à mon amour de penser que cette femme était une de ces princesses de grande route que souvent l'on rencontrait à cette époque et que les diligences fesaient florir. J'étais hardi ; j'en avais le droit d'après le titre que l'on m'avait donné sans que je l'eusse sollicité ; aussi, après avoir fait rapidement disparaître mon bonnet de soie noire et rajusté ma chevelure autant que mes doigts pouvaient le faire au hasard, j'entamai audacieusement la conversation — en anglais, bien entendu — tout en surveillant le gentlemen français qui me paraissait être dans des dispositions très-hostiles à mon égard. Mais peu m'importait.

La dame fit à-peu-près la même toilette que j'avais faite. Elle enleva un gentil chapeau de paille de mode française — lissa ses magnifiques cheveux, essuya sa figure et ses yeux avec un fin mouchoir de baptiste imprégné d'une odeur d'ambre qui me fait encore mal toutes les fois que je la sens — puis, après avoir gardé le silence durant tout mes préparatifs — elle consentit enfin à me répondre avec un gracieux sourire, qu'elle n'aimait point la curiosité.

J'insistai. Le sourire disparut.

— Voudriez-vous me persécuter comme mon voisin le français?

— Dieu m'en garde! répliquai-je.

— Hé bien! alors soyez aussi discret, et surtout aussi peu questionneur que vous l'avez été cette nuit.

C'était une épigramme, je la ressentis vivement; je voulus m'expliquer, interroger avec la plus grande courtoisie possible, mais cette femme était impénétrable, et en outre elle ne me répondait pas — ou, si elle m'adressait la parole, c'était pour me dire une de ces nombreuses banalités en usage dans les voyages.

Et elle était belle! et sa voix était plus douce et plus mélodieuse que celle du rossignol. Je me damnais. Aussi malgré sa visible répulsion, malgré son silence, je poursuivais ma conversation — mélangeant les flatteries et les compliments aux interrogations et toujours sans plus obtenir de succès. Enfin je m'arrêtai. C'était une statue de marbre.

Mais je ne pouvais rester dix minutes en repos.

— Au moins dites-moi, recommençai-je, pour quel motif je suis maintenant votre mari.

Elle sourit de rechef en me montrant un vrai collier de perles encadré dans un bracelet de corail.

— Vous ne l'avez pas deviné?

— Non, non, sur mon âme!

Elle rit aux éclats.

— Notre voisin l'aurait compris de suite, fit-elle.

— Et pourquoi ne l'avez-vous pas choisi? dis-je avec une certaine dose de colère, car l'impatience m'avait saisi, et je commençais à redouter que ma compagne fût d'origine suspecte et voulût se railler de moi ; me mystifier comme vous le dites en France.

— Voulez-vous que je le prenne pour mari ? Il ne demandera pas mieux, lui.

J'étais déjà jaloux. Je me récriai et protestai de ma parfaite obéissance et de la plus humble courtoisie que l'on pût souhaiter.

— C'est bien, me dit-elle alors avec gravité, je vous dirai pourquoi vous êtes mon mari... lorsque nous nous quitterons.

Je soupirai.

— Oh ! poursuivit-elle, vous êtes mon chevalier encore pour quelques jours. Jusqu'à Mantoue.

Un éclair qui m'aurait zébré le visage ne m'aurait pas jetté dans une plus grande prostration que ce mot de Mantoue. Effectivement ce n'était pas mon chemin — et je vous l'ai raconté — mes heures étaient rigoureusement comptées.

— Mantoue ! murmurai-je.

— Oui, fit-elle d'une voix caressante. Je vais rejoindre ma famille dans cette ville, et d'après les quelques incidents, qui jusqu'alors ont contrarié mon voyage, je reconnais qu'une femme a peine à voyager seule dans le pays le plus civilisé du monde. Aussi suis-je heureuse d'avoir trouvé un gentlemen aussi accompli que vous, pour me donner aide et protection, un compatriote aussi généreux, sur lequel je puis compter comme sur un frère.

Il fallait ne pas accepter ces louanges, dire que j'avais

un but à atteindre, proposer à la belle voyageuse de m'escorter à Gênes, de Gênes à Livourne, et de là lui promettre de la conduire à Mantoue; elle aurait sans doute accepté, vu qu'elle ne pouvait faire autrement. Mais encore une fois, mon très-cher ami, j'étais jeune. Je m'inclinai bêtement, sottement, pour indiquer que j'acceptais, que je consentais — et en moi-même je maudis la rencontre que le ciel m'avait fait faire. Pourtant je la regardai encore, indécis, avant de capituler avec mon devoir et ma fortune — mais elle était si belle, si belle, que je balbutiai quelques phrases de remercîments, que je lui dis que j'étais heureux d'avoir été choisi par elle, enfin toutes les fadaises que le code de la galanterie exige que l'on débite aux femmes. En même temps pour mettre ma conscience à l'abri, je calculai l'avance que j'avais sur la maison Hutchinson, et il résulta des chiffres que je posai mentalement dans mon cerveau, que le voyage de Mantoue ne m'empêcherait pas d'arriver avant mes concurrents à Gênes et à Livourne, les deux points essentiels sur lesquels se basaient toute ma combinaison commerciale.

Mon calcul fini et complètement parachevé, je redevins calme d'une manière relative; mes soucis s'envolèrent et je me préoccupai avec une vraie joie de l'instant où l'on s'arrêterait pour le repos. Les relais étaient insignifiants; et d'ailleurs le Français, notre compagnon, me persécutait toujours de ses grands yeux étincelants qui semblaient vouloir incendier ma compagne, et me darder des coups de poignards. Rien qu'à lire sur sa physionomie, il était mon ennemi acharné, et ce mystérieux hyménée auquel il avait été si soudainement initié, lui laissait dans l'âme des doutes qui se traduisaient par un espionnage, auquel il était difficile de nous soustraire.

Enfin ce relai tant attendu arriva. Je ne voulus pas manger comme d'habitude à la table d'hôte. Je demandai une chambre séparée.

— Pourquoi faire? me demanda d'une manière très-disgracieuse ma compagne.

— Mais....

— C'est inutile, fit-elle, parfaitement inutile; et en même temps elle alla s'asseoir avec nos compagnons. Je ne sais comment il advint que le Français fut son voisin de droite. J'avais tout fait pour l'éviter, malheureusement toutes mes précautions semblaient tourner contre moi. Elle fut charmante, adorable, et il ne parut pas un instant dans sa causerie ou dans son attitude que la nuit eût été orageuse et semée d'émotions comme celle qui me valait le titre de mari, sans l'avoir aucunement sollicité. Etant jeune, mon très-cher ami, je pensais que c'était commettre une très-grande sottise de se marier.... je le pense encore aujourd'hui.

En cet endroit, sir Harry s'arrêta pour ingurgiter un grand verre de Porto. J'écoutais, toujours avec le pressentiment d'une mystification. Cependant mon nouvel ami ne me semblait pas de taille à jouer ce rôle, et il fallait avoir toute l'immense prévention qui me formait un bandeau sur les yeux pour admettre même l'idée de ce mot.

— Quand je remontai dans la diligence, j'étais jaloux; je heurtai deux ou trois fois le Français, espérant trouver une occasion de le boxer, mais il était aussi patient durant ces quelques minutes que j'étais emporté et violent. Il causait avec elle, et certes, il ne me ménageait pas les allusions les plus épigrammatiques. Toutefois, il savait si bien arrondir ses périphrases, si bien prendre ses circonlocutions que — sous peine d'être grossier et sans éducation — je ne pouvais lui demander raison ou lui chercher querelle. Ma femme — je l'appelle ainsi puisqu'elle voulait que je lui donnasse ce nom, même quand nous causions en anglais — ma femme monta la première et se plaça dans le coin que j'occupais. Le Français grommela, mais il n'affecta pas de se mettre au milieu, il reprit sans mot dire sa place de la nuit. Je triomphais. Enhardi par ce succès j'entamai la conversation, toujours dans ma langue maternelle. Je voulais savoir l'histoire de ma femme ; c'était bien le moins. Sur le ton de la plaisanterie j'abordai donc ce sujet, sur lequel j'avais échoué d'une manière fâcheuse pendant la nuit, et en même temps j'adressai quelques légers reproches, relatifs à la causerie affable entretenue avec le Français tout le temps qu'avait duré le repas. On ne me répondit pas directement : on me raconta qu'on avait choisi la place située près de la portière parce que pendant le jour il était très-agréable de contempler la campagne. On me débita quelques phrases poétiques sur la Provence — mais de toutes mes questions on ne s'en inquiéta pas plus que si je ne les eusses pas formulées. C'était désolant. Je me résignai pourtant, essayant si le mutisme me rendrait plus de service que ma conversation. J'obtins le même résultat. Le Français imitait notre exemple ; à l'instar de ma compatriote il semblait absorbé par le plaisir de considérer les paysages assez pittoresques, il faut l'avouer, qui se déroulaient sur notre route. Si mon amour-propre ne m'eût pas interdit de lui murmurer quelques unes de ces banalités qui sont la ressource unique que l'on peut avoir en diligence pour esquiver l'ennui, de bon cœur j'aurais entrepris une longue bavarderie; mais encore une fois l'amour-propre s'y opposait. Et quand on est jeune il n'y a pas de dictateur plus despote et en même temps plus obéi que l'amour-propre.

A défaut d'occupation, puisqu'en raison de ma place je ne pouvais au moins me distraire à regarder dans la campagne, je me mis à récapituler mon aventure. Malheureusement j'étais trop près de ma femme pour me livrer à cet exercice d'une manière complètement désintéressée. Je la voyais, et cela suffisait à m'ôter le grain de raison qui pouvait engendrer les sages réflexions. Elle était si belle !

Alors, je ne sais comment, je me souvins, pour avoir déjà suivi cette route — que la nuit prochaine la diligence s'arrêtait et que son personnel avait le droit de coucher dans une auberge. Cette idée suffit à me consoler, un sourire illumina mon front, et j'estimai que cette circonstance me servirait plus que mes questions demeurées sans réponse. A ce moment il faudrait bien s'expliquer et donner une solution au mystère qui fesait bouillonner mon sang. Et puis?...

Pour mieux rêver, pour combiner avec plus de facilité mes plans et mes projets, je fermai les yeux à moitié et feignis de dormir. Cependant je surveillais du regard ma femme, et quoique mes paupières parussent hermétiquement fermées, je ne perdais pas un de ses mouvements. Les jaloux ne dorment que d'un œil.

Il y avait au moins une demi-heure que je m'obstinais dans cette position — lorsque ma voisine restée jusqu'alors penchée à la portière se releva ; elle me regarda, puis un sourire imperceptible et sarcastique plissa le coin de ses lèvres, en même temps qu'un mouvement des épaules m'effleura comme un fer rouge. Elle avait du dédain pour moi, parce que je dormais. Je résistai bravement au désir d'ouvrir les yeux ; j'attendis. Elle posa sa petite main parfaitement gantée sur mon bras comme pour m'éveiller, puis ensuite elle la retira. Elle avait rougi ; cela suffit pour me faire oublier le haussement des épaules. Il faut si peu de chose à un amoureux ! Au relai je la laissai descendre seule. Le Français me regarda. Je paraissais toujours dormir. Il essaya de passer devant moi sans me déranger ; mais lorsqu'il vit qu'il m'éveillerait, il reprit sa position et battit une marche contre la glace. Je le gênais beaucoup. Une fois les chevaux attelés, ma femme rentra dans la voiture. Je dormais toujours.

— Quel sommeil ? murmura-t-elle avec dépit.

Je continuai à ne rien entendre, et je maintins mes yeux fermés jusqu'à l'heure du repas. Là je me réveillai, mais, je me gardai bien de causer. Elle évita le Français et ne lui adressa point une parole. Mon mutisme atteignait au but que j'ambitionnais. On voulut lier conversation — il était trop tard — je marmottai quelques monosyllabes, et à peine étions nous remis en marche que je sommeillais de nouveau. C'était là ma seule diplomatie. Je la tiens pour bonne.

Ma compagne était domptée.

Durant une heure au moins elle m'observa, puis quand cette minutieuse inspection sembla lui avoir démontré que je dormais bien, elle posa son bras sur mon épaule, et s'approchant si près de mon front que je sentais sa respiration, elle me murmura à l'oreille:

— Je vous en supplie, ne dormez point.

Je fus inflexible. On m'aurait mis sous le nez un flacon d'éther ou de chloroforme que je ne serais pas resté plus impassible.

— Mon mari, continua-t-elle, éveillez-vous, on va monter une côte, je souhaiterais faire le trajet à pied, à votre bras. Oh! écoutez moi.

J'eus intention de m'éveiller, mais comme je ne sentais point les chevaux ralentir leur trot, je me méfiai de quelque ruse féminine.

Elle se remit à la portière. Mon voisin le Français avait suivi des yeux cette petite scène, et quoiqu'il n'entendît pas ce qui m'avait été dit, il paraissait en avoir compris jusqu'à la moindre syllabe, car ses traits exprimaient le plus parfait mépris pour mon apathie supposée. Un moment après je reconnus à la lenteur de la marche qu'en effet l'on gravissait une côte. J'entendis le conducteur descendre de son siège et inviter les voyageurs, qui le souhaitaient, à alléger la diligence. Je poursuivis mon rôle. Le Français sauta sur la route et ferma sans bruit la portière. Cette attention de sa part, surexcita mes soupçons. Quant à ma femme elle persistait à garder la même position. Il n'y avait pas dix minutes que notre compagnon avait mis pied à terre que déjà il avait engagé la conversation avec ma gracieuse compatriote. Il lui vantait la beauté des sites, la douceur de la température, le plaisir de marcher après avoir été longtemps assis; mais après quelques monosyllabes, elle s'abstint de continuer à lui répondre. Vous voyez, mon jeune et cher ami que j'avais eu raison d'agir ainsi que j'avais le courage de le faire. Du reste, ma compagne serait descendue que je n'aurais pas changé le moindre détail à mon plan. J'attendais la nuit, et avec la nuit l'auberge où nous devions nous arrêter. Je fus héroïque — malgré toutes les prières que l'on voulut bien encore m'adresser — malgré les mille petites caresses dont on me combla, je dormis. Ce brave Grec qui sommeilla, dit-on, cent années dans une île de l'Archipel ne pouvait rivaliser avec moi.

Nous arrivâmes enfin. Ma femme me saisit le bras lorsque nous fûmes sur le point de pénétrer dans l'auberge et rabattit son voile sur ses yeux. Je semblais tellement indifférent qu'elle me dit avec un accent de véritable amertume :

— Vous ne voulez donc plus être mon chevalier ?

— Si vraiment.

— Mon Dieu ! me serais-je trompée ?

— Non, non jamais vous ne vous êtes appuyée au bras d'un homme qui vous aime plus, et qui vous respecte plus encore. Seulement j'étais écrasé de fatigue.

Quoique ces paroles dont je regrettais déjà la formule eussent été dites sans chaleur, ma femme me regarda avec un certain étonnement. Il y avait autant de douleur que de tristesse sur ses traits, et au tressaillement de son bras je compris que le mot : aimer, l'avait blessée. Je fus heureux de cette observation. J'étais amoureux, et pour rien au monde je n'aurais voulu que l'objet de cet amour en fût indigne. Cependant je remarquais que l'hôtelier dont j'étais connu, pour maints voyages pendant lesquels je m'étais arrêté chez lui, nous examinait avec ce sourire railleur qui semble incarné sur les lèvres provençales. Derrière lui était mon gentlemen français qui nous avait devancé. Je compris immédiatement que mon rival avait demandé des renseignements et que mon ancien hôtelier avait parlé de mon célibat. Aussi pour couper court à tout ce qui pouvait advenir, et en même temps pour mener mon plan à bonne fin, j'allai droit à lui — tenant toujours ma femme au bras, et tout en lui annonçant mon mariage, je lui dis de nous faire servir à souper dans la chambre que j'occupais d'habitude. Il sourit encore et d'une manière plus narquoise que précédemment, puis il nous fit préparer ce que nous avions demandé. Pendant les quelques minutes que cela exigea, le bras de ma femme toujours passé sous le mien, frissonnait comme si la fièvre la dévorait.

— Sortons un instant, dit-elle, on étouffe dans cette salle.

— Au lieu d'aller dans la rue ou dans la cour, il vaut mieux nous rendre à notre chambre répondis-je. Elle est située au rez-de-chaussée, et donne sur un beau jardin. Nous ouvrirons les fenêtres et de la sorte nous pourrons respirer à loisir.

Elle obéit. La chambre était la plus jolie de l'hôtellerie. Les murs étaient peints en bleu — il y avait un plafond, — et les quelques meubles qui s'y trouvaient ne ressemblaient en rien à ce misérable aménagement de toutes les auberges provençales. Mais il n'y avait qu'un lit.

Ma femme inspecta silencieusement cette pièce tandis que le garçons de l'hôtelier nous servaient, et que moi je me hâtais d'ouvrir les fenêtres et de lever les jalousies, puis elle ôta son chapeau, qu'elle déposa sur le lit et vint à moi. Je lui montrai le jardin qu'on découvrait encore assez bien dans le pénombre, et entretins avec feu la causerie, comme si je voulais empêcher qu'il ne surgît une objection, ou même une observation. Toutefois je m'y attendais, et franchement j'aurais été très-malheureux si ma compagne n'eût pas soulevé de contradiction. L'homme est un étrange animal...

Elle soutint avec douceur, mais avec tristesse ma conversation — regarda beaucoup le paysage noyé dans le clair-obscur et se comporta complètement comme si elle eût été ma femme. Les domestiques sortirent. Je la priai de se mettre à table; elle se rendit à mes désirs. Mais j'eus beau évoquer les ressources de mon esprit, et ce que pouvait alors produire mon imagination, je ne pus parvenir à chasser les sombres nuages qui lui couvraient le front, ou à faire éclore un sourire sur ses lèvres. Quand elle me répondait, ce qui était rare — je sentais qu'il y avait des larmes dans sa voix, aussi il résulta de ces dispositions contraires chez nous deux que nous mangeâmes et que nous bûmes très-peu. La situation commençait même à me peser, c'est pourquoi afin de la faire cesser et pour amener un dénouement, je dis brusquement :

— Hé bien, ma charmante compagne, est-ce que je ne suis plus votre cher mari ?

C'était brutal ; mais on n'est pas jeune pour rien.

Elle se leva pâle comme une mourante, mais digne et imposante comme une reine.

— Vous êtes bien un enfant de la vieille Angleterre, me dit-elle avec calme, vous n'êtes pas un Irlandais?

Je m'empressai de protester de l'extraction vraiment saxonne de ma race, et de défiler tout mon chapelet généalogique, avec mes noms et prénoms, ainsi que le lieu de ma naissance.

— Je ne souhaitais pas autant en connaître, poursuivit-elle ; je voulais seulement savoir si vous étiez un homme. Eh! bien voici ce qui motivait ma question.

Par suite du hasard, et pour des causes qu'il est sûrement inutile de vous énoncer, il est arrivé que dans un moment où l'importunité excessive d'un étranger me forçait à invoquer le secours du premier homme de cœur qui se trouvait auprès de moi, je vous ai prié de me venir en aide. J'ignorais qui vous étiez, je fesais appel à votre générosité... Pour éviter un conflit, pour empêcher que vous n'encourussiez une responsabilité quelconque, en me prenant sous votre protection, je vous indiquai un prétexte ; le premier qui me traversa le cerveau, croyant que vous ne songeriez pas à exploiter un mensonge auquel j'avais été entraîné pour ma défense personnelle.

Malheureusement au premier relai où nous nous sommes arrêtés après ce mensonge, j'ai reconnu que vous vouliez m'infliger la même persécution que mon voisin le Français, que vous aviez l'intention d'abuser de ce titre de compatriote qui me semblait une sauve-garde. J'en ai ressenti une douleur poignante. Mais, comme sous peine de me perdre, je ne pouvais déclarer la vérité, me confiant en Dieu, j'ai attendu. J'ai voulu voir si mes craintes étaient réellement fondées. Votre attitude, vos discours viennent de me démontrer que mes terreurs étaient justes. J'ai touché la réalité.

Elle s'arrêta épuisée. Je réitérai l'assurance de la pureté de mes intentions. Elle sourit, et me montra du geste l'appartement. Je ne sais pourquoi, cette mimique me calma plus que n'aurait pu faire une douche d'eau glacée, je me levai avec empressement, et je fis tous les efforts les plus respectueux pour la rassurer. Elle resta froide comme une statue de marbre, puis, toujours avec ce même accent de reine qui me causait une si profonde impression, elle me dit :

— Je vous crois. Maintenant que comptez-vous faire ?

Vous le voyez, elle allait droit au but.

Je balbutiai d'abord, puis enfin parvenant à ressaisir le fil de mes idées, je lui répondis que je passerais la nuit sur un fauteuil.

— Dans l'appartement? demanda-t-elle.

— Oui, si vous le voulez bien ! répliquai-je sottement.

Ses joues se colorèrent instantanément — un éclair de mépris jaillit de ses yeux et elle fit un pas en avant. Je sentais que je venais de prononcer non-seulement une bêtise, mais un mot de carrefour, je fus sur le point de me jeter à ses genoux pour lui demander grâce de mes pensées, pour la prier de me pardonner, pour lui dire que je l'aimais plus que tout au monde, et que pour le lui prouver j'étais prêt à accomplir ses moindres volontés. J'étouffais ; la douleur, l'amour m'asphyxiaient. Je devais être cruellement ridicule. Je ne sais pourtant si elle vit ou si elle comprit ce qui se passait en moi — mais elle saisit un des couteaux placés sur la table et allant à la fenêtre elle l'enjamba et passa dans le jardin avant que j'aie pu lui adresser une parole, avant que je n'aie même eu l'intention de m'opposer à cet acte.

Une fois dans le jardin, elle se retourna et se penchant à

la fenêtre, elle me jeta pour adieu de sa voix la plus divine :

— Vous n'êtes pas un homme ! vous n'êtes pas même un Irlandais !

Cette phrase là, mon cher et digne ami, m'a coûté un million !

Ici mon gros interlocuteur interrompit avec brusquerie sa narration pour essuyer la sueur qui ruisselait en larges sillons sur ses tempes et sur ses joues. Puis il avala encore une demi-bouteille de Porto, et il parut s'endormir.

Je me sentais cependant déjà rassuré. Il n'avait été que le mari fictif de la belle Anglaise — mais ce qui m'intriguait c'est que le nom d'Evelina n'avait pas encore été prononcé, c'est qu'il était plus que douteux qu'elle eût joué un rôle dans les souvenirs qu'on me racontait. Décidément j'étais mystifié. Toutefois je n'avais pas à me plaindre de mon conteur, il m'amusait autant qu'un romancier, et en outre j'avais toute ma soirée à perdre. Aussi quoiqu'il ne m'eût encore rien appris de réel, il avait opéré une diversion dans mes idées, par conséquent je lui devais un peu de reconnaissance ; mais comme son silence se prolongeait, comme je craignais qu'il ne s'endormît, je me hâtai de l'interpeller.

— Et miss Evelina Prescott ?

— Miss Evelina ? fit-il comme un homme sortant du sommeil.

— Oui.

— Ah ! vous souhaitez que je termine l'histoire de mon mariage ?

— Certainement ! fis-je, et cette fois l'anxiété me mordit de nouveau au cœur.

Il se leva, mesura quelques pas, puis il vint gravement se replacer devant moi, non sans avoir examiné avec attention s'il ne restait plus de vin dans la bouteille de Porto.

— Ma femme était donc partie par la fenêtre, continua-t-il en reprenant sans transition, ses souvenirs amoureux. Si j'eusse été raisonnable, j'aurais fermé la fenêtre, terminé mon repas, puis ensuite je me serais couché tranquillement. Non. J'étais fou. Je la suivis. Elle se promenait lentement dans une allée qui conduisait à un petit bosquet de figuiers sous lequel l'hôtelier avait placé des tables. Elle ne hâta point sa marche, seulement lorsque je fus sur le point de l'atteindre, elle se retourna avec résolution, et d'une voix qui n'était point émue, mais qui exhalait un suprême mépris, elle me dit :

— Que me voulez-vous ?

Je tombai à genoux devant elle, pleurant, suppliant — moi — le même homme que vous voyez ici. Il ne m'est pas possible de vous traduire toutes les paroles que je sus lui adresser ; seulement je lui demandai si humblement pardon qu'elle me l'accorda et m'engagea à me relever. J'obéis. Nous causâmes encore de je ne sais quoi — j'étais fou ; puis, cédant à mes instances et à mes prières, elle rentra dans l'appartement, toujours par la fenêtre.

Moi, je passai la nuit sous le bosquet de figuier. J'avais promis sur la tête vénérée de ma mère de ne point sortir de cette enceinte. Je fus fidèle à ma promesse.

Il est inutile de vous raconter l'itinéraire de mon voyage. Je ne dormis plus en voiture. Les plans de diplomatie amoureuse que j'avais empruntés aux romans que j'avais lus, se dispersèrent incontinent ; je ne songeai qu'à complaire en tout aux désirs, aux volontés et principalement aux caprices de ma compagne. Aussi, en présence de cette humble soumission et de cette métamorphose inespérée, elle devint gaie et charmante, de manière à me rendre encore plus fou que je ne l'étais depuis la nuit passée dans l'enceinte du bosquet de figuiers. — Je ne mange plus de figues.

Je n'eus pas une minute pour rêver à mes entreprises commerciales, et le nom de la maison Hutchinson qui, quelques jours auparavant, bruissait à chaque instant sur mes lèvres, qui me persécutait ainsi qu'un moustique, cessa de m'obséder.

Il n'est pas d'esclave qui obéisse avec plus d'empressement, avec plus de zèle, avec plus de prévenance attentive que moi, tout le temps que dura cette fièvre extraordinaire. Elle m'aurait dit de me précipiter dans un gouffre que j'aurais exécuté sans hésitation cet ordre, et la fantaisie pouvait lui prendre d'essayer son pouvoir de cette manière.

Mais avez-vous été amoureux ?

Franchement — je dois l'avouer, cette question à brûle pourpoint me parut empreinte d'une si violente excentricité, que malgré toute ma préoccupation, je faillis éclater brusquement en rires inextinguibles au nez de sir Harry. Je ne pus que mordre précipitamment mes pauvres lèvres innocentes, et je répondis en mentant comme si c'eût été une habitude normale — ou comme un *barrister* :

— Non, parbleu !

— Ah ? ah ?

Mon compagnon ne se souvenait plus de notre conversation antérieure. Il avait, je crois, par trop bu; si bien que ses souvenirs se perdant au milieu des nuages alcooliques, le Porto commençait à dominer son cerveau; il extravaguait. J'avais beaucoup de temps à dépenser, peu m'aurait donc importé d'entendre tout ce que mon cher ami pouvait avoir à me débiter, cependant l'impatience me gagnait, car au fond je n'avais qu'un but. Non pas de vivre avec sir Harry — tant excellent compagnon il fût, je ne me familiarise point aussi promptement — au contraire je ne souhaitais que le quitter, à la condition toute fois qu'il finirait par me révéler le mot de cette énigme qui me fesait oublier net que j'étais venu à Rome, — pour voir Rome. C'est pourquoi, remarquant qu'il était disposé à reprendre l'attitude silencieuse qui paraissait jusqu'à certain point le type de son caractère, — voyant sa tête volumineuse s'affaisser sur son estomac, je pris mon parti, et soudainement je criai dans ses larges oreilles, violacées par la boisson :

— Et miss Evelina Prescott?

Il se leva brusquement. Ses deux bras s'enfouissaient jusqu'au coude dans les vastes poches de son pantalon; il avait enfoncé son chapeau sur ses yeux, et il paraissait un de ces ouvriers endimanchés, descendant, le lundi vers minuit, des cabarets de la banlieue, prêts à tout briser parce qu'ils trouvent que la rue n'est pas assez large pour leurs mouvements.

Ce n'était plus le même homme : ce n'était plus le grave et naïf antiquaire que j'avais rendu si heureux par mes doctes explications auprès du tombeau de Cecilia Métella. C'était un Anglais, un véritable John Bull : la nationalité perçait sous le cosmopolite.

— *Hao!* fit-il avec un accent guttural qui me fit passer sous l'épiderme un frisson glacial, vous voulez tout savoir — attendez! — Et quoique vous m'ayez dit que vous n'étiez pas amoureux, croyez-moi, lorsque j'aurai terminé mon histoire, n'allez pas courir sur les traces de ma femme.

Je vous l'ai raconté — après la scène qui s'était passée sous le berceau de figuiers, j'étais devenu son esclave — son chien. Je n'insistai plus pour connaître son nom, je n'étais plus qu'un sigisbée. Le gentlemen français nous accompagna jusqu'à la frontière, toujours soupçonneux, toujours rempli d'amour; mais comme il n'était pas fou, dès qu'il me vit bien déterminé à entrer en Piémont, il nous quitta. Une heure avant son départ, au moment où l'on s'apprêtait à faire franchir le Var à notre diligence, il me prit à part, sérieux comme jamais je n'ai vu un Français de Paris.

— Vous n'êtes pas le mari de cette dame, me dit-il, je le sais, car il y a deux ans que je la connais. Vous lui avez prêté votre nom et votre appui parce que c'était votre compatriote, et vous avez agi en galant homme ; c'était votre devoir, je ne puis vous en conserver rancune. Mais je comprends assez la langue anglaise pour vous dire que vous êtes indignement trompé par cette femme et pour vous conter son histoire. Je serai bref. Je l'ai vue pour la première fois à Londres, chez lord Douglas, à une soirée dansante où m'avait présenté l'ambassadeur de France. Elle venait de se marier — elle avait épousé sir Arthur Prescott qui, après avoir perdu une jambe à la suite d'un naufrage sur les côtes du Maroc, se fait passer pour capitaine de la marine royale de la Grande-Bretagne. C'était un mariage d'amour — un mariage qu'elle avait voulu conclure malgré sa famille et ses amies. Quoi qu'amputé jusqu'à la cuisse — ce qui du reste ne se voyait point, grâce à une jambe artificielle qu'il s'était fait fabriquer chez Charrière, à Paris, sir Arthur était un bel homme, vaniteux, mais puissant, parce que lui et sa famille disposaient de toutes les voix du bourg pourri d'Exeter. Comme l'ambition lui avait monté à la tête après son riche mariage, on disait qu'il allait aux prochaines élections se faire nommer membre de la chambre des Communes, de sorte qu'il était très-bien reçu dans les salons politiques de la nuance de celui de lord Douglas. En qualité d'homme grave et sérieux, et par suite de son infirmité, sir Arthur ne dansait point. Sa femme au contraire aimait passionnément cet exercice, et nulle n'était plus belle au milieu de ces groupes adorables de charmantes divinités, corbeilles embaumées de fleurs vivantes, et étincelantes. Je devins d'autant plus amoureux de mistress Prescott, que je savais qu'elle était déjà lasse de son mari, qui ne tenait à elle que par la jalousie; que je connaissais sa coquetterie déjà renommée, et que j'espérais lui plaire. Après avoir dansé deux à trois fois avec elle, je m'imaginai être parvenu au terme de mes espérances : elle avait accueilli avec un gracieux sourire la déclaration de mon amour — elle m'avait permis de lui écrire. Mais à la suite de cette soirée je ne pus la rencontrer de nouveau. Mes lettres restèrent sans réponse, et je regagnai la France maudissant cet amour imprudent qui m'agitait et me rendait la vie lourde et amère.

A un an de distance, il y a bientôt un mois, me promenant sur les boulevards, je vis descendre mistress Prescott d'un brillant équipage pour entrer dans un de nos plus splendides magasins de nouveautés. Je m'attachai à elle, je la suivis comme si j'étais devenu son ombre, et le soir même je savais où elle demeurait et la cause de sa présence à Paris. Elle allait rejoindre en Italie sir Arthur Prescott qui était dans la Péninsule avec une de ses tantes et sa propre sœur miss Arabelle Prescott. Elle ne paraissait pas très-empressée de se rendre auprès de son époux : j'espérai. — Cependant je n'écrivis point, je me bornai à surveiller. Quelques jours n'étaient pas écoulés que le rapport d'un de mes agents m'apprit que mistress Prescott venait de partir, dans le coupé d'une diligence, se dirigeant sur l'Italie. Je montai à cheval, et au troisième relai de poste j'avais atteint la fugitive, et par la vertu de quelques pièces d'or je m'installais à ses côtés. J'avais changé. Je portais alors toute ma barbe, tandis qu'à Londres j'étais rasé — mais j'eus soin de donner de si amples explications, que la plus mauvaise volonté du monde n'aurait pu s'obstiner à me méconnaître. Il n'en fut pourtant rien. Ma compagne s'opiniâtra à me traiter comme un malotru, comme un homme de la plus vile classe, et à diverses reprises elle insista mystérieusement auprès du conducteur pour me faire déguerpir. Heureusement que les conducteurs aiment beaucoup l'argent et l'or bien plus encore, de sorte que je restai le voisin de votre belle compatriote jusqu'au moment où vous vîntes vous interposer entre mes obsessions et ses refus, sous le faux titre de mari.

J'ai lutté : vous l'avez emporté. Je n'envie pas votre victoire, car elle est stérile, et je pressens qu'elle pourra être mortelle pour vous si vous n'imitez pas tôt ou tard ma résolution. Ce n'est pas une femme, c'est un démon — quant à ce voyage il cache un mystère que je renonce désormais à poursuivre.

Je ne répondais pas. Il y avait tant d'imprévu et tant de choses étranges dans ces révélations, que j'hésitais entre le doute et la confiance. Par malheur l'amour-propre national s'en mêla; je m'inclinai sans répliquer, et par mes saluts j'indiquai à mon compagnon que je prenais congé de lui. Il tira de son carnet une carte de visite et me la tendit.

— Ecrivez-moi ce qu'elle est devenue lorsque vous serez désabusé ! Et là-dessus mon gentlemen français me quitta avec un sourire sur les lèvres. Un sourire de pitié, monsieur.

J'eus une minute la velléité de courir après lui pour solliciter de sa complaisance des explications plus étendues, mais je n'osai, parce qu'il me sembla que ce serait offenser ma femme, et je traversai le Var sans même tourner la tête. Je redoutais toujours de voir sur l'autre rive, mon concurrent.

Durant tout le reste de cette journée, je fus tourmenté au-delà de ce que je puis vous décrire. A chaque minute je voulais dire à ma compagne cette histoire étrange, dont je venais d'avoir la révélation ; malheureusement, en vertu d'une abominable et odieuse timidité, je cherchai si longtemps mon exorde, que je pus le trouver à temps, et en outre comme je voyais qu'elle s'efforçait d'éviter la moindre allusion au départ de notre compagnon, je pensai qu'il y aurait grossièreté à l'entretenir de cette conversation très-épineuse. Je gardai donc mon secret ; pourtant il y avait des heures où il m'étouffait, des minutes où je pensais le voir sortir de mes lèvres. Mieux que moi, ma femme lisait sur mon visage ces hésitations, ces doutes, ces anxiétés : comme elle m'avait vu causer avec le Français, elle savait tout ce qu'il avait pu me narrer, et son regard ironique se fixait à chaque instant sur moi, avec des intentions provoquantes, avec des excitations directes — mais j'avais arrêté en mon âme et conscience que je me tairais — et je tins mon serment. Il en résulta bien un singulier malaise, une situation gênée et embarrassée, qui pesait à la fois sur tous les deux, qui nous suppliciait ; pourtant je fus courageux. Si c'était à recommencer je préférerais me battre en duel à bout portant.

La nuit seulement, les paroles de l'amoureux d'Evelina se transfiguraient en quelque sorte devant mes yeux — et des doutes cruels envahissaient mon âme. Je méprisais ma compagne, je me reprochais ma courtoisie, je voulais user de la circonstance, jouir de l'occasion — puis un regard, une parole, une caresse me remettaient à la chaîne. J'accusais de mensonge infâme le Français, et j'attendais avec une fébrile impatience que nous fussions arrivés à Mantoue pour connaître enfin le mot de l'énigme dont j'étais le conducteur officieux depuis si longtemps.

C'est bien bête d'être amoureux. Pour aimer une femme il faut être stupide, idiot, il faut ne pas être homme, et se résigner à descendre plus bas que les pourceaux. Oui, mon cher ami, tout ce que je vous dis-là est vrai.

La boutade était si violente, et débitée d'une manière tellement drôlatique, à force de férocité, que je ne pus contenir un gigantesque éclat de rire. Effectivement il n'y avait qu'un cerveau britannique capable de tenir un langage si peu galant. Sir Harry ne s'inquiéta pas de mon irrévérence — il se leva et poursuivit son épopée en se promenant à grands pas, remuant les bras comme un acteur de mélodrame.

— La veille du jour où nous devions arriver à Mantoue, ma compagne était d'une folâtre gaieté : moi j'étais sombre comme le suicide.

Impatienté de ses rires, torturé par ses joyeuses paroles, poussé par la jalousie, et la tête toujours remplie des révélations de notre compagnon de voyage, je brisai la chaîne du silence. Le lendemain il aurait été trop tard. L'heure de tout connaître était arrivée. Il n'y avait plus de patience au fond de mon âme.

Le voiturier qui nous conduisait s'était arrêté dans un petit village, nommé Maledetta. L'auberge était la dernière maison de ce hameau, et tandis que les autres voyageurs restaient dans la grande salle située à l'entrée, j'allai prendre un frugal repas, un repas italien en un mot, dans une petite pièce accolée au corps-de-logis principal, et qui servait le dimanche et les jours de fête aux buveurs de la localité. Nous étions parfaitement isolés. On ne pouvait nous entendre, et j'avais recommandé que sous aucun prétexte, on ne vînt nous déranger. Une bouteille de vin de Montefiascone acheva d'affermir mon courage, et là, j'exigeai sans brutalité, mais sans faiblesse — qu'on me racontât tout ce que l'on me promettait depuis Arles — puis, je parlai de ma récompense.

Comme de coutume ma compagne plaisanta. J'insistai. Elle essaya de me quereller. Je tins bon. Elle aborda le chapitre des reproches; je ne me laissai point émouvoir. Enfin me voyant calme mais opiniâtre, reconnaissant que je ne plierais pas, ainsi que cela m'était maintes fois advenu, elle se prit à pleurer, me dit qu'elle ne se serait pas attendu à cela de ma part, et qu'elle se tuerait. Ce mot en me rappelant la nuit passée sous le berceau de figuiers, me confirma dans ma volonté. Je répliquai par quelques ricanements, puis je racontai net l'histoire du gentlemen français. Elle écouta d'abord avec un visage tranquille, mais aussitôt qu'elle entendit les détails, elle devint couleur de pourpre, et se levant avec brusquerie, elle vint à moi furieuse comme une lionne.

— Vous êtes ivre ! me cria-t-elle.

Je continuai ma narration, les poings fermés, l'œil immobile.

— Taisez-vous! fit-elle, taisez-vous! et ses regards fauves dardaient des éclairs et ses mains se crispaient comme si elle eût voulu me déchirer; on voyait sa poitrine haleter, et le sang jaillir de ses lèvres.

Je ne cessai pas de parler, et pour conclusion, je demandai de rechef la récompense que je prétendais — à juste titre, m'être bien due, d'autant mieux qu'elle avait été accordée à beaucoup.

Elle me débita alors tout le répertoire des plus sanglantes invectives que peut contenir la langue anglaise. Je souris, et me levant j'essayai de l'enlacer dans mes bras. Ce qui advint, je ne sais. Mais je sentis quelque chose de mortellement glacial pénétrer dans mon corps, je tournoyai deux ou trois fois sur moi-même, sans pouvoir jeter un cri, et les deux mains portées sur l'endroit où je venais d'être frappé, puis je m'affaissai au moment où elle disparaissait semblable à Médée.

Que se passa-t-il? je l'ignore. Je restai six semaines à la Maledetta, entre la vie et la mort, puis je me fis transporter à Mantoue. Les recherches auxquelles je me livrai ne m'apprirent rien sur sir Prescott, ou sur sa famille. Il avait pourtant séjourné à Mantoue, mais un mois avant mon accident, et toutes mes perquisitions furent inutiles. Je dus encore habiter six semaines Mantoue pour me guérir d'une manière complète, ensuite je courus à Livourne. La maison Hutchinson était arrivée à temps! J'avais reçu un coup de poignard et perdu un million, peut-être même davantage.

— Mais, demandai-je avec certain embarras, car sir Harry avait la voix réellement mouillée de pleurs en achevant cette histoire, mais comment alors expliquer votre présence sur la *Maria-Christina* avec cette dame?

— Oh! fit-il — je la revis à Londres, par hasard, puis toujours par hasard nous nous sommes trouvés sur le même navire. Il m'arrivera encore malheur de cette rencontre, car toutes les fois que je l'ai aperçue il en est résulté pour moi quelque chose de fâcheux. C'est mon mauvais génie comme elle l'a été de tous ceux qui ont eu l'infortune de s'éprendre de ses attraits et il y en a beaucoup. Aussi dans quelques jours je vais quitter Rome pour retourner au plus vite dans la Grande-Bretagne.

— Avez-vous écrit à ce Français qui avait été votre compagnon de voyage jusqu'au Var?

— Non — en rentrant à Paris il s'était pendu!

Et la bonne figure de sir Harry, prit une telle expression de douleur concentrée que je me hâtai de terminer là notre longue conversation, qui avait réveillé dans son âme tant de poignants souvenirs, et qui avait ruiné mes projets amoureux.

Nécessairement à la suite de semblables histoires, l'esprit le plus curieux, la nature la plus bavarde comprennent que le silence le plus absolu est un devoir impérieux; si avancé l'on puisse être dans la civilisation, on conserve toujours certaine pudeur qui engage à compâtir aux infortunes d'autrui, surtout lorsqu'on se trouve en face de ces mêmes infortunes. C'est de l'instinct, et cela suffirait seul à démontrer la supériorité de l'homme sur la bête, si cette thèse pouvait encore faire l'objet de la moindre controverse sérieuse.

Mais nous n'en sommes plus là : le positivisme a exilé la métaphysique, et certes il a eu grandement raison. Il est vrai que du même coup il a proscrit la poésie — et, tout bas, de crainte des rancunes poétiques, nous admettrons que ce n'est pas là le moins important des bienfaits prosaïques de ce positivisme, que les artistes attaquent de la même manière que les aveugles font la guerre aux couleurs.

Pourtant ce n'était pas tout-à-fait pour ces motifs que nous avions été à Rome, mon digne ami; nous avions alors une sainte et pieuse confiance dans les beaux arts. nous n'en parlions qu'avec respect et nous ne nous doutions pas que sous le splendide ciel bleu de l'Italie, au milieu de ce sanctuaire de la peinture et de la sculpture antique et moderne, nous nous trouverions plus que jamais attaqués par le cancer du positivisme, maladie sur laquelle nous avions débité et même écrit un certain nombre de phrases superbes, d'invectives éloquentes qui n'ont abouti qu'à nous rendre plus pessimistes que l'inventeur du pessimisme. Il est vrai que la plus abominable chose que l'on puisse entrevoir, c'est la réalité. Or, nous avons pu la contempler sous toutes ses faces. Delà notre accès de prosaïsme, et je dis notre avec une franche hardiesse, parce que j'ai remarqué dans tes *Tablettes d'un Champenois*, qu'au fond tu n'étais point revenu gonflé d'enthousiasme pour la Péninsule.

Cependant tu n'avais pas vu et pas le moins du monde compris la période amoureuse qui occupa tous mes instants dans la ville éternelle. A grande peine si les révélations de sir Harry, révélations dont il m'était et dont il m'est encore impossible d'admettre un seul instant l'inexactitude, purent me corriger de cette aberration mentale qui, en se développant, aurait été susceptible de me valoir les honneurs de la triste hospitalité de la maison d'Ostende. Toutefois pour que, de ces aveux de ma faiblesse momentanée, tu ne tires pas pour conclusion que j'étais peu digne de cette amitié — aujourd'hui inconnue — que tu voulus bien m'octroyer à cette époque, je dois avouer que la biographie de mon gros narrateur me calma peu à peu d'une manière aussi efficace que l'eau sédative mise à la mode, je ne sais pourquoi, par M. Raspail. Il est vrai que je ne revis plus miss ou mistress Evelina : ajoutons que je ne cherchai ni directement ni indirectement à l'admirer de rechef. Rien que son nom, tant adoré jadis, me fesait circuler des frissons le long de l'épine dorsale, et je présume que le contact du plus gros serpent équinoxial ne m'aurait pas causé plus d'invincible effroi que cette femme, dont les attraits portaient malheur à tous ceux qui avaient la faiblesse de les considérer. Par bonheur j'avais eu très-peu le loisir de m'enivrer de sa présence, et lorsque de sang froid je résumai tout ce que je savais de son histoire, et par moi-même et par mon excellent ami l'antiquaire, je reconnus que nos vieux poètes impérialistes, tant conspués par la jeune école romantique, avaient mille et une raisons décisives pour s'écrier dans leurs tirades alexandrines : « la perfide Albion ! »

Ici fesons une croix sur laquelle nous placerons comme inscription : Ci-gissent mes premières et dernières amours ! sans doute tu dois avoir déjà supposé qu'elles avaient trop longtemps duré dans ma lettre prolixe au-delà de toute dimension — mais que veux-tu, cher et digne ami — il y a un vieux proverbe qui dit formellement : Qui ne sut se borner ne sut jamais écrire — hé bien, j'ai l'audace de me vanter de ne pas savoir écrire. Il y a des époques où c'est un titre, j'ose le revendiquer avec assurance dans la période au milieu de laquelle nous vivons.

Toutefois je pardonnai à cette enchanteresse — qui devait posséder au moins trente automnes — tous les accidents qu'elle aurait pu m'occasionner, en me souvenant de cette phrase assez mélancolique de J. Janin : « La plus malheureuse créature parmi les créatures faites ou non à l'image de Dieu, c'est la femme. »

Peu amoureux des monuments, ne comprenant rien à cette bizarre volupté qu'on remarque chez tous les touristes, et qui les pousse d'une manière en quelque sorte invincible à décrire minutieusement chaque pierre heurtée par leur pied, à mesurer le mètre à la main des édifices déjà maintes fois mesurés — ceci soit dit sans épigramme à toi personnelle — je me lassai de Rome dès que miss Evelina ne sut plus occuper mon esprit. Aussi à l'heure où tu te préparais au départ, sans me prévenir le moins du monde, je murmurais déjà en moi-même, bien bas il est vrai, ces vers harmonieux d'un poète qui alors ne prévoyait pas la proscription :

>   Jeune ou vieux, imprudent ou sage,
> Toi qui de cieux en cieux errant comme un nuage
> Suis l'instinct d'un plaisir ou l'appel d'un besoin,
>   Voyageur, où vas-tu si loin ?
>   N'est-ce donc pas ici le but de ton voyage ?

Ces vers ne sont pas de moi — ainsi que tu pourrais me faire l'insigne honneur de le supposer par flatterie — si toutefois on flatte jamais un inconnu — ils appartiennent en tout bien et en tout honneur à V. Hugo. Mais ceci n'est qu'une parenthèse littéraire, grâce à laquelle sans recommencer ton odyssée de Rome à Civita-Vecchia, de ce pauvre vieux port au tillac du *Commerce de Bastia*, et du *Commerce de Bastia* aux îles d'Hyères, je saute d'un bond sur la terre de France. Nos clowns les plus célèbres, les plus agiles, les plus surhumains, n'en sont pas encore arrivés à ce degré de saltation, aussi je ne me pose pas comme un modèle qu'ils doivent imiter : à chaque chose son mérite.

C'était ainsi que raisonnait un vieux zouave, qui fut notre compagnon de voyage jusqu'à Lyon, et auquel, en vertu d'un de tes nombreux caprices, cher ami, tu as oublié de consacrer la plus petite page. Pourtant c'était un portrait qui valait bien la peine de figurer dans ton album. Mais je commence à supposer que tu présumais — que moi aussi j'aurais la fantaisie — tout le monde est plus ou moins fantaisiste aujourd'hui — de tracer quelques lignes sur les lacunes par toi perpétrées; en sorte que loin de te décréter des reproches, je te décerne des remercîments, je te tresse une couronne.

Où étions nous de notre voyage? Je l'ignore. Cependant nous avions quitté l'Italie et nous nous trouvions beaucoup plus près de Lyon que d'Arles, et même de Valence. Tu ne songeais plus aux moyens ingénieux par lesquels on pouvait introduire en contrebande des cigarres corses sur le sol français, et, dans l'avenir que nous évoquions tu ne prévoyais point que tu allais rentrer à Epernay.... pour y remplir les fonctions de journaliste. Pauvre ami! comme tu étais heureux de ne pas entrevoir ce diadème d'épines dont la tige ne donne pas la moindre rose. Mais fesons comme alors, ne parlons point de cet avenir qui est devenu aujourd'hui le passé et le présent — laissons dormir toute idée rétrospective qui pourrait aboutir au grand chemin de la politique, et montons avec notre diligence cette petite colline verte, relai naturel préparé par les Ponts et Chaussées, pour nous inviter à monter à pied une vraie montagne......

  Chemin montant, sablonneux, malaisé,
  Et de tous les côtés au soleil exposé.

—, Voulez-vous descendre, messieurs ! crie de sa voix la plus glapissante notre conducteur, et tandis que les chevaux soufflent avant d'entreprendre leur pénible ascension, nous autres voyageurs nous sautons du marche-pieds sur le talus avec gaîté, et tout en allongeant nos membres engourdis, nous allumons pipes de toute espèce et cigarres de toutes variétés. Le personnel du véhicule est sur la chaussée, le conducteur le compte de l'œil, et le postillon qui, sans dégringoler de son siège, a enflammé son brûle-bouche, enveloppe ses chevaux d'un large coup de fouet et les dirige au pas, en zig-zag, vers la pente montueuse qu'il s'agit de gravir. Dès que la diligence a pris de la sorte une avance momentanée, chacun se groupe pour atteindre au sommet de la côte. Il y a là une curieuse étude à faire ; mais comme maintes fois nous avions eu le loisir de nous y adonner, comme notre expérience nous indiquait au premier coup d'œil en combien de petits pelotons pouvaient se diviser les habitants d'une seule diligence, nous ne nous inquiétâmes point des évolutions qui — ainsi que de coutume — eurent lieu en cette circonstance. Nous étions deux. Donc nous formions un groupe, et au forcé peu nous importaient les autres.

Si nous formions le plus mince de ces groupes ascendants — et ceci n'est pas pour nous louanger d'une façon absolue — nous ne composions pas la réunion la plus silencieuse. Loin de là. Les observations, les critiques, les causeries s'échappaient simultanément de nos lèvres avec la rapidité du bouchon du champagne, avec le laisser aller des spirales de la fumée de cigarres. Le paysage, les accidents de terrain, la tournure de nos compagnons, les lambeaux de leur conversation, tout était pour nous une mine inépuisable de paroles. Quiconque ne nous aurait pas vus dans la rotonde de la diligence, aurait eu tout lieu de supposer que depuis au moins vingt-quatre heures nous n'avions pas ouvert la bouche — et Dieu sait pourtant si nous avions observé le silence ! nous avions bavardé comme un essaim de nonnes.

Vers le milieu de la montée, quoique l'embonpoint ne nous fatiguât point encore de son boulet aussi lourd à porter que celui des pensionnaires de Brest, nous nous arrêtames durant quelques minutes pour respirer à pleins poumons un vent assez frais qui se levait aux cimes de la montagne. Derrière nous venaient processionnellement le conducteur et deux jeunes gens, étudiants de douzième année qui, le cigarre de contrebande à la bouche, s'amusaient à railler un sergent de zouaves, vieux type soldatesque, entre les moustaches duquel s'épanouissait ardente, sous un bleuâtre turban de fumée, une grosse pipe algérienne. Il semblait harassé et marchait avec ce tic familier au soldat, qui consiste à faire mouvoir les deux épaules en même temps que les jambes, pour éviter le ballotement du sac. Cependant ce meuble, indispensable à tout militaire qui ne porte pas l'épaulette d'or ou d'argent, ne figurait pas sur les omoplates du sergent. Il portait le costume pittoresque du corps auquel il appartenait et s'appuyait sur un long bâton de palmier, souvenir de la terre africaine. C'était une de ces figures que Raffet et Charlet ont immortalisées ; nez crochu, yeux enterrés sous des pommettes saillantes, gros sourcils, visage en ovale terminé par une longue barbe, moustaches recourbées comme un yatagan, le portrait était complet. Pourquoi — je ne sais — le vétéran était de mauvaise humeur et marchait, en marmotant, à une dizaine de pas du groupe folâtre qui semblait posséder tout le répertoire du *Charivari*, du *Corsaire* et du *Tintamarre* réunis et coalisés par hasard. Quoiqu'il en soit du sujet de leurs causeries ou de leurs épigrammes, ils se trouvaient à notre hauteur, lorsque le sergent sans doute irrité d'une boutade par trop joyeuse décochée à son intention, fit deux enjambées au pas accéléré, et le bâton en arrêt vint se camper devant les jeunes gens et le conducteur.

— F....! gronda-t-il en sifflant et sans lâcher sa pipe, mais vous ne valez pas l'avant-garde d'une calotte.

Et ce disant, il secoua sa main avec le geste populaire de Mayeux, et reprenant le côté opposé de la route, il recommença à gravir la côte. L'avertissement avait probablement suffi aux deux étudiants ainsi qu'au conducteur, car ils allongèrent le pas, sans répliquer, et nous laissèrent seuls à l'arrière-garde avec le vieux soldat.

Lier conversation en voyage, lorsqu'on a déjà précédemment couru les grands chemins ainsi que nous l'avions fait — n'est pas chose difficile. Du reste le sergent, malgré sa mine rébarbative, n'était point d'une taciturnité enragée, il nous répondit gaiement, et nous raconta que depuis deux ou trois relais, ces messieurs qui se trouvaient juchés avec lui sur l'impériale, avaient jugé utile de le prendre pour leur plastron.

— On dit vieux soldat, vieille bête, murmura-t-il — le proverbe n'est pas absolument faux, cependant comme je n'aime pas qu'on me l'applique j'ai voulu riposter. Malheureusement je ne suis pas de première force dans l'art de faire des calembourgs, en sorte que j'ai été battu. Alors je me suis résigné au silence, comme cela m'arrivait quand j'étais de faction dans le désert; mais ces petits chacals en ont abusé, et à peine descendus, ils ont voulu continuer leurs plaisanteries avec le conducteur qui, pour trois mois de service dans une compagnie des infirmiers, se croit un illustre guerrier. Ma foi! la patience m'a échappé, et histoire de rire, je me suis embusqué au beau milieu de la route et je leur ai dit comme Maturin dans *Bertram* :

— « Ah! vous croyez être heureux? — me voici! »

Seulement j'ai traduit cette phrase mélodramatique en celle-ci qui se comprend mieux : — Vous ne valez pas l'avant-garde d'une calotte.

Cela était débité d'une façon si originale que nous éclatâmes de rire comme des bienheureux. Le sergent prit part à notre hilarité, et se mettant au pas avec nous — vieille habitude de caserne, il poursuivit ainsi :

— Si ces braves enfants un peu trop poilus pour leur âge, n'avaient pas été des étudiants de douzième année, je leur aurais dit en deux mots :

Quos ego!....

Par malheur quand on arrive à la douzième année de ses études, on finit par prendre le latin pour du sanscrit, à moins qu'on ne le confonde avec le tartare-mantcheou.

Notre sergent était décidément un peu plus qu'un sergent, sous la veste du zouave il venait de laisser passer un bout de l'habit noir du lettré — nous soutînmes de notre mieux la conversation sur ce ton, en nous étonnant devant lui de ce hasard qui nous fesait rencontrer un philosophe portant les longues guêtres jaunes du corps des zouaves. Il sourit tristement, et envoyant au-dessus de son turban une ample bouffée de fumée, il posa l'index sur les larges rebords de son chibouque.

— « Il existe une certaine liaison indéfinissable entre une « pipe et la philosophie. »

Tu fis un bond en te récriant contre ce paradoxe.

— Ceci est une pensée du capitaine Marryat, le Walter-Scott, ou mieux le Balzac des États-Unis, et se trouve si je ne me trompe dans son roman de *Jacob Fidèle*. J'ai eu le loisir d'analyser et de vérifier cette pensée, et je vous certifie qu'elle est aussi exacte qu'un théorême de géométrie.

Arrivés à ce diapason, la causerie ne descendit plus dans les banalités prosaïques, et pour profiter de la compagnie de notre nouvel ami, nous acceptâmes la proposition que nous fit mystérieusement le conducteur, de céder nos places de rotonde jusqu'à Lyon aux deux étudiants. L'allocution toute militaire du zouave leur avait inspiré certaine terreur; et ils redoutaient désormais la perspective de bivouaquer avec lui sur l'impériale. Il est vrai que le vieux soldat était taillé comme un chêne. Avant de nous hisser au sommet de la diligence, nous lui contâmes comme quoi nous devenions ses compagnons, et un étrange sourire illumina son visage.

— Triste jeunesse que celle d'aujourd'hui ! grommela-t-il, le cœur lui est descendu dans le ventre. On peut lui appliquer cette prophétie désolante de Byron : « Nous nous flé-
« trissons depuis notre jeunesse, haletant et portant avec

« nous une plaie cruelle! » De mon temps... mais il y avait encore des hommes, et dire que dans quelques années ces braves jeunes gens feront la majorité de la population. Ah! ah! vous voyez que j'avais bien raison de leur dire qu'ils ne valaient pas l'avant-garde d'une calotte. Après tout ils ont peut-être raison.

Il fallait laisser cette boutade tomber à terre. La philosophie de notre sergent aurait bien pu au contact d'une discussion revêtir des formes par trop militaires, et la manière dont il agitait sa côte de palmier nous fesait un devoir de l'appaiser; nous le pressâmes de venir nous tenir compagnie, et dès que la diligence garnie de nouveau de son personnel eut repris le trot habituel, — nos pipes bien et dûment allumées, nous priâmes le vainqueur des arabes de nous narrer, sinon son histoire, au moins quelques uns de ses souvenirs d'Algérie. Il se prêta de bonne grâce à nos désirs, après nous avoir prévenu qu'il ne nous parlerait point de ses campagnes, parce que, disait-il, la guerre n'est plus qu'un métier.

— Autrefois on pensait que la guerre c'était la gloire : ce dernier mot rimait même d'une manière stéréotype avec victoire. Quant à moi je n'ai jamais admis pour le fond ni pour la forme cette assonance :

>Quand tu me parles de gloire
>Je souris amèrement.
>Cette voix que tu veux croire,
>Moi, je sais bien qu'elle ment.

Je suis soldat, poursuivit-il après une pause haletante : 1° parce que comme l'a dit Alphonse Karr dans : *Une heure trop tard*, j'ai eu la conviction perpétuelle, et trop souvent réitérée « qu'il ne faut demander aux femmes que du plai-

« sir; » 2° parce que j'étais écrasé de dettes ; 3° parce que je n'ai jamais voulu croire avec Labruyère : « Que l'hon-
« nête homme est celui qui ne vole pas sur les grands che-
« mins, et qui ne tue personne, dont les vices ne sont pas
« scandaleux. »

Pour la même trinité de motifs que je viens de vous énoncer, j'ai trimé dix années dans tous les ravins de l'Algérie, l'as de carreau sur la colonne vertébrale, sans parvenir à autre chose qu'aux galons de sergent.

— Mais vous êtes décoré, fis-tu, en remarquant sous la veste à pasquilles, le ruban rouge.

— Un peu..... suffit !

Je ne vous parle point de mon origine :

> Un pur hasard sans nous règle notre naissance !

a écrit Corneille quelque part ; je me garderai également de vous entretenir de mes premières années ; ces revues rétrospectives ne sont bonnes que pour les grands hommes, et moi je n'ai pas de taille. Je saute donc les vingt ans que la société nous force à consacrer aux études — je me sers de l'expression sociale, et j'arrive à la période où je fus libre. Quoique je sois aujourd'hui soldat, j'aimais et j'aime encore, quand j'en ai le temps, la liberté ; je me surprends même parfois à chanter :

> Liberté, liberté chérie !

Aussi à vingt ans j'usai si largement de cette belle déesse, de cette divine liberté qu'à l'âge déjà viril de vingt-cinq ans, j'avais bu, mangé et joué mon patrimoine. Ceci vous prouve que j'avais eu un patrimoine — on ne s'en douterait point — mais enfin, c'est ainsi que j'ai l'honneur de vous le

conter. Une fois les écus envolés, je fis des dettes — combien, j'en ignore le chiffre rond, le total. Toutefois comme j'étais parfaitement connu dans le quartier que j'habitais, comme tout le monde savait que mon patrimoine était éclipsé, on se refusa à me faire des avances, et parce qu'il faut manger j'utilisai mon ancienne instruction en me fesant chef d'études — ou pour me servir du mot technique et bien plus rapide — je me vendis pour être pion. Encore un superbe métier social! Après tout je vivais, et qui plus est j'engraissais; grâce à cet embonpoint qui inspirait de la confiance à tous ceux qui me voyaient, j'eus le droit bienheureux de contracter de nouvelles dettes, et de continuer le soir ma joyeuse vie de douce liberté. Aussi je ne songeais plus à me plaindre; j'étais parfaitement résigné aux devoirs de mon existence, quand mes créanciers se lassèrent, les ingrats! — juste au moment où j'allais devenir obèse ! Ils prétendirent que je les avais trompés, que j'avais indignement abusé de leur bonne foi, et comme je ne possédais pas la plus petite valeur mobilière, ils m'annoncèrent que — si je je ne pouvais les payer — j'irais en prison. Toujours en vertu des lois sociales qui nous régissent, aller en prison (dans certains cas), aide à gagner plus d'argent qu'on ne saurait le faire en travaillant avec honnêteté. Je ris au nez des braves gens qui m'adressaient ces propositions et aussitôt ils m'appelèrent : voleur. Comme l'a très-bien dit mon ami Barnabé Crux : — « Dans le monde on appelle un voleur,
« l'homme qui se permet de prendre le bien d'autrui sans
« avoir dix mille livres de rentes. » Or je ne possédais pas même cette somme en capital; par conséquent on démusela à mon intention tous les huissiers du département de la Seine. On se récrie beaucoup contre l'inhumanité des co-

lons qui élèvent des dogues pour poursuivre les esclaves fugitifs — eh ! bien on a tort —. les dogues sont encore moins terribles que les hommes de loi élevés pour poursuivre les blancs qui n'ont pas d'argent. Je ne savais donc plus qu'imaginer, et mon cerveau ne me fournissait aucun moyen de sauvegarder ma liberté contre les murailles de Clichy, lorsqu'un de mes amis que j'avais encore conservé malgré ma misère, me conseilla de m'enrôler comme volontaire. Il m'expliqua que de cette manière je devenais inviolable pour les huissiers. A chance égale de perdre ma liberté je préférai cette manière, et pour ne pas complaire à mes persécuteurs, je revêtis le paletot du gouvernement, en m'écriant comme Belmontet :

« O gloire ! donne moi du pain. »

La gloire m'offrit une somme de vingt-cinq centimes tous les cinq jours — je maigrissais à vue d'œil — la vie de garnison m'ennuyait, il me poussait des velléités ambitieuses, je demandai à passer en Afrique, et comme on n'était pas précisément désireux de me conserver au régiment, on m'expédia franc de port pour le bataillon des zouaves. Là, je compris à merveille la stricte vérité de cet axiôme philosophique que j'avais lu dans les *Mélanges philosophiques* de Jouffroy : « La grande différence qui sépare l'homme du « reste des animaux, c'est que la condition de ceux-ci ne « change pas avec les siècles, tandis que celle de l'homme « est dans un mouvement perpétuel de transformation. » Effectivement, moi qui de limousin étais devenu parisien, je me modifiai si bien en arabe que j'aurais pu avec facilité, en moins d'une année, devenir le chef d'études d'Abd-el-Kader.

Malheureusement, ainsi que je vous l'ai narré, j'étais philosophe; était-ce par suite de prédestination, ou par suite de la culture de la pipe. Voilà un problème que j'ai débattu depuis Lalla-Maghrnia jusqu'à Constantine, sans pouvoir y donner une solution. En tout cas ma philosophie me fut nuisible. Un soldat philosophe est une monstruosité, selon le code pénal militaire. Je fus condamné, sinon à être brûlé sur un bûcher, sinon à méditer dans un cachot — du moins à ne jamais avancer. Je me consolai parce que les bouffées de gloire qui avaient un instant obumbré ma cervelle avaient disparu, et comme l'a osé imprimer mon ami Lacaussade dans un gentil volume beurre frais, intitulé *les Salaziennes* :

Fatigué de penser, je me mis à rêver.

Je rêvai si longuement que je serais peut-être encore absorbé par cette occupation sous quelque palmier du désert, si une lettre de France n'était venue m'apprendre à la fois la mort de mon père et la nouvelle gracieuse d'un héritage de cinq à six mille francs de rente que me fesait le défunt. J'avais dix ans de service, je priai le gouvernement de vouloir bien se passer de moi, et quand il y eut consenti légalement, je quittai la patrie d'Annibal et de Bou-Maza, d'un pied aussi léger que celui d'une gazelle. Voilà pourquoi, messieurs, je suis votre compagnon, et pourquoi ma pacifique mais réelle gaîté vous démontre la vérité de ces deux vers de Lafontaine.

On dit qu'on est inconsolable :
On le dit ; mais il n'en est rien.

Et comme épilogue, notre zouave alluma tranquillement sa pipe, en nous distribuant d'une haleine généreuse un un nuage de fumée opaque. Je le regardai avec attention ; sa figure narquoise avait quelque chose de satanique : au contact des exigences de la vie, cet homme semblait avoir perdu toute humanité, son âme était scellée sous un couvercle de plomb — il n'avait plus qu'un signe auquel on le reconnaissait encore pour une créature comme nous — il lui restait le ricanement. Décidément le vieux soldat avait rudement souffert. Soit qu'il devinât nos pensées, soit qu'il voulût excuser la crudité de sa biographie, il quitta un instant le tuyau de sa pipe pour nous lancer ce vers de Ferdinand Dugué :

L'amertume du cœur fait la parole amère !

C'était en définitive une explication. Mais ce récit, malgré sa banalité nous avait occasionné une espèce de frisson. Ce tourlourou, philosophe, littérateur et blasé nous gênait, et franchement nous regrettions d'avoir quitté la rotonde pour l'impériale, car toute la philosophie de notre compagnon ne pouvait nous empêcher de songer que nous aussi — à ses yeux — nous ne valions guère que l'avant-garde d'une calotte — et quoiqu'il se plaignît d'avoir perdu son embonpoint, il nous semblait encore de taille à nous administrer une volée de bois vert, si nos discussions venaient à ne pas être de son goût.

Toi, digne ami, plus brave que moi, sans t'inquiéter de la mine rébarbative de notre sergent, tu cherchas le moyen de faire cesser un silence qui nous embarrassait, en questionnant l'ex-pion, sur la manière dont-il avait acquis la croix de la Légion-d'Honneur. Tu as horreur du mutisme, comme avant Galilée, on prétendait que la nature avait horreur du vide. Sans m'inquiéter si cette propension de ton caractère est un vice ou une vertu — je dois reconnaître qu'en définitive tu fus assez habile et assez éloquent pour dérider les sombres sourcils du zouave, et il reprit son rôle de conteur, doucement, et sans nous inonder cette fois de citations omnicolores.

— Mon ruban rouge, fit-il — est loyalement gagné, et pourtant il n'est que le résultat d'un accident, d'une circonstance fortuite, d'un hasard que je n'ai ni provoqué ni développé. D'ailleurs, pour un philosophe, ces marques de distinction sociétaire ne sont que des hochets, moins amusants, au fond, que ceux dont se servent les enfants, et en outre j'ai lu autrefois dans les *Feuilles d'Automne :*

> Rien ne reste de nous, notre œuvre est un problème,
> L'homme, fantôme errant, passe sans laisser même
> Son ombre sur le mur !

Mais vous n'aimez peut-être point la poésie. C'est le droit de tout homme libre — par malheur j'ai jadis sacrifié aux muses, et quoique maintenant je préfère un petit verre à un alexandrin — je me souviens toujours du passé, comme la caque sent toujours le hareng.

Il y avait deux ans que nous tenions campagne dans la province de Constantine, sous les ordres du général Négrier — le seul homme qui comprit comme moi les arabes, et qui, comme moi, se fit bien comprendre de leur intelligence. Quand ils se révoltaient, il leur fesait couper le cou ; aussi la province de Constantine devint souple comme un gant, lorsqu'il l'eut administrée durant quelques années. Quand il venait avec nous, nous causions ensemble, il m'aimait à sa façon ; mais comme nos doctrines sur la discipline étaient dissemblables — il m'avait déclaré que je ne franchirais jamais le grade de sergent. J'étais né pour cela, me disait-il, peut-être avait-il raison. En tout cas, sa prophétie s'est réalisée.

Une nuit que nous étions campés dans une belle ravine des Beni-Mnasser — formant l'avant-garde d'une razzia magnifique, un espion vint nous avertir que les tribus filaient sur le désert. Cela dérangeait nos projets. Aussi le capitaine, pour s'opposer à ce déménagement intempestif, prit la résolution de se jeter en travers de cette retraite, après avoir fait prévenir notre commandant, qui s'appelle aujourd'hui le général de Lamoricière. Je comptais donc un peu me désennuyer, quand ledit capitaine, qui m'aimait autant que le général Négrier, m'annonça qu'il m'avait consigné pour la garde des bagages avec mission de recueillir les traînards. Je dis merci. C'est la règle. J'aurais mieux aimé autre chose, mais quand on n'est pas le maître il faut savoir obéir.

Mon capitaine s'en va donc, espérant conquérir les épaulettes de chef de bataillon, et moi je m'étends et je m'endors sous un cactus. Cinq ou six heures se passent, et une balle qui brise mon ombrage me démontre que je suis attaqué. Mes hommes qui sommeillaient tout comme moi, se réveillent; nous étions entourés d'une ligne de burnous blancs, peu agréables à considérer. Avec les traînards qui avaient rejoint, nous formions un effectif de trente hommes. C'était peu. Pour mettre ma conscience de philosophe à l'abri de tout reproche, je demandai à ces pauvres diables dont j'étais le généralissime, s'ils voulaient se rendre, ou se faire tuer pour l'honneur du drapeau qui était à cinq ou six lieues de là. Ils furent d'avis de se faire tuer. C'était leur droit.

—Bien, leur dis-je, je voulais bonnement avoir votre avis.

Maintenant je vous préviens que je fourrerai ma bayonnette dans le ventre du premier qui reculera sans mes ordres.

Et après cette harangue digne de Tite-Live, ou de Salluste, je donnai l'ordre de descendre la ravine, où les balles des bâtards des Carthaginois nous empêchaient de dormir.

— Et les bagages ? demanda un vieux caporal.

— Pour les arabes ! répondis-je, et en avant, marche !

Comme j'avais l'avantage d'être intimement connu de mes soldats, on ne me fit plus d'objections. D'ailleurs les balles pleuvaient comme les sauterelles au mois de juin. Du reste, en abandonnant les bagages j'avais mes raisons. Nous étions cernés, et de plus nous nous trouvions au fond d'une ravine. En voulant escalader les côteaux, nous nous exposions à être tués en détail en moins d'une heure : il n'y fallait pas songer ; en suivant la ravine, laissant derrière nous les bagages, nous donnions à l'ennemi la tentation de dégarnir un point de la montagne dans l'intention de piller, et par suite nous pouvions profiter de cette chance pour quitter notre coupe-gorge. Je connaissais les arabes comme si je les avais fabriqués. Mon petit plan réussit ; à peine eus-je remarqué que ces chacals à deux pieds s'étaient jetés comme leurs homonymes à quatre pattes sur nos bagages, que je grimpai brusquement la montagne, et sans perdre plus de trois à cinq hommes, je parvins à m'établir sur un mamelon calcaire qui n'était dominé d'aucun côté. Nous avions chacun une quarantaine de cartouche — c'était une consolation — il y avait de quoi tenir quatre heures en fesant des économies. Au sommet du mamelon verdoyait un bouquet de chênes à liège ; nous abattîmes ce qui nous gênait, et nous fîmes une sorte de blockaus avec ces branchages. Les arabes arrivaient au moment précis où nous achevions notre emménagement. Ils semblaient avoir attendu pour ne pas nous faire de peine. Mes hommes me consultèrent de l'œil.

— Abritez-vous le mieux possible, leur dis-je, et ne tirez qu'à quinze pas, le premier qui ne tuera pas son homme fera quinze jours de silos. — Le silo était un cachot inventé par M. Changarnier.

Ces coquins d'arabes voyant que nous ne disions rien, s'imaginèrent que nous nous étions endormis de nouveau. Aussi ils arrivèrent sur nous de toute la vitesse de leurs chevaux en criant : Allah ! allah ! assez haut pour ressuciter un guillotiné. — Afin d'encourager mes hommes, j'allumai ma pipe, en disant : attention ! Le zouave a généralement le coup d'œil juste. L'ennemi n'était pas à quinze pas de notre fortification qu'il lui manquait trente cavaliers. Il en restait encore assez pour nous manger, mais une petite charge à la bayonnette empêcha les chevaux kabyles de venir brouter les feuilles de nos chênes et nous permit de glisser une autre cartouche dans nos fusils. Ce travail assez ennuyeux pour des oreilles musicales, dura deux heures — nous avions bien tué deux à trois cents arabes, et blessé tout autant de ces vilaines créatures — par malheur nous avions perdus onze zouaves, et une quinzaine d'autres avaient quelques membres endommagés, c'est pourquoi le tir avait perdu de sa précision. Malgré ce léger inconvénient, les tribus qui nous assiégeaient ne pouvant se rendre compte de nos pertes à cause de la barricade qui nous protégeait, et voyant notre fusillade répondre avec éloquence à la leur, prirent le parti de nous observer à distance. Cela me donnait le loisir de faire quelques calculs algébriques pour savoir quelle chance il nous restait de sauver notre peau. C'était franchement une x très-intéressante à dégager. Nous étions huit en état de marcher, et encore trois avaient des blessures. C'était peu. Quant aux autres blessés ils nous suppliaient de les achever. C'était à vous ôter pour toute la vie la moindre idée folichonne. Mais il ne s'agissait pas de cela. Il fallait aviser au sauvetage.

Je calculai d'abord que notre capitaine entendant le vacarme que nous fesions toujours, en l'honneur du drapeau, viendrait nous dégager. Mais comme ce calcul était assez hypothétique, vu que le brave homme pouvait se trouver dans la même situation que moi — je passai à une autre équation, à savoir si le colonel de Lamoricière pouvait nous entendre, ou s'il avait le temps d'envoyer à notre aide quelques compagnies. De ce côté encore je ne trouvai point de solution. Si je n'avais pas été philosophe je me serais rongé les poings, comme on dit vulgairement — mais je songeai que la nuit venait, et qu'à la faveur de son obscurité je pourrais déguerpir. Une fois ce moyen découvert j'attendis. Les arabes nous envoyaient bien de temps en temps une volée de coups de fusils, quelques uns d'eux prenaient même la peine de ramper jusqu'auprès de notre blockaus — c'était le moindre de mes soucis.

Nous méprisions leurs décharges lointaines — et nous tuions raide ceux qui voulaient nous rendre des visites importunes — aussi la nuit arriva sans que nous ayons subi de nouvelles pertes.

Alors je racontai aux blessés que j'allais avec les trois hommes restés intacts chercher du secours au camp — je leur promis à tous la croix d'honneur et triple ration d'eau de-vie, puis après leur avoir recommandé de faire feu de temps en temps, je descendis paisiblement avec mes compagnons valides dans la ravine. Nous passâmes entre les arabes qui avaient toujours les yeux fixés sur le mamelon où brillaient de temps en temps quelques éclairs, et moins d'une heure après notre départ nous rencontrâmes un escadron de spahis que Lamoricière nous envoyait.

Je racontai au commandant le départ de notre capitaine, notre siège, et lui donnai assez de renseignements sur le nombre de ceux qui nous bloquaient pour l'engager à attendre une compagnie de zouaves qui devait l'appuyer. Mais l'escadron murmura si fort que le commandant revint sur sa première détermination. Il me fit monter un mulet et je dus repartir de nouveau pour la gloire, en qualité de guide. Mes compagnons se mirent en croupe et nous voilà de nouveau lancés au trot sur les arabes.

Pour ne pas mentir, cette promenade équestre n'était pas de mon goût. Cependant je me souvins du proverbe : à la guerre comme à la guerre, et je laissai aller mon mulet. Mon nouveau commandant avait eu l'idée de prendre avec lui six trompettes, aussi quand nous arrivâmes à portée de fusil des arabes et qu'ils entendirent cette sonnerie, ils pensèrent que la colonne leur tombait sur les reins, et ils détalèrent au plus vite. Mes blessés étaient toujours à leur place, ils m'accueillirent comme un Empereur, et le commandant leur dit qu'ils étaient des géants. C'était un flatteur ; pas un d'eux ne possédait six pieds de taille.

Un mois plus tard nous restions huit. Les autres blessés avaient présenté les armes au père éternel. Le général Négrier demanda sept croix.

— Alors le sergent passera sous-lieutenant, fit le colonel de Lamoricière.

— Pourquoi ? Il n'a pas été blessé.

Mes compagnons furent décorés, je n'eus rien. Je ne songeai même pas à réclamer.

Il y a trois mois, quand je demandai mon congé, mon nom passa sous les yeux du colonel de Lamoricière devenu général.

Il me fit venir à Alger.

— Vous êtes bien le sergent qui commandiez trente zouaves chez les Beni-Mnasser.

— Oui, général.

— Et vous n'êtes pas légionnaire ?

— Je n'ai pas été blessé.

— Pas d'ironie, monsieur, je sais tout apprécier.

— Je cite textuellement, les paroles du général Négrier.

M. de Lamoricière haussa les épaules.

— Avant quinze jours vous serez chevalier de la Légion-d'Honneur, et je vous donne ma parole, qu'à la fin de l'année vous passerez sous-lieutenant.

Et il déchira ma demande.

— Vous avez tort, général, lui dis-je, il faudra que je recommence ma pétition.

— Est-ce que vous n'auriez pas confiance en moi ?

— Si, général, mais....

— Eh bien !

— Mais... je suis riche maintenant, et je ne veux plus servir.

Il haussa de nouveau les épaules, et parcourut mon dossier.

— Vous n'avez donc pas la moindre ambition. Pour avoir attendu dix ans vous jetez le manche après la cognée, vous qui êtes de l'étoffe dans laquelle on taille les généraux.

— Tenez, général, vous me donneriez de suite vos deux épaulettes que je persisterais dans ma volonté... je suis las — je suis dégoûté du biscuit et du fusil.

Il prit sa canne de tambour-major et se promena cinq minutes en sifflottant. Puis il revint à moi :

— C'est bien — vous aurez votre congé — adieu !

Et il me donna bravement une poignée de main. Quinze jours après j'étais décoré — Quand à mon congé il ne me fut délivré qu'à la suite de l'inspection générale. Mais enfin il arriva, et c'était l'essentiel.

Je serais peut-être devenu maréchal de France sans mon héritage ; mais je suis assez philosophe pour ne point regretter cette hypothèse. Le décès de mon père est venu à point, car en admettant qu'il soit mort quelques années plus tôt, j'aurais absorbé le nouveau patrimoine qu'il me laissait, ainsi que le premier, vu que la jeunesse est inconséquente, et ne sait pas apprécier une pièce de cinq francs à sa juste valeur. Pour cela faire, il importe d'avoir mangé de la vache enragée, comme on le dit trivialement, et d'avoir rôti le balai — alors seulement on peut comprendre qu'il est bon de vivre, surtout quand on n'est pas obligé d'attendre le pain quotidien à la suite d'un travail toujours douteux, et constamment ennuyeux.

Notre zouave retombait dans sa philosophie, et c'était pénible, car le matérialisme était sa doctrine de prédilection, et cette doctrine n'avait jamais flatté notre goût. Aussi la conversation s'éteignit-elle presqu'aussi vite qu'elle avait commencé, et dans ce silence embarrassé nous vîmes avec plaisir notre compagnon descendre au premier relai. Ce pouvait être un soldat héroïque par habitude, un littérateur érudit, toujours par habitude — mais à coup sûr ce n'était pas un homme qu'on aurait souhaité pour ami — c'était en réalité un égoïste et rien de plus.

Un égoïste, raisonnant et expliquant avec sérieux son égoïsme, justifiant son plan de conduite, motivant ses actes, c'est un spectacle qui répugne. Ordinairement l'égoïsme endosse un paletot honnête qui le métamorphose aux yeux de la foule, qui lui enlève l'odieux de la nudité — mais notre vieux sergent avait cousu quelques lambeaux de cynisme à sa philosophie, aussi Diogène était-il préférable : de plus Diogène était habituellement silencieux.

Un mot original et pittoresque qui lui avait échappé dans un moment de mauvaise humeur, nous avait séduit, nous avait semblé une mine inépuisable de narrations dans le genre de celles du sergent La Ramée, et par suite de cette appréciation nous nous étions énamourés de cette vieille culotte de peau, sous laquelle se trouvait la plus gigantesque déception dont puissent être victimes des gens comme il faut. Hélas! c'est l'histoire commune et quotidienne de chacune des journées de notre existence, mais cette histoire ne nous donne malheureusement pas la moindre expérience, et le lendemain nous retombons sur une nouvelle déception, toujours sans nous douter que le surlendemain il en arrivera encore de même.

Décidément l'influence philosophique est mauvaise, à quelque point de vue que l'on veuille l'envisager — notre zouave porta le dernier coup aux tendances que j'aurais pu avoir pour cette docte science, et de même que sir Harry m'avait en quelque sorte guéri de l'amour, le sergent m'empêcha à tout jamais de me livrer de rechef aux méditations, et aux élucubrations métaphysiques pour lesquelles le gouvernement français, quel qu'il soit, a — depuis François Ier — la monomanie d'entretenir à grands frais à la Sorbonne et au Collége de France, des chaires où s'ébaudissent, sans auditeurs, de savants professeurs, qui ne font pas quelquefois une leçon par année. Plus ils sont célèbres, moins ils travaillent.

Quand mon voyage à Rome ne m'aurait servi qu'à renier la philosophie et l'amour, franchement je n'aurais perdu ni mon temps ni mon argent. Ces deux faits peuvent résumer l'utilité et l'excellence des voyages, et justifier la monomanie anglaise qui fait de la locomotion une obligation éducationnelle. C'est pourquoi je m'étonne que toi — homme grave et sérieux — tu n'aies pas, ô mon cher ami, donné pour moralité à tes *Tablettes d'un Champenois* — cette réflexion, qui maintes fois a dû voltiger devant tes yeux. Mais comme tu pourrais sagement me répondre avec l'écuyer du paladin de la Manche : on ne pense pas à tout; il n'y a que celui qui ne fait rien qui ne soit pas en défaut — je garde un pieux silence en t'engageant à méditer ce proverbe arrangé à ma mode : — le silence des lecteurs est la leçon des écrivains.

Cependant si tu avais assigné à ton ouvrage, un but moral — dans le sens de celui que je viens de l'énoncer, par le temps qui court, au milieu de notre siècle de civilisation et de bottes vernies, tu aurais pu prétendre à tous les prix académiques décernés chaque année à certains braves auteurs qui ne se doutaient pas qu'on pût faire aussi facilement de la morale que jadis M. Jourdain fesait de la prose. Seulement, quand on veut se livrer à cet exercice il faut crier bien haut, en tête et en queue de son volume : « Je fais de la morale ; cette publication, fruit de mes veilles et de mes sueurs, a pour but de démontrer telle ou telle chose, quand ce ne serait que ce théorême : du danger d'avoir le nez trop long ! » Une fois cette précaution prise on peut dire tout ce que l'on veut, et souvent ce que l'on ne veut pas ; peu importe — on est un moraliste : on est bien noté ; et les journaux officiels, les flambeaux de l'opinion vous ouvrent à deux battants leurs colonnes et vous permettent de vous allonger, sous tous les pseudonymes possibles, autant de coups d'encensoir que vous en pouvez avoir la fantaisie. Tu vois, cher ami, quel superbe bénéfice tu viens de manquer, et cela pour avoir négligé de mettre en deux lignes quelques phrases du genre de celle-ci : les voyages forment le cœur et l'esprit — ou bien : voyagez et vous ne ressentirez plus les passions meurtrières de l'amour et du philosophisme, c'est ce que nous allons vous raconter tout-à-l'heure. Esope avait toujours soin de terminer ainsi ses fables : cette fable démontre que...

Malheureusement tu as oublié cela, tu t'es fié à la haute intelligence du bon lecteur, et de cette foi il résulte que ton volume ne te rapportera pas le moindre prix Monthyon, la plus mince médaille de bronze — ou même un accessit.

Et tout cela faute de deux lignes. Il est vrai qu'autrefois, dans le bon temps, messire de Laubardemont disait : donnez-moi deux lignes de l'écriture d'un homme et je le ferai pendre ! Je conçois que ce souvenir ait troublé ton cerveau et t'ait fait reculer devant la confection de ces deux lignes. C'est fâcheux.

Du reste on ne peut échapper à la fatalité — ceci est un vieux mot — mais tout ce qui est vieux n'est pas mauvais, hâtons nous de le dire, nous dont les cheveux grisonnent, ou grisonneront bientôt.

Tu as manqué le bénéfice d'être déclaré académiquement vertueux — tu as laissé envoler la circonstance qui pouvait, à une heure donnée, te valoir une, deux, trois médailles, tout autant qu'un vétéran russe ou un soldat de la compagnie des Indes. Voilà pour les *Tablettes d'un Champenois* !

C'est peut-être un petit malheur aux yeux d'un voyageur, et d'un journaliste déjà émérite ? Les voyages et la politique nous guérissent souvent de toutes les vanités de ce monde — mais ce n'est pas la seule fatalité qui ait éprouvé ton cœur et ton âme. Tu as assisté en stoïcien — en véritable Epictète, à l'évanouissement de la plus gigantesque espérance qui puisse s'épanouir dans une tête d'homme — et toujours par la même raison qui t'a empêché de gagner un prix Monthyon, ou une médaille académique, toujours par suite de ces fatalités qui persécutent même les pieux pèlerins qui — comme nous, portent leurs pas à Rome — tu as vu disparaître le ciel doré que rêvent tous les pauvres humains, juste au moment où tu le tenais dans tes doigts. Qu'est-ce cela ! vont dire les bourgeois qui auront la faiblesse de nous lire ? Effectivement ce fragment inédit, destiné à orner tes *Tablettes d'un Champenois*, me semble assez énigmatique, et ferait l'effet d'un galimathias double sur l'esprit et le cœur de ceux qui feuilletent encore aujourd'hui un volume,

> .... *illis robur et œs triplex*....

Si nous ne donnions une petite explication. Ce sera la conclusion de cette lettre sempiternelle et la confirmation de cette vénérable vérité traduite dans chaque langue, arrangée de toutes les manières : qu'on cherche parfois bien loin la fortune qui ordinairement est entre nos mains. Comment, en effet, n'as-tu pas songé à donner pour épilogue à tes nombreux souvenirs cet épisode de ton autobiographie, véritable bouquet de feu d'artifice, qui doit constamment resplendir au fond de ta mémoire? Moi, simple spectateur, sans mission officielle pour raconter, puisque je conserve jusqu'à la fin — en dépit de tes investigations — mon caractère algébrique d'inconnu — je vais donc esquisser mon récit comme si tu ne devais jamais le lire, et d'ailleurs, cela expliquera peut-être le logogriphe ci-dessus.

On était en 1848 — dans cette bizarre et étrange période où l'esprit français qui s'ennuyait, comme l'a dit M. de Lamartine, s'avisa de se livrer aux recherches et aux expérimentations les plus prodigieuses qu'un peuple tout puissant comme celui de la France puisse se permettre. En même temps qu'on présumait poursuivre la réalisation de l'âge d'or politique, soit au fond des clubs, soit aux grandes assises socialistes du Luxembourg, soit même dans l'enceinte de la Constituante, pauvre enceinte où le plâtre n'eut pas le loisir de sécher! — un homme qui connaissait son époque mieux que tous les prophètes qui sortaient des angles arrondis de chaque pavé — songea à ressusciter la loterie. Non plus cette vieille loterie royale et impériale qu'avait étranglé 1830 au milieu de ses bouges huileux, — mais une loterie nouvelle, une loterie socialiste, légale et économique à la fois. Cet audacieux eut la témérité de dire à la France inquiète et enfouissant ses écus : Apporte moi sept millions en un an, de bonne volonté, en riant, et sans que j'aie besoin de collecter cet impôt avec un seul gendarme ou même avec l'ombre d'un percepteur. En échange je donnerai quatre cent mille francs — non — un lingot d'or de la même valeur à l'un de ceux qui aura acheté pour un franc, un des sept millions de morceaux de papier, à l'aide desquels je vais battre monnaie d'or et d'argent — à l'aide desquels on va m'encaisser, avec empressement, de tous les points de la République, sept millions. A côté de cet homme l'inventeur de la loterie antique n'était qu'un enfant, et l'auteur de l'impôt des quarante-cinq centimes n'était qu'un niais.

Ces sept millions devaient servir à expédier en Californie, dans le pays de l'or, une nombreuse population — le gouvernement ne savait point peut-être que nos vastes et dépeuplées colonies auraient accepté avec bonheur ces sept millions, ou les colons qu'ils devaient engendrer — il laissa faire. Il doutait peut-être du succès.

Au bout d'un an la somme était comptée ! L'amour du hasard, l'espoir de gagner quatre cent mille francs avaient fait que l'impôt se trouva acquitté sans coup férir.

Comme tous le monde tu sacrifias à cet amour et à cet espoir — comme tous les citoyens du temps tu déposas quelques francs sur l'autel de la loterie des *Lingots d'Or*. Puis un jour, te reprochant probablement et avec raison, ces dépenses faites en vue de chimériques visions, tu cédas, à droite et à gauche quelques uns des billets de cette loterie.

Et quelques mois plus tard, le sort donnait le lingot d'or, les quatre cent mille francs, à l'un de ces billets que tu n'avais point voulu conserver.

C'était le cas de t'écrier avec le Béarnais : — Pends-toi, brave Crillon! mais tu ne le fis pas, d'abord parce que tu ne t'appelles pas Crillon, et ensuite..... en tous cas tu agis avec prudence, en refusant d'expérimenter la corde de pendu. Avant le tirage de la loterie c'était peut-être sagesse — après c'eût été acte de folie.

Mais comme rien n'est perdu dans ce bas monde, pas plus à Epernay qu'ailleurs — le sort fit que ce billet par toi vendu se trouva entre les mains d'un brave vigneron de Bouzy — brave est-il le mot ? je n'en sais rien — en tout cas Bouzy est un petit village tout champenois, à cheval sur les trois arrondissements de Reims, Epernay et Châlons-sur-Marne, et qui fournit le plus gracieux vin de champagne rouge — oui, rouge, qui puisse descendre dans un gosier humain. Bouzy méritait d'avoir des poètes pour le chanter, il n'a eu qu'un lingot — ce qui (soit dit entre parenthèse pourrait bien prouver que le dieu du hasard aime le bon vin). Voilà donc le lingot à Bouzy, chez le vigneron Yvonnet — et, quand tous les journaux annonçaient à l'envi mille et un propriétaires du billet béni; quand chacun de ces bavards organes de la publicité plaçaient ce propriétaire à droite et à gauche, suprême ironie de la fatalité qui t'avait si malencontreusement dépossédé! — toi, mon digne ami, toi qui narrais avec une résignation pieusement chrétienne — la vérité, rien que la vérité; toi qui, de voyageur devenu journaliste, accomplissais les rudes fonctions avec impartialité, si toute fois ce mot n'est pas un non sens sociétaire — toi seul tu ne trouvas point de croyant, lorsque tu dis : *Ecce homo!* On se figura que tu venais de faire envoler un canard sparnacien — et pour te punir de l'outrecuidance d'avoir publié une nouvelle dont ne se doutaient point les feuilles parisiennes — on ne mentionna pas ta découverte — sinon le jour où il fallut se rendre à l'évidence, et encore le fit-on de manière qu'il ne te resta pas même devant la postérité, le mérite d'avoir le premier promulgué ton infortune.

Heureusement j'étais là. A quelque chose parfois les amis peuvent être bons.

Maître Yvonnet tout abasourdi du lingot qu'il venait de recevoir sur la nuque — abandonna Bouzy et sa vie rustique pour aller à Châlons, au chef-lieu — se faire..... je le donne en mille.... et encore comme Mme de Sévigné on jettera sa langue aux chiens. — Devenu marquis de quatre cent mille francs, maître Yvonnet, alla à Châlons s'établir, *cabaretier* — cabaretier ! Et de plus l'ingrat — il oublia de poser sur son enseigne : AU LINGOT D'OR! en lettres de cuivre. Décidément cet homme n'était pas digne de la fortune qui lui échéait.

Ne mettre à profit quatre cent mille francs, tombés du ciel, que pour s'installer cabaretier ! voilà de quoi décrire en une seule phrase notre époque — ceci est pourtant bien de l'histoire, aussi vraie que deux plus deux égalent quatre.

Ajoutons toujours pour dépeindre de mieux en mieux notre siècle — que ledit vigneron ne songea pas une minute à le remercier du cadeau impérial que tu lui avais vendu — en un mot il se montra aussi égoïste que notre vieux sergent des zouaves.

Pourtant, sur ces quatre cent mille francs, il a prélevé la dîme, comme jadis cela se pratiquait — il a consacré quarante mille francs à l'érection d'une église dans la commune de Bouzy — Je doute que cette idée eût surgi au fond de ton cerveau si tu n'avais point commis l'acte de vente susmentionné — mais encore une fois nous n'inventons rien — il n'y a pas un mot d'inexact — tout est vrai — depuis le cabaretier jusqu'à l'église, et le lingot d'or par-dessus le marché.

En tout cas, je crois que pas une église de France n'aura eu semblable origine, et je présume que St-Grégoire de Naziance, qui a fait de si éloquentes dissertations contre les jeux de hasard, n'aurait pas voulu bâtir une église avec la dîme d'une loterie. Mais comme disait déjà Molière, de son temps : « Nous avons changé tout cela. »

Molière avait sans doute raison — en tout cas je suis d'avis que sa phrase n'est pas le moins du monde applicable à notre vieille amitié, et quoique je sois toujours un mythe pour toi, j'espère que le plus petit changement ne sera point survenu et ne surviendra jamais dans tes sentiments à mon égard. J'ai mille raisons pour le croire — et la meilleure probablement, et toujours en déduction du siècle où nous vivons, c'est que ton commentateur aussi indiscret que prolixe reste et restera inconnu.

Sur ce, que Dieu te tienne en sa sainte et digne garde, ami ! — et si tu as voulu prouver que tous chemins conduisaient à Rome, je pense avoir démontré qu'à l'instar du poète Simonide, on pouvait écrire trois lettres sur Rome, sans parler de Rome. Pourtant j'ai déchiffré l'inscription trouvée par sir Harry près du tombeau de Cecilia Metella — en sorte que si — pour cet acte de science, une académie marnaise voulait m'admettre dans son sein — doux espoir ! — elle peut le faire, malgré mon anonyme. — Pour cela qu'elle agisse comme les anciens pontifes romains qui, dans le Panthéon, avaient réservé une place : *Diis ignotis!*

TABLE DES MATIÈRES.

	PAGES
INTRODUCTION.	
DÉDICACE à M. Senart-Colombier.	5
A MES AMIS.	7
LETTRE Ire. — En guise de préface. — Châteaux en Espagne.	9
LETTRE II. — Le départ. — La famine. — A propos de civilisation. — Sir Wavassor. — Lyon.	17
LETTRE III. — St-Peray. — Incendie. — Avignon. — Le Palais des Papes. — La mort d'une malle. — Marseille.	29
LETTRE IV. — Livourne. — Un voyage en chemin de fer. — Pise. — Les gueux.	42
LETTRE V. — Civita-Vecchia. — Rome. — Indiscrétion épistolaire. — Lettre perdue.	54
LETTRE VI. — La famille Mambor. — Le tabac. — Piazza del Populo. — Les insectes romains.	63
LETTRE VII. — Au Faucon. — Le Capitole et le cicérone. — Le Forum. — Le Colysée. — St-Jean-de-Latran. — L'eau verge. — Le mendiant. — St-Louis-des-Français.	72
LETTRE VIII. — St-Pierre. — Le Vatican. — Les Catacombes. — Un feu d'artifice. — Idéologie à propos d'un foulard. — Les Bandits.	89

		PAGES
LETTRE IX.	— Dionditta. — Les îles d'Hyères. — Les douaniers. — Pensées banales.	103
LETTRE X.	— Le retour. — Les artistes. — Comme quoi peut finir un Jocrisse. — Addisson et Goëthe.	127
ÉPILOGUE.		141
CHAPITRE Ier.	— La critique. — Le Journal du colonel. — Les sapins. — La diligence renversée. — Une lettre passionnée. — Les deux pigeons.	145
CHAPITRE II.	— Le Poitevin *fecit*. — Ingratitude natale. — St-Louis le pendu. — A propos de vin de Champagne. — Le nom d'une rue.	187
CHAPITRE III.	— Les chameaux. — Miss Evelina. — Histoire d'un zouave. — Le lingot d'Or.	251

www.ingramcontent.com/pod-product-compliance
Lightning Source LLC
Chambersburg PA
CBHW070616160426
43194CB00009B/1285